탄생 100주년 기념
김동리 문학전집㉜

평론
문학과 인간

김동리기념사업회
도서출판 계간문예

탄생 100주년 기념
김동리 문학전집㉜

평론
문학과 인간

김동리 문학전집 발간에 즈음하여

3만 장에 가까운 선생님 전 작품을 한 그릇에 담는 이 벅찬 감동

    2013년 11월 24일은 김동리 선생의 탄생 100주년이 되는 날이다. 1913년 경주 성건리에서 부 김임수와 모 허임순 사이에서 태어나 1995년 6월에 타계했다.
    선생은 한국 근대문학 소설사에서 우뚝 선 거목(巨木)으로 왕성한 문단활동과 함께 큰 획을 그으셨던 분이다.
    1934년 조선일보에 시 「백로」로 입선하고 1935년 단편소설 「화랑의 후예」가 중앙일보 신춘문예에 당선하면서 본격적인 작품 활동을 시작했다.
    선생은 1939년 20대 중반에 유진오의 「순수에의 지향」이란 글에서 신진들이 현실 도피적이라고 비난하자 「순수이의」와

「신세대 문학정신」이란 제목의 평론으로 격렬하게 반박하는 논쟁을 시작했다.

이어 1946년에는 조공계(朝共系)의 문학가동맹에 대항하여 한국청년문학가협회를 결성하고, 공산계의 계급주의 민족문학론에 대항하여 인간주의 민족문학론을 제창하며 본격문학(本格文學)이란 말을 처음으로 사용했다.

평자들은 선생의 작품경향이 '운명적 문학관의 윤리감각'에 기인되었음을 지적하고, 이는 인간이 천지(天地)와 유기적인 관계에 있고 따라서 인간에게는 공통된 운명이 부여되어 있다는 근원적 인식에서 비롯된다고 했다. 또한 그에게 있어 문학이란 '구경(究竟)적 삶의 형식'으로 지극히 '인간주의'적이며, 인간의 심원적 문제 탐구와 인간성 옹호로 그것이 곧 그의 문학의 본질로서 궁극에 이른다고도 했다.

그런가 하면 또 다른 평자는, 선생이 자연친화적이며 향토색이 짙은 민속적 소재를 다룸은 그 작품이 쓰인 일제 말기의 상황 속에서 얼어붙은 '우리의 민족혼'을 일깨우기 위해서라고 했다.

민족의 얼은 민족 고유의 것과 전통적인 것에서 찾게 되고 따라서 토속적인 풍속과 신화, 원시종교에 이르는 샤머니즘에서 가장 빠르게 흡수할 수 있었기 때문이라는 것.

그러나 과문한 필자의 필력으론 3만 장에 가까운 선생의 작품을 독파할 수도 없었고, 한국의 중진 평론가들이 집필한 300여 편의 작품평설이나 「김동리론(論)」도 완독하지 못해 선생의 문학 전부를 표현할 수 없음에 답답할 뿐이다.

다만 선생께서 문학을 운명적인 천형(天刑)으로 받아들여 평생을 치열하게 기념비적인 작품을 창출했고, 문학 원천의 본질을 끝까지 고수하며 한국문단을 끌어온 큰 분이셨기에, 작품이 오래도록 전래되게 하는 충정만 가득할 뿐이다.

김동리 전집 기획은 선생의 탄생 100주년을 맞아 본 기념사업회에서 주관하되 오로지 제자들의 성금으로만 만들어지게 되었다. 고(故) 박경리 선생을 비롯하여 110명의 선생의 작가 제자들이 십시일반으로 모금한 금액으로(물론 많이 부족하지만) 33권(시·소설·수필·평론집 등)을 보관용이 아닌 일반 단행본 형식으로 발간키로 했다. 독자들이 손쉽게 각 권으로 구입하여 읽을 수 있도록 한 것이다.

이에 편집 실무자들은 2년 전부터 선생의 원고를 발굴하듯 찾아내느라 도서관과 신문사 잡지사 등으로 불철주야 쫓아다녀 간신히 찾아내어 복사하고 다시 워드작업을 하느라 땀을 흘렸다.

편집진 역시 선생을 존경하고 흠모하는 성금참여 제자들로 구성되어 하나같이 자원봉사를 기꺼이 맡아 주었다.

제작비가 부족한 어려운 여건인데도 선생의 전집 발간을 기꺼이 맡아 준 신아출판사 서정환(수필가) 사장님께 심심한 감사를 드리며, 아울러 성금에 참여해 준 선후배들께도 절을 올린다.

종이책이 점점 격감해진다는 위기에 선생의 빼어난 작품들이 온 국민들에게 다시 널리 읽혀져 새로이 '소설부흥'의 계기가 되었으면 하는 간절한 마음으로 발간사를 대신한다.

김동리 탄생 100주년 기념 김동리문학전집 발간위원회

金芝娟 외

- 일러두기 -

1) 김동리 전집은 한국 근대소설사에 커다란 문학적 성과를 남긴 김동리 문학 세계를 일반 독자에게 널리 소개하고 그 문학적 의미를 정리하는 데 간행의 목표를 둔다.
2) 맞춤법과 띄어쓰기는 발표 당시의 그것을 따르지 않고 모두 현행 맞춤법 규정에 따라 고쳤다. 그러나 대화에 나오는 구어체의 사투리는 그대로 살렸다.
3) 한글 표기를 원칙으로 하여 원본의 한자는 모두 한글로 고쳤으며, 필요한 때에만 ( ) 안에 넣었다.
4) 외래어는 현재의 외래어 표기법에 맞도록 고쳤으며, 장음 표시는 삭제했다.
5) 대화는 " "로, 인용은 〈 〉로, 단편소설은 「 」, 책명과 장편소설은 『 』, 잡지명은 《 》로, 생각은 ' '로 표시하였다.

차례

발간사 · 004
일러두기 · 008

1부

자연주의의 구경(究竟) · 12
산문과 반(反)산문 · 29
청산과의 거리 · 45
자연의 발견 · 54

2부

문학적 사상의 주체와 그 환경 · 72
문학하는 것에 대한 사고(私考) · 84

3부

순수 문학의 진의 · 94

본격 문학과 제3세계관의 전망 · 98

문학과 자유를 옹호함 · 117

문학과 문학 정신 · 131

문학과 정치 · 136

독조(毒爪) 문학의 본질 · 142

4부

문단 일년의 개관 · 152

당(黨)의 문학과 인간의 문학 · 182

5부

월탄과 그의 「민족」 · 192

서정주의 「추천사(鞦韆詞)」 · 198

최정희의 삼부작 · 200

청마의 『생명의 서(書)』 · 202

후기 · 205 | 부록 · 210
김동리 생애 연보 · 288 | 김동리 작품연보 · 294

1부

- 자연주의의 구경(究竟)
- 산문과 반(反)산문
- 청산과의 거리
- 자연의 발견

자연주의 구경(究竟)

– 김동인 론

    자연주의 정신의 본질은 입체적이기 보다 평면적인 것이다. 하늘을 향해 높이 뻗는 것이 아니라 땅 위를 넓게 스미고 퍼지는 것이다.
    과학은 인간에게서 신을 박탈하였으나 그 대가로 인류가 얻은 것은 기계와 허무뿐이었다. 인류가 신을 가졌을 때에는 동시에 산에 기생하는 우상과 미신과 그리고 또 신이 기생하는 하늘을 함께 가질 수 있었으나 과학이 신을 추방하는 날, 신은 자기의 체내에 기생시킨 우상과 미신과 그리고 인류에게서 하늘을 걷어가 버렸던 것이다.
    인류가 하늘(이 말은 좀 더 과학적으로 표시하기 위하여 〈천체〉라고 불러도 좋다)을 상실했다는 말은 천체의 존재 그 자체를 부인하게 되었다는 뜻은 아니다. 천체의 무궁성이 우리들의 현실적 의의를 갖지 않게 되었다는 뜻이다. 무수한 성신(星辰)이 무한한 시간에 명멸하고 있는 이 무궁무진의 허공이 우리들의 생활에 있어서의 구심(求心)적 대상이 되느냐 원심(遠心)적 대상이 되느냐 하는 데 따라 인류가 하늘을 가지느냐 안 가지느냐의 문제가 되는 것이다. 그리고 과학이 신을 추방했다는 말은 이 천체에서 자아낼 수 있는 무궁성을 인류생활의 구심적 위치에서 축출한 사실을 가리키는 것 이외에 아무것도 아니다.

신과 또 신의 거주지인 하늘의 무궁성을 인류에게서 추방하고 난 과학적 실증적 결론에서 형성된 (합의의) 자연주의 정신이 처음부터 천상보다 지상, 입체보다 평면, 무한보다 유한을 본질로 삼게 된 것은 또 당연한 귀결이 아닐 수 없었다. 그리고 그것(자연주의)은 그 본질적 귀결에 의하여—지극히 제한된 지상의 평면에서— 이내 곧 더 갈 데가 없이 되었다.

이와 같이 하늘과 입체와 무궁성이 배제된 지극히 제한된 지상에서 이제는 아주 더 갈 데가 없이 된 이 평면의 정신은 가는 곳마다 많은 정신병과 발광과 난음(亂淫)을 전개하며 1918년경에는 조선으로 흘러들기 시작하였다. 그리하여 그것이 어떠한 기질의 작가에게는 두 번 다시 헤어날 수 없을 만큼 치명적인 마약이 될 수도 있었다.

"언니, 남자란 여자를 보면 그렇게두 오금을 못 쓰우?"
"맛이 좋거든."
"맛이 좋담 어떻게 조우?"

"그거야 남자가 아니구야 어떻게 알겠니마는 여자는 또 남자를 보면 그렇지 않더냐. 아유 흥흥."

명애는 무엇을 생각한 듯이 힘있게 연실이를 쓸어안고 신음하면서 꺽꺽 힘을 주었다.

"언니, 내 진정으로 말한다면 나는 어디가 좋은지 몰라. 소설에 보면 말도 마음 먹은 대로 못하고 고이비도(애인의 일본말)와 얼굴도 바로 못본다는 등 별별 신비스러운 이야기가 다 있는데 나는 아무리 그렇게 마음먹으려 해도 진정으로는 안 그래. 웬일일까. 그게 거짓말일까?"

"그건 모르겠다만, 애 잠자리 맛이란 아유 흥 흥 아유 죽겠다."

"잠자리 맛이라는 것두 있수?"

"아이 망측해. 우화등선 천하 제일 같네. 것두 아직 모르니?"

"몰라."

"그럼 리상허구 뒤집어씌우기는 어떻게 했느냐."

"그거야 그러커는 게니 그랬지."

"얘두, 그럼 너 불구자로구나."

이것은 「김연실전」의 한 장면이다. 그리고 「김연실전」은 이러한 장면으로 차 있다. 여기 나오는 김연실과 최명애라는 두 여성은 지금으로부터 30여 년 전의 동경 유학생들이다. 당시의 동경 유학생이라면 더구나 여성으로서는 희유(稀有)한 개화꾼이요 또 선구자이기도 하였다. 그리하여 「김연실전」의 속편에다 그는 과연 〈선구자〉란 이름을 붙이기까지 하였다. 그러나 김동인 씨의 본의는 선구자 혹은 선구녀를 그리려는 데 있지 않았다. 또 그 당시의 민족적, 정치적, 역사적 현실을 그리려는 데 있는 것도 아니었다. 그것은 모두 형식에 불과하였다. 당시의 조선 개화꾼 여성들이 일반적으로 그러한 풍조를 띠었던 것이 사실이라 하더라도 그의 본의는 그 당시나 풍조 자체를 그리려는 데 있는 것이 아니라 다만 그 시대와 풍조를 통하여 음란과 쌍말을 그리고 싶었던 것이다.

그 이유는 다음의 세 가지로써 알 수 있는 것이다. 첫째, 그가 왜 그 시대의 그러한 인물을 취재(取材)했느냐, 둘째, 그 시대의 개화꾼 여성을 그린다 하더라도 왜 하필 그들의 성생활의 일면만을 그렸느냐, 셋째, 그 시대 그러한 여성의 그러한 일면만을 그린다 하더라도 조사(措辭) 자체를 왜 그렇게 거칠고 야비하게 택했느냐 하는 것들이다.

씨가 이 작품을 쓸 때, 이 작품 속에서 진행되는 역사적 현실은 이미 20여 년 내지 30년 이전의 이야기였다. 20여 년이 지난 뒤에 그것도 부분적으로나마 이미 여러 군데서 울궈먹어오던 것을 그때 와서 그렇게 한번 본격적으로 쓰게 된 것은 그 시대의 그 풍조에서만 맛볼 수 있던 음란과 쌍말이 그를 자극할 수 있었던 것이다. 그때 이미 그에게는 아무것도 남아 있지 않았다. 이상도 꿈도 취미도 아무것도 그에게는 있는 것이 없고 간신히 그에게 약간의 자극을 주는 것은 〈음란〉과 〈쌍말〉뿐이었다. 이것만이 간신히 그에게 자극을 남긴 것은 그만치 그가 완전히 따라지에 이르렀기 때문이었다. 그만치 그가 완전히 따라지에 이르게 된 것은 주체적으로는 그의 철두철미 직선적인 작가적 기질에 의한 것이며 객관적으로는 그가 너무 결정적인 시기에 자연주의의 세례를 받았기 때문이었다.

1919년 1월 그가 처음으로 「약자의 설움」을 발표했을 때부터 1939년 2월 「김연실전」을 내었을 때까지 약 20여 년간의 세월, 이것이 그에게 있어 가장 중요한 시기였으며 이 중요한 시기를 그는 완전히 자연주의의 범위 안에서 일관하였다.

나는 위에서 〈그가 너무 결정적인 시기에 자연주의의 세례를 받았다〉고 말하였다. 그러면 그가 그 〈결정적인 시기〉에 받게 된 〈자연주의의 세례〉란 무엇을 의미하는 것인가.

〈전(田) 주사는 대단한 예수교인이었습니다.〉

그의 붓대가 한창 자연주의의 정열로 익어가던 1925년 1월 그는 《개벽》지에 발표한 「명문(明文)」이란 소설의 첫 센텐스를 이렇게 떼었다.

> 그(전주사)는 머리를 깎아 버렸습니다. 그리고 제 아버지와 어머니에게까지 예수교를 믿게 하였습니다.
> "네나 천당인가엘 가라."
> 어머니의 대답은 이것이었습니다.
> "천당? 사시 꽃이 피어? 참 식물원에는 겨울에도 꽃이 피더라. 천당까지 안 가도…… 혼백이 죽지 않고 천당엘? 흥 이야긴 좋다. 내 말을 잘 들어라. 사람이 죽는다는 것은 혼백이 죽느니라. 몸집은 그냥 남아 있고, 몸집이 죽는 게 아니라 혼백이 죽어, 혼백이 천당엘 가? 바보의 소리라 바보의 소리야, 하하하."

신이라고만 하면 언제나 〈하하하〉로 시종하는 전 주사의 아버지는 다른 데서 또 이렇게 말하는 것이다.

"하하하하, 너의 하느님도 질투는 꽤 세다. 내 말을 명심해서 들어라. 이 전 판서는 다른 죄악보다 질투라는 것을 가장 미워한다. 너도 아다시피 아직껏 첩을 안 두는 것만 보아도 여편네 사람의 질투를 얼마나 싫어하는지 알겠지. 나는 질투 심한 너의 하느님을 섬길 수가 없다. 하하하하, 너의 하느님도 여편넨가 보구나."

이렇게 차라리 야비하리만큼 용감하게 신을 조롱하던 전주사의 아버지 전성철 씨가 임종에 이르렀다.
그는 힐끗 아들을 본 뒤에

"우리 예수꾼."
하고는 성가신 듯이 눈을 감아 버렸습니다.

그리고 그는 마지막으로 아들에게 이런 말을 하는 것이다.

"기도해라. 아무 쓸 데는 없지만 네가 하고 싶으면 해라. 그러나 내게는 하느님보다 네가 귀엽다 자 애비의 손, 찬 손을 잡아라."

여기엔 신이고 영혼이고 다시 더 여지가 없었다. 그리고 이것이 작자 김동인 씨의 고백이었다. 그에게 있어서의 〈자연주의의 세례〉는 곧 〈신과의 절연〉을 의미하는 것이었다. 자연으로서의 인간은 곧 신과 절연된 인간을 의미하는 것이며 신과 절연된 인간이란 곧 동물로서의 인간이라고 그는 믿었던 것이다. 이에 그의 철두철미 〈기계적, 물질적, 동물적〉인간관에서 볼 때 신은 야유와 한갓 조롱의 대상에 불과했던 것이다.

　김동인 씨가 신을 야유와 조롱의 대상으로 삼은 것은 그도 한 사람의 근대 정신(과학적 실증적)의 희생자로서 그가 신과 우상을 구별하지 못한데 기인했던 것이다. 신은 그 비과학적인 일면에 미신과 우상을 거느리고 있었으나 또 다른 일면에 있어 과학적이기도 한 천체의 무궁성을 거느리고 있었던 것이다. 김동인 씨가 비과학적인 우상과 미신을 배척하고 야유한 것은 지극히 당연하고 또 통쾌한 일이었으나 그러나 천체의 무궁성이 그의 생활에서 구심적 의의를 상실하게 되었다는 것은 다른 모든 근대인과 함께 그의 지극한 불행 이외의 아무것도 아니었다. 왜 그러냐 하면 천체의 무궁성이 그의 생활에서 구심적 의의를 상실하게 된 뒤에 있는 것은 〈지극히 제한된 지상의 평면〉그것뿐이었으며 이 〈지극히 제한된 지상의 평면〉에서 그는 잡초나 달팽이나 버섯의 족속들처럼 건강히 살 수는 없었기 때문이었다. 그의 철두철미 직선적인 기질은 지극히 제한된 평면으로보다도 무궁무한으로 통하는 천공을 향해서 더 뻗고 싶었던 것인지도 모를 일이었다. 그는 그 스스로 초래한 〈지극히 제한된 지상의 평면〉위에서 그러나 하늘의 무지개를 잡으려 하였다.

〈아아, 무지개란 기어이 사람의 손으로는 잡지 못할 것인가.〉

「대동강」이란 작품에서 그는 소년으로 하여금 이렇게 탄식하게 하였다. 이 지극히 제한된 평면에서 그가 안주할 수 없다는 것은 너무나 결정적이었다. 그러나 어디까지든지 직선적이요 야성적인 그는 막연한 타협으로 자기 자신을 위무하거나 탄만(欺瞞)할 수도 없었다. 그리고 그가 〈결정적인 시기에 받은 자연주의의 세례〉는 어디까지나 〈기계적, 물질적, 동물적〉 인간관을 촌보(寸步)도 그에게서 양보하려 하지 않았다. 남은 길은 발광―그렇지 않으면 〈음란〉과 〈쌍말〉과 그러한 따라지의 세계뿐이었다.

「광화사」의 주인공 천재 화가 〈솔거〉는 천하의 추물이었으나 아니 천히의 추물이었기 때문에 희세(稀世)의 미인이었던 그의 어머니를 발광적으로 그려 보고 싶었던 것이다. 그러나 그의 어머니는 이미 옛날에 세상을 떠나고 없었다. 그는 〈모델〉을 구하러 천신만고를 겪다 우연히 그의 산장 부근에서 소경 처녀 하나를 발견한다. 이 소경 처녀가 그의 모델이 된다. 그러나 처녀는 소경이었으므로 그 눈동자에 어린 광채를 그릴 수가 없다.

그 천치 같은 눈을 보매 화공의 노여움은 더욱 커졌다. 화공은 양손으로 처녀의 맥을 잡았다.
"에이 바보야, 천치야, 병신아."
생각나는 대로 저주의 말을 연하여 퍼부으면서 소경의 멱을 잡고 흔들었다. 그리고 병신답게 멀겋게 뜬 눈자위에 원망의 빛깔이 나타나는 것을 보고 더욱 힘있게 흔들었다.
 흔들다가 화공은 탁 그 손을 놓았다. 소경의 몸이 너무도 무거워졌으므로, 화공의 손에서 놓인 소경의 몸은 눈을 뒤집은 채 번뜻 나가 넘어졌다. 넘어지는 서슬에 벼루가 전복되었다. 뒤집어진 벼루에서 튀어나간 먹 방울이 소경의 얼굴을 덮었다.
 깜짝 놀라서 흔들어 보매 소경은 벌써 이 세상의 사람이 아니었다.
 화공은 어찌할 줄을 몰랐다. 망지소조하여 히든거리던 화공은 눈을 뜻없이 자기의 그림 위에 던지다가 악 소리를 내며 자빠졌다.
 그 그림의 얼굴에는 어느덧 동자가 찍히었다. 그 동자의 모양이 또한 화공으로 하여금 다시 덜컥 엉덩이를 붙이게 하였다. 아까 소경 처녀가 화공에게 멱을 잡혔을 때에 그의 얼굴에 나타났던 원망의 눈! 그림의 동자는 완연한 그것이었다.

 이만한 정도의 소개로서도 짐작할 수 있는 바와 같이 이 작품은 충분히 낭만적 분위기에 싸여 있다. 극도의 추(醜)에서 극도의 미를 열구(熱求)케 되는 천재 화공 〈솔거〉를 통하여 작자는 탐미의 세계에서 또 한번 꿈과 이상을 추궁(追窮)해 보려 했던 것이다. 그리하여 그 꿈과 이상은 이제 그 미인의 눈동자를 그리느냐 못 그리느냐 하는 데에까지 이르렀다. 〈오늘은 동자를 완성시키리라〉하고 모델의 눈을 바라보았을 때 아아 〈그러나 그 눈은 사내의 사랑을 구하는 여인의 눈이었다.〉 어저께 보던 그 〈칠색 영롱한 용궁〉을 찾으려던 〈꿈과 이상〉의 눈이 아니요, 하룻밤 사이에 육체를 알게 된—어느덧 성욕의 눈으로 변해 버린 것이다. 〈솔거〉가 그리려는 미인의 눈은 동물적인 육체의 눈이 아니라 칠색 영롱한 용궁을 찾으려는 〈꿈과 신비〉의 눈이었다. 그러면 작자가 이 경우 모델의 눈동자에 〈꿈과 신비〉를 부여하느냐, 육감과 성욕을 부여하느냐 하는 것은 작자의 인간관을 결정하는 최후의 초점이 된다. 왜 그러냐 하면 그것은 곧 사람의 눈동자에 어려 있는 생명 광채에서 정신과 영혼을 직관하느냐 물질과 육체의 조직을 발견하느냐 하는 문제에 연결되어 있기 때문이다. 그리하여 일찍이 무지개를 잡으려던 소년을 절망과 허망으로 죽게 하고 〈전 주사〉의 아버지 전성철 씨로 하여금 〈너의 하느님도 여편넨가 보구나〉하고 신을 조롱케 하던 작자는 이 미인의 눈동자에서도 정신과 영혼을 부여할 수는 없었다. 왜? 정신과 영혼의 구경은 신(이 말의 과학석 표현은 전체의 무궁싱이다)에 귀결되는 것이며 그러나 그 신은 그가 이미 조롱하여 추방한 뒤였기 때문이다.

여기서 화공 〈솔거〉는 어디로 가나?

〈수일 후부터 한양성에는 괴상한 여인의 화상을 들고 음울한 얼굴로 돌아다니는 늙은 광인 하나가 있었다.〉

발광! 〈솔거〉는 드디어 광인이 된 것이다. 작자의 〈기계적, 물질적, 동물적〉인간관이 미와 생명의 구경을 찾으려는 천재 화공 〈솔거〉에게 내린 결론은 〈발광〉인 것이다. 동시에 이것은 자연주의의 구경(究竟)이기도 하였다.

낭만적 분위기를 다분히 지닌 채 그러나 그 〈기계적, 물질적, 동물적〉인간관에 의하여 어디까지나 자연주의로 규정되는 점에 있어 「광화사」와 똑같은 위치에 있는 작품이 「광염 소나타」이다. 다만 전자의 주인공은 천재 화공이었던 것이, 후자엔 천재 음악가로 변했을 뿐이다. 그리고 이 천재 음악가 백성수가 전자인 천재 화공보다 좀 더 악마적이요 퇴폐적일 뿐이다.

이때의 저의 심리를 어떻게 형용하여야 좋을지는 모르겠습니다. 저는 무슨 무서운 적을 만난 것같이 긴장되고 흥분되었습니다. 저는 사면을 한번 살펴보고 그 낫가리에 불을 그어서 놓았습니다. 그리고 갑자기 무섬증이 생겨서 멀찌감치 달아나서 돌아보니까 불길은 벌써 하늘을 찌를 듯이 일어났습니다. (……)
그 뒤에 이 도회에서 일어난 알지 못할 몇 가지의 불은 모두 제가 질러 놓은 것이었습니다. 그리고 불이 일어난 날 밤마다 저는 한 개의 음악을 낳았습니다.

저는 송장을 타고 앉았습니다. 그리고 그 송장의 옷은 모두 찢어 사면으로 내던진 뒤에 그 벌거벗은 송장을 무서운 힘으로 높이 쳐들어서 저 편으로 내던졌습니다. 그런 뒤에는 마치 고양이가 알을 가지고 놀 듯 다시 뛰어가서 그 송장을 들어서 이편으로 던졌습니다.

이것(묻은 지 7-8시간 되는 무덤에서 파낸 여인의 시체―인용자)을 정신없이 들여다보고 있던 저는 갑자기 흥분되어―아아, 선생님 저는 이 아래를 차마 쓸 용기가 없습니다.

이리하여 저는 마침내 사람을 죽인다는 경우에까지 이르렀습니다. 그리고 한 사람이 죽을 때마다 한 개의 음악이 생겨나고 하였습니다.

　이러한 이야기는 근대 문학에 있어서는 이미 진부하고 평범한 사실이다. 살인, 방화, 시간(屍姦), 시체 희롱 등등 악마적 범죄적 행동에서 예술적 충동을 받는다 하는 따위 이야기는 〈포〉, 〈와일드〉, 〈보들레르〉 등의 문학 세계를 통하여 이미 우리의 상식이 되었으며 그리고 그것이 신과 또 신을 통해서만 있을 수 있는 입체와 무궁을 상실한 뒤 〈지극히 제한된 지상의 평면〉에서 이제 아주 더 갈 데가 없이 된 근대인의 몸부림이란 것도 이미 잘 알고 있는 터이다. 천상보다 지상, 무궁보다 유한, 입체보다 평면을 취한 자연주의는 조선에 와서도 김동인 씨를 통하여 그 막다른 골목에 이르렀을 뿐이다. 천재 화가 〈솔거〉와 천재 음악가 〈백성수〉들에 의하여 전개된 살인, 방화, 발광, 시간 등의 정신병 이것이 곧 자연주의의 말로였던 것이다.

　물론 자연주의에서 출발한 작가라고 해서 모두가 이러한 발광 상태에 도달한다는 것은 아니다. 기질에 있어 직선적이거나 정신력에 있어 도저한 사람만이 그 구경(究竟)에 도달되기 때문이다. 왜 그러냐 하면 첫째 평범하고 저속한 사람일수록 무한과 입체에 둔할 수 있기 때문이다. 그것은 마치 작은 고기가 옅은 물에 견딜 수 있는 것과도 같이 평범하고 저속한 사람은 그 평범하고 저속한 정신에 의하여 제한의 절박성과 평면의 단조성을 깨닫지 못하며 따라서 무한과 입체에 상급(想及)될 여지가 없으므로 〈지극히 제한된 지상의 평면〉에서도 덤덤히 안주할 수 있는 것이다. 그리고 또 한 가지 조선의 자연주의 작가의 거개가 그 구경에 박도(迫到)하지 않을 수 없는 것은 그들이 동양인이란 이유 이외에 이것의 유입이 반세기 뒤떨어졌던 시간적 거리에서 이것의 뒤를 이어 폭주하게 된 다른 사조와의 혼선에 기인한 바도 있었던 것이다.

이와 같이 공간적으로나 시간적으로나 특수한 조건에서도 유독 김동인 씨의 철두철미 직선적인 기질과 심미적 총명만이 그것의 구경에 도달하지 아니치 못하게 한 것이며 그가 그의 이러한 구경적 체험을 표현하기 위하여 〈솔거〉나 백성수 같은 천재 예술가를 설정하게 된 것도 이해하기에 곤란하지 않은 것이다.

나는 여기까지 김동인 씨가 걸어온 문학 정신의 본질과 그 구경을 살펴왔다. 그리고 씨의 작가적 기질은 철두철미 직선적이란 말을 사용하여 왔다. 그러나 이상에서 고찰된 것만으로 씨의 인간과 예술에 대한 전면적 판단을 내리기엔 물론 충분하지 못하다. 이밖에도 지금까지 보아온 세계와는 다소 성질을 달리하는 예를 들면 가령 「태형」, 「붉은 산」, 「운현궁의 봄」등 민족 의식이 주축으로 된 일련의 작품이 있으며 또 지극히 미미하고 소극적이라고 하더라도 인류애의 여운을 남긴 「감자」, 「발가락이 닮았다」등이 없는 바도 아니다. 그러나 이러한 다소 성질을 달리한 작품들이라 하더라도 이상에서 말한 그의 〈직선적〉인 작가적 기질을 반증한다거나 또는 그의 인간관과 문학관의 본령인 자연주의 정신에서 아주 이탈된 것은 없다.

 씨의 인간과 문학은 어디까지나 직선적이며 자연주의의 한계 속에 있으며 이 〈직선〉과 〈자연주의〉는 그의 모든 행동과 작품에 공통되고 일관된 법칙이며 다만 그것이 그의 직선적 기질에 의하여 진작 그 따라지에 이르렀고 거기서 온갖 악마적인 몸부림을 쳐왔던 것뿐이다.

 자연주의의 막다른 골목에서 그가 도피할 뻔한 것은 탐미주의의 세계였다.

 〈방화, 살인, 변변치 않은 집간, 변변치 않은 살인 개(個)는 그의 예술의 하나가 출생되는 데 희생하라면 결코 아깝지 않습니다.〉

 「광염 소나타」의 음악 비평가 K씨는 백성수를 변호하기 위하여 이런 말을 한다. 그리고 씨의 이러한 태도는 「광화사」나 「김연실전」등에서도 간취되지 않는 바 아니다. 그러나 그의 철두철미 직선적인 기질은 그가 탐미주의로 가든 악마주의로 가든 그의 정신적 근거를 자연주의 본질에서 벗어나지 못하게 하였다. 일견 탐미주의적, 악마주의적 경향을 띤 작품에서도 작자의 주의를 감별할 만한 주요한 인물의 성격과 행동에 이르러서는 으레 〈기계적, 물질적, 육체적〉인간관에 입각시킬 것을 작자는 잊지 않았다.

 이와 같은 그의 직선적 기질이 그의 작품 세계의 일관성을 재래(齎來)하게 되었다는 개념적 해석에서 볼 때는 그것이 그에게 다행이라고도 할 것이다. 그러나 위대한 작가의 일관성이란 직선보다 곡선에서 결실을 보았던 것이며 평면보다 입체에서 이루어졌던 것이다. 김동인 씨의 철두철미 직선적 기질이 자연주의의 평면적 정신에서 출발했다는 사실은 오늘날의 씨의 무위에 적막과 불행을 초래할 원인이 되었을 뿐 아니라 씨의 예술 가치의 빈약과 저하를 결정지을 원인이기도 했던 것이다.

나는 위에서도 말했지만 씨의 문학 정신의 본질과 그 구경을 분석하기 위하여 적당한 자료로 「김연실전」, 「명문(明文)」, 「광화사」, 「광염 소나타」등을 인용했을 뿐 이 작품들이 각별히 우수하다는 것도 아니며 또 이보다는 비교적 우수하다고 인정되는 「감자」, 「발가락이 닮았다」등이라 하더라도 이것을 무슨 세계적(단편 소설로서) 수준이니 하는 것에 견준다면 너무나 먼 거리에 떨어져 있다는 것을 솔직히 고백해 두지 않을 수 없다. 이것은 모두 그의 평면 위에 그어진 직선들이 공간을 점령하지 못한 데 기인한다. 기하학상 직선이란 본래 양 지점간의 최단 거리를 의미할 뿐, 어떤 공간이란 분량을 지닐 수 없다는 것이 그 규정된 바 개념이다. 직선의 예술 「감자」(혹은 그의 모든 작품)가 그 간명한 스타일을 오인(吾人)에게 보여준 것은 그것이 어디까지나 〈최단 거리〉의 법칙 위에 서 있었기 때문이요, 여주인공 〈복녀〉(혹은 그의 모든 작중인물)가 육체의 음영을 결여하게 된 것은 그것이 공간과 분량을 점령할 수 없었기 때문이다.

씨는 모든 작품에서 작중 인물의 주소 성명과 약력을 제시하기엔 충실하나 그 반면 그들이 한 시간 전에 먹고 나온 된장

찌개의 냄새라든가 지금 곧 긁고 싶은 엉덩이의 부스럼 같은 것에 대하여는 지극히 등한하다. 따라서 씨의 모든 작중인물들은 작자가 계획한 〈플롯〉에 복종하기 위하여 독자에겐 아무런 심장의 파동도, 생명의 비밀도 속삭여 주지 않는다. 그러므로 우리는 그들과 〈데생〉 이상의 친분을 맺을 수가 없다.

신의 존재와 그 섭리에 대하여 얼마든지 무심하고 등한할 수 있는 대부분의 동양인들이 푸른 하늘을 쳐다보며 순간순간 달관에 젖어오고 버들개지 날리는 석양 강변에 수염을 쓸며 늘름히 술잔을 기울일 수 있는 것은 그것이 바로 〈혼백이 죽는〉 길에 통한다고 생각하지는 않기 때문이다. 그러나 〈사람이 죽는다는 것은 혼백이 죽느니라〉 「명문」의 자중인물 전성철 씨를 통하여 이렇게 선언케 하는 동양인 김동인 씨에게는 기독교적 의미에 있어서의 신과 동양적인 풍토가 함께 무너진 것이다.

그의 철두철미 직선적 기질과 그 너무나 결정적인 시기에 그를 습격한 자연주의 세례는 그에게 풍토적인 혜택마저 남기지 않았던 것이며 그리하여 그는 아무것과도 타협하지 못하고 아무것에도 전화(轉化)하지 못한 채 그것의 구경에 철(徹)하게 되었다. 신과 무한과 입체를 상실한 지극히 제한된 지상의 평면에서 인간은 구경 무엇을 가지며 어디로 갈 수 있나? 살인, 방화, 발광, 시간(屍姦)그리고 난음(亂淫)과 쌍말의 세계가 그를 기다리고 있었을 뿐이다.

이와같이 자연주의의 막다른 골목에서 살인, 방화, 발광,

시간, 난음, 쌍말의 세계를 그리게 된 그의 작품이 작품 자체로서는 심각미도 침통성도 갖지 못한 채 앙상한 뼈다귀만을 보여주고 있는 것은 형상의 제작에 있어서 항시 최단 거리를 취해온 그의 철두철미 직선적 기질의 소치였던 것이다.

작가가 그의 작가적 생애를 어떤 일관된 정신 밑에 종사한다는 것은 지극히 중대한 일이며 또 필요하기도 한 것이나 그러나 그것이 그의 내면적 생활에 의하여 함양되고 육성되는 것이 아닐 때 더구나 김동인 씨의 경우에서와 같이 철두철미 직선적인 기질의 작가에게는 아편이나 독주와 같이 그의 조로와 멸망을 초래할 뿐인 것이다.

조선에 있어서는 가장 소설을 알고 또 가장 우수한 소설을 쓸 수 있던 소설가 김동인 씨는 그 철두철미한 직선적 기질과 그 너무나 결정적인 시기에 세례받은 자연주의 사조에 의하여 희생된 것이다.

산문과 반(反)산문

– 이효석론

  이효석은 소설을 배반한 소설가다.
  소설이 근대 문학의 중추적 지위를 점령하게 된 것은 소설 양식의 거대한 종합성과 보편성이 복잡다단한 근대 생활을 담기에 적당하였기 때문이다. 문학은 생활의 반영이란 말이 이미 있거니와 근대인의 물심 양면으로 복잡하고 심각한 생활은 그것이 전적으로 반영될 수 있는 그만치 종합적인 문학 양식을 요구하게 된 것이며 여기서 근대의 저 찬연한 소설 문학의 전당은 건설될 수 있었던 것이니, 그러므로 소설 문학의 기능은 어디까지나 복잡다단하고 심각한 인간 생활의 종합적인 반영에 있는 것이며 그 본령은 어디까지나 산문 정신에 있어야 하는 것이다.
  여기서 물론 장편 소설과 단편 소설의 가진 바 형식의 성격적 차이도 언급해야 하겠지만 이효석의 작품 세계에서와 같이 〈복잡다단한 인간 생활의 종합적 반영〉과 〈산문 정신〉의 전면적 결여가 그의 작가적 기질이나 역량 부족의 소치만이 아니고 그의 인간 기피와 산문(정신) 배격의 의식적 작위에 기인한다고 보지 않을 수 없을 때에는 그의 작품의 대부분이 단편 소설이라는 〈장르〉의 문제를 떠나서 총체적으로 그는 소설 문학 그 자체에 대한 불신임 내지 항거를 한 것이라고 보지 않을 수 없는 것이다.

그를 소위 동반 작가라고 부르게 된 초기의 작품 「도시의 유령」, 「노령 근해」 등에서 이미 그는 (인물의) 성격이나 〈플롯〉을 파악해 보려는 의도보다는 분위기나 센스를 노리려는 경향을 충분히 나타내고 있었고 그리하여 그의 필치가 점차 원숙기에 들어오면서부터는 그러한 사조적인 카무플라주마저 아주 일소해 버린 동시 〈인간〉과 〈산문〉에 대한 혐오와 힐난을 노골적으로 토로하기 시작하였다.

> 거리는 왜 이리도 어지러운가.
> 거의 삼십 년 동안이나 걸어온 사람의 거리가 그렇게까지 어수선하게 눈에 어리운 적은 없었다. 사람의 거리란 일종의 지옥 아닌 수라장이다.

이것은 그의 「인간 산문」이란 소설의 첫머리다. 이 작품의 주인공 〈문오〉는 계속하여 말한다.

사람들은 모여서 거리를 꾸며 놓고도 그것을 깨끗하게 치울 줄을 모르고 그 난잡한 속에 그냥 그대로 어지럽게 살아간다. 깨지락깨지락 치운다 하더라도 치우고는 또 늘어놓고 치우고는 또 늘어놓고 하여 마치 밑 빠진 독에 언제까지든지 헛물을 길어 붓듯이 영원히 그것을 되풀이하는 그 꼴이 바로 인간의 꼴이요 생활의 모양이라고도 할까. 어지러운 거리. 쓰레기통 같은 거리.

〈문오〉라는 작중인물을 통하여 마음껏 매도하고 있는 〈어지러운 거리〉, 〈쓰레기통 같은 거리〉, 이것이 곧 그의 말대로 〈인간의 꼴〉이요 〈생활의 모양〉이라고 해도 좋다. 〈복잡다단하고 심각한 인간 생활의 종합적 반영〉이 소설 문학의 본령이라면 이 〈어지러운 거리〉, 〈쓰레기통 같은 거리〉야말로 산문의 영토요 소설 문학의 고향이 아닐 수 없다. 그러므로 이 〈어지럽고 쓰레기통 같은 거리〉에 대하여 얼마만한 정열과 애착을 가지는가, 그렇지 않으면 이것을 저주하며 기피하는가 하는 것은 곧 그의 산문 정신에 대한 태도와 별개의 것일 수 없다. 그리고 작자 이효석은 이 〈산문의 영토〉요 〈소설의 고향〉인 〈어지러운 거리〉를 혐오하고 기피하는 나머지 작중인물 〈문오〉의 생각과 말을 빌어서 이렇게 결정적인 저주와 매도를 퍼부었던 것이다.

몹시도 지저분한 거리의 산문이 전신의 신경을 한데 모아 짓이기고 난도질하여 놓는다. 혼란의 아름다움을 노래하고 난잡의 운치를 찬미하는 예술 같은 짓은 악마에게나 먹히워라.

그가 〈거리의 산문〉이라고 한 것은 〈어지러운 거리〉, 〈쓰레기통 같은 거리〉에서 〈혼란한 아름다움을 노래하고〉 〈난잡의 운치를 찬미하는 예술 같은 것〉 즉 일체의 산문 예술 특히 산문정신을 본령으로 하는 〈소설문학 같은 것〉은 〈악마에게나 먹히우라〉고 신경질을 부리는 이것이 곧 이효석이다.

이효석의 〈산문〉에 대한 신경질적인 혐오와 기피는 그의 모든 작품에 일관되어 있고 그러므로 「인간 산문」의 주인공 〈문오〉는 작자의 이러한 심경과 사상을 표현하기 위한 작자 자신의 대변자로 보아서 조금도 어색할 것이 없다.

〈거리의 산문〉을 악마에게 던지고 난 이효석은 〈거리의 산문〉 대신 무엇을 가져왔는가. 〈어지러운 거리〉, 〈쓰레기통 같은 거리〉의 「인간 산문」을 버리고 그는 과연 「메밀꽃 필 무렵」의 아름다운 〈산〉과 〈들〉과 〈늪의 신화〉와 〈오리온과 임금(林檎)〉의 탄력 있는 육체와 그리고 시를 가져왔다.

> 꽃다지, 질경이, 나생이, 딸장이, 멈둘레, 솔구쟁이, 쇠민쟁이, 길오쟁이, 달내, 무릇, 시금초, 씀바구, 돌나물, 비름, 늘쟁이,
> 들은 온통 초록전에 덮여 벌써 한조각의 흙빛도 찾아볼 수 없다. 초록의 바다.

이것은 「들」의 첫머리다. 그는 〈어지러운 거리〉, 〈쓰레기통 같은 거리〉를 버리고 이렇게 여러 가지 풀과 꽃으로 덮인 들─

〈초록의 바다〉로 찾아온 것이다. 복잡한 도시의 거리와 어지러운 인간 산문을 버리고 자연과 시의 품속으로 돌아온 것이다. 그리하여 그는 자연의 향취에 취한 채 이렇게 부르짖는 것이다.

흙빛에서 초록으로 – 이 기막힌 신비에 다시 한 번 놀라볼 필요가 없을까. 땅은 어디서 어느 때 그렇게 많은 물감을 먹었길래 봄이 되면 한꺼번에 그것을 이렇게 지천으로 뱉어 놓을까. 바닷물을 고래같이 들이켰던가. 하늘의 푸른 정기를 모르는 결에 함빡 마셔두었던가. 그것을 빗물에 풀어 시절이 되면 땅 위로 솟구쳐 보내는 것일까. 그러나 한 포기의 풀을 뽑아볼 때 잎새만이 푸를 뿐이지 뿌리와 흙에는 아무 물들은 자취도 없음은 웬일일까.

이렇게 그는 과연 단순을 지니려 한다. 자연으로 돌아간다는 말은 단순으로 돌아간다는 뜻이다. 그러므로 항상 자연을 사랑하고 자연을 노래하는 많은 자연의 시인들은 복잡다단한 인간심리를 추궁하는 소설가보다 언제나 동요의 세계에 통할 수 있고, 최고의 시인은 언제나 동요의 시인일 수 있는 것이다. 〈한 포기의 풀을 뽑아볼 때 잎새만이 푸르지 뿌리와 흙에는 아무 물도 든 자취도 없으니〉 이것이 웬일이냐고 경탄할 만치 단순한 동심의 세계에로 접근해 보려는 그는

새가 지저귄다. 꾀꼬리일까.
지평선이 아롱거린다.

들은 내 세상이다.

이렇게 아주 자연에다 몸을 맡기려고도 한다.

나는 들이 언제부터 이렇게 좋아졌는지 모른다. 지금에는 한 그릇의 밥, 한 권의 책과 똑같은 지위를 마음속에 차지하게 되었다.

들이 〈한 그릇의 밥〉과 지위를 같이하게쯤 되면 그 다음엔 어떻게 되는가. 밥을 떠나서 살 수 없듯이 그는 이제 들을 떠나서는 살 수 없는 것이다. 〈떠나서 살 수 없다〉면 떠나지 않아야 사는 것이며 떠나지 않으려면 하나가 되어야 하는 것이며 하나가 되려면 내가 들이 되거나 들이 내가 되어야 하는 것이다. 그런데 나는 〈어지러운 거리〉, 〈쓰레기통 같은 거리〉와 인간 산문에 극도의 혐오를 느끼고 들로 찾아온 것이다. 그러므로 나와 들이 하나가 되어야 한다면 내 자신이 들로 화해야 하는 것이다.

꽃다지, 질경이, 민들레……. 가지가지 풋나물을 뜯어먹으면 몸이 초록으로 물들 것 같다. 물들어야 될 것 같다. 물들어야 옳을 것 같다. 물들지 않음이 거짓말이다. 물들지 않으면 안 될 것이다.

이리하여, 그의 몸은 꽃다지, 질경이, 민들레……와 함께 초록으로 물들고자 한다. 들로 화하고자 한다. 그렇게 함으로써 그는 자연에 동화되고자 한다. 그렇게 그는 고향에 돌아가고 싶었던 것이다.

같은 의향은 「산」에도 나타나 있다.

> 낙엽 속에 파묻혀 앉아 깨금을 알뜰히 바수는 〈중실〉은 이제 새삼스럽게 그 향기를 생각하고 나무를 살피고 하늘을 바라보는 것이 아니었다. 그런 것은 한데 합쳐서 몸에 함빡 젖어들어 전신으로 모르는 결에 그것을 느낄 뿐이다. 산과 몸이 빈틈없이 한데 어울린 것이다. 눈에는 어느 결엔지 푸른 하늘이 물들었고 피부에는 산 냄새가 배었다. 바슴할 때의 짚북데기보다도 부드러운 나뭇잎-여러 자 깊이로 쌓이고 쌓인 깨금잎, 가랑잎, 떡갈잎의 부드러운 보료......속에 몸을 파묻고 있으면 몸뚱어리가 마치 땅에서 솟아난 한 포기의 나무와도 같은 느낌이다. 소나무, 참나무 등이 한 대의 나무다. 두 발은 뿌리요 두 팔은 가지다. 살을 베이면 피 대신에 나무 진이 흐를 듯하다.

들에 가면 풀이 될 것 같고 산에 가면 나무가 될 것 같고―여기서 문제는 특수에서 보통으로 옮긴다. 이것이 동양인의 영원한 향수요 또 구경적 귀의욕(歸依欲)인 때문이다. 그것은 마치 서양인의 영원한 향수와 구경적 귀의가 신(神)에 있는 거와 마찬가지다. 동양인이 들에 가 풀이 될 것 같고 산에 가 나무가 될 것 같은 심적 상태는 서양인이 신에 귀의하여 신에게 자기를 맡기려는 것과도 같은 경우다. 〈살을 베이면 피 대신에 나무 진이 흐를 듯하다〉 하는 것은 〈여호와여 나는 당신의 종이로소이다〉 하는 것과 마찬가지 구경적 귀의를 부르짖는 기도의 소리다.

그러면 이효석은 왜 〈산〉과 〈들〉에 돌아와 풀과 나무가 되고자 했는가. 왜 자연에 동화되고자 했는가. 왜 신에 귀의하고자 했는가. 그것이 시정신의 지기였기 때문이다. 그는 〈어지러운 거리〉에 신물이 나 인간과 산문을 떠나고 싶었던 것이다. 〈어지러운 거리〉의 〈인간〉과 〈산문〉의 대비적 세계가 곧 시의 세계요 시 세계의 핵심이 자연(혹은 신)이었기 때문이다.

〈살을 베이면 피 대신 나무 진이 흐를 것 같다〉 한 것을 나는 위에서 자연에 귀의하는 기도의 소리라 하였다. 그리고 이것은 다만 시의 핵심, 시의 고향을 찾아온 데 지나지 않는다고 하였다. 내가 특히 이 말을 강조하는 것은 크게 〈시의 고향〉을 찾아오게 된 동기 그 자체에 역사적 배경이 있었기 때문이다. 〈어지러운 거리〉의 과학과 산문이 인간 생활의 구경적 의의를 보장하지 못한 데서 자기 자신(과학과 산문)의 비약적 변모가 요구된 것이며 〈쓰레기통 같은 거리〉의 정리는 한 개 세기적 과제가 되어 있었기 때문이다. 그러므로 그가 산문을 버리고 시의 고향을 찾아갔다는 사실에는 모종의 세기적 검토가 요구된 것이다. 그리하여 그가 과학과 산문의 비약적 변모를 위하여 투신한 것인가 그렇지 않으면 그것의 압력에 견디지 못하여 시의 품속으로 단순히 퇴각한 데 지나지 않는 것인가를 규정해야 하게 된 것이다. 그리고 위에서 내가 그는 〈다만 시의 고향을 찾아온 데 지나지 않는다〉고 강조한 것은 그가 후자에 지나지 않는다는 것을 시사하려 한 것이다.

이효석의 작품 세계에 나타난 〈자연에의 귀의〉가 산문 자체의 세기적 변모이기보다 다만 시에의 퇴각에 지나지 않는다는 사실은 그의 문학적 가치를 결정하는 치명적 조건이 아닐 수 없다.

그러므로 이것을 좀 더 구체적으로 분석해 볼 때 거기에는 다음의 세 가지 이유가 개재해 있음을 발견하게 되는 것이다.

첫째, 산문 자체가 변모를 가진다는 것과 산문을 부정한다는 것과는 전혀 동일하지 않을 뿐 아니라 오히려 대척적인 의미를 가지는 것이다. 전자는 어디까지나 산문의 자기 발견이요 자기 혁명에서만 가능한 것이기 때문에 이것은 산문이 부정이기보다도 깊은 긍정이 아닐 수 없음에 반하여 후자─부정은 어디까지나 부정에 그치는 것이다. 그리고 그는 우리가 위에서 이미 보아온 바와 같이 분명히 이것을 부정하고 저주하였던 것이다.

둘째, 그가 귀의한 자연의 성격 그 자체에 산문의 기골이 없다.

〈살을 베이면 피 대신 나무 진이 흐를 것 같다〉 하는 것이나, 〈가지가지 풋나물을 뜯어먹으면 몸이 초록으로 물들 것 같다. 물들어야 될 것 같다〉 하는 정도의 기도 소리는 자연에 대한 그 어떠한 새로운 지식도 애정도 우리에게 플러스해 주지 않는다. 우리는 이미 노장(老莊)의 문(文)이나 도왕(陶王)의 시나 선문(禪門)의 게(偈)를 통하여 이보다는 진실로 까마득할 정도로 심화된 자연에의 체험을 쌓아온 것이다. 그리고 이러한 자연의 체험이란 자연에의 귀의에서만 가능한 것이며, 무릇 무엇에 귀의한다는 것은 이미 생의 통일과 조화와 정리를 의미하는 것이므로 여기에 산문 정신이 용납될 여지는 없다.

셋째, 이상 두 가지 조건과는 다소 성질을 달리하는 면이 그에게 있다. 이번에는 초목에서 금수로 전개되는 것이다. 그가 귀의한 자연의 구체적 내용에 대하여 지금까지 내가 검토하여 온 것은 〈가지가지 풋나물을 뜯어먹으면 몸이 초록으로 물들 것 같다〉든가 〈살을 베이면 피 대신 나무 진이 흐를 것 같다〉는 등 즉 초목의 세계가 위주로 되어 있었으나 그의 작품 세계에는 아직도 그것(자연)의 다른 면인 금수(禽獸)의 세계가 남아 있으며 지금부터는 이에 대하여도 살펴보아야 할 것이다. 그리고 내가 여기서 금수라고 하는 것은 금수적 본능, 금수적 야성 등을 의미하는 것이므로 본능과 야성으로 본 인간의 일면도 물론 이(금수) 속에 포함되는 것이다.

맹랑한 것이 눈에 뜨인 까닭이다. 껄껄 웃고 싶은 것을 참고 풀 위에 주저앉았다. 그 웃고 싶은 마음은 노래라도 부르고 싶던 마음의 연장인지도 모른다. 다시 말하면 그 맹랑한 풍경이 나의 마음을 결코 노엽히거나 모욕한 것이 아니요 도리어 아까와 똑같은 기쁨을 자아내게 한 것이다. 일반으로 창조의 기쁨을 보여준 것이다.

「들」의 〈개울녘 풀밭에서〉 한 쌍의 개가 자웅질하는 광경을 보고 난 감사을 그는 그의 대변자인 〈나〉를 통하여 이렇게 말하게 하는 것이다.

하늘을 겁내지 않고 들을 부끄러워하지 않고 사람의 눈을 꺼리는 법없이 자웅은 터놓고 마음의 자유를 표현할 뿐이다. 부끄러운 것은 도리어 이쪽이다.

우리는 그가 한 쌍의 개가 자웅질하는 광경을 왜 이렇게 〈하늘〉과 〈들〉을 끌어대어 과장적으로 구가하고 있는지 그것을 이해하기에 조금도 힘들지 않는 것이다. 그리고 그것이 어떠한 전제적 의도에서 그렇게 구가되어야 하는 것인가도 추단하기에 힘들지 않다.

보고 있는 동안에 어디서부터인지 돌멩이가 날아들었다. 킬킬킬킬 웃음소리가 나며 두 번째 것이 날렸다. 가재나 몸이 떨어지지 않는 자웅은 그제서야 겁을 먹고 흘금흘금 눈을 굴리며 어색한 걸음으로 주체스런 두 몸을 비틀거렸다.

이러한 광경이 연출되고 있는 무대 뒤에는 으레 이것을 감시하는 혹은 찬미하는 또 한 사람의 여주인공이 배치되어 있어야 했던 것이다. 왜 그러냐 하면 남주인공 〈나〉는 이미 그 곁에서 누위 있었기 때문이다. 그리하여 〈돌멩이질〉의 주인공인 〈옥분〉이는 과연 〈호담스런〉 웃음소리와 함께 곧 무대 위에 나타나게 되는 것이다.

세 번째 돌멩이가 날리더니 이윽고 호담스런 웃음소리가 왈칵 터지며 아래 숲속에서 사람의 그림자가 덥석 뛰어나왔다. 빨래 함지를 인 채 한 손으로는 연해 자웅을 좇으면서 어깨를 떨며 웃음을 금할 수 없다는 자세였다.

이와 같이 개의 자웅질을 찬미한 지 불과 며칠이 되지 않아서 그들이 두 번째 우연히 만날 때 작자는 그들로 하여금 그들이 그 며칠 전에 목격한 개의 자웅질을 그대로 실현하도록 한다는 것은 이미 작자의 계획된 〈프로〉였다.

　"딸기 따줄까."
　"무서워."
　그의 떨리는 목소리가 왜 그리도 나의 마음을 끌었는지 모른다. 나는 떨리는 그의 팔을 붙들고 풀밭을 지나 버드나무 숲속으로 들어갔다. 그의 입술은 딸기보다도 더 붉다. 확실히 그는 딸기 이상의 유혹이었다.

거기서도 작자는 나중 다음과 같이 주석할 것을 잊지 않았다.

　양딸기 맛이 아니요 확실히 들딸기 맛이었다. 멍석딸기나 무딸기의 신선한 감각에 마음은 웃음이 찼다.

그는 〈양딸기〉보다 〈들딸기〉가 더 자연에 통하는 것이라고 생각했던 것이다. 그리고 그의 신념은 어디까지나 자연의 범위 안에만 있었다. 그가 귀의한 자연의 범주 속엔 초목과 함께 금수도 거주했을 뿐이며 그리고 금수를 통하여 그는 야성과 성욕을 연역(演繹)했을 따름이다.

야성과 성욕으로 연역되는 금수의 세계 이것은 얼핏 생각할 때 산문의 세계에 통하는 것 같다. 물론 통할 수도 있다. 그것이 대자연의 연역에서 오는 경우와 그것의 대립자로서의 인간의 연역에서 오는 경우가 동일하지 않기 때문이다. 전자는 〈루소〉의 경우요 후자는 〈졸라〉의 경우다. 양자가 다같이 자연을 표방하였으나 전자의 자연은 시와 낭만에 통하는 세계였고 후자의 자연은 산문과 〈리얼〉에 통하는 세계였다. 그리고 이효석의 산과 들의 풀과 나무에서 연역된 〈옥분〉이와 〈분녀〉와 〈복녀〉(「수탉」과 〈유례〉(「성화(聖畵)」)들의 그것은 전자의 시와 낭만에 통하는 자연이었다.

나는 편의상 주로 「들」한 편에 대하여 말했지만 이상의 우리가 보아 온 두 가지 성질의 자연(초목과 금수) 이것은 그의 모든 작품에 공통된 세계다. 「산」과 「들」두 작품이 완전히 같은 위치의 작품이요 「메밀꽃 필 무렵」이 원칙적으로 이 계열의 작품이나 여기에 운명 의식이 다소 가미되었을 뿐이고 그 이외에는 거의 전부가 위에서 말한 〈두 가지 성질의 자연〉 중 후자에 치중하여 금수적 본능을 주제로 한 작품들이다. 그것을 요리조리 미화하고 〈성화(聖化)〉하여 구가하려 했을 뿐이다. 그리고 이 계열의 작품으로서는 다소 이질적인 요소를 포함한 듯이 보여질 수 있는 예외적인 작품 「성화」 주인공의 자살미수 같은 것도 애욕의 절대적 긍정에서 자기 자신을 포기했을 따름이지 그것을 부정하거나 초월하려는 의도가 아님은 그 작품 현실에서 보는 바와 같다. 그것이 비록 애욕을 부정하는 것이거나 초월함은 아니라 하더라도 그것을 절대시하여 자기 자신을 포기하는 데까지 이르면 거기엔 어느 정도 〈모랄〉의식이 가미되는 것이라고 이렇게 보고서도 그 본질이 그것을 미화하려는 시 의식에서 일보도 벗어나는 것은 아니다.

이상에 언급한 바가 이효석의 작품 세계의 전부다. 그의 그 어떠한 작품도 이상의 범위에서 벗어날 수 있는 것은 없다. 그리고 그것이 〈초목〉의 경우든 〈금수〉의 경우든 혹은 애욕의 경우든 그 본질이 자연을 근원으로 한 시 의식에서 상치된 경우는 없다. 그의 애욕 구가나 본능 예찬을 〈졸라이즘〉의 자연과 혼돈해서는 안 된다는 것은 위에서 이미 언급한 바이다. 동물성의 긍정은 비록 같을망정 전자는 자연에의 귀의를 구경으로 하는 시 의식의 말로요 후자는 인간 본연에 귀의하려는 산문 정신의 구현인 점에 있어 어디까지나 대척적이며 이효석의 〈금수〉적 자연 또한 산문에 대립되는 시의식의 소이인 것이다.

나는 위에서 이효석의 문학적 본질을 형성하는 자연의 내용이 어디까지나 시 의식의 범위 속에 있다는 것을 대략 지적하여 왔다. 다음으로 그의 시 의식으로서의 자연이 산문적 기골을 구비할 수 없었다는 필연적 귀결로 그의 문학 형상(形象) 수필적 성격을 언급해 보려 한다. 그의 문학의 결정적 나약성은 〈플롯〉의 빈곤과 성격 창조의 결여에 있다. 그의 어떠한 작품에서도 인물의 성격이 주제로 된 적은 한번도 없다. 그리고 그의 모든 작품에 등장하는 모든 작중인물들의 성격 묘사에 있어 선명히 〈부각〉된 인물은 하나도 없다. 가령 그는 〈가지가지 풋나물을 뜯어먹으면 몸이 초록으로 물들 것 같다〉고 작중인물인 〈나〉의 입을 빌어 자기의 의사를 대변시킬 수 있었지만 그것을 어떤 인물의 성격 자체에서 발견하거나 그러한 인간형을 창조할 수는 없었다. 다만 그러한 감회를 수필식으로 토로한 데 불과하지 소설적 형상을 제시한 것은 아니다. 그의 이러한 약점은 중편물에 갈수록 더욱 곤란을 초래하였다. 「화분」, 「성화」, 「거리의 목가」 등 일련의 중편물이 편편이 애욕 문제에서 취제(取題)되었을 뿐 아니라 진부하지 않은 감각과 세련된 문장을 가졌음에도 불구하고 미망할 정도로 읽기에 피곤을 느끼게 하는 것은 오로지 〈플롯〉의 빈곤과 성격(인물)의 결여에 기인되는 것이다.

이러한 의미에 있어 그는 본질적으로 장편 작가가 아닐 뿐 아니라 단편에서도 「메밀꽃 필 무렵」과 같이 시적 정서가 〈테마〉로 되었을 때에만 가장 성공할 수 있었던 것이다.

그러나 주지하는 바와 같이 〈플롯〉과 성격(인물의)을 떠나서 소설 문학의 기골은 유지되지 않는 것이며 소설 양식의 장대한 종합성과 보편성은 어디까지나 〈플롯〉과 〈성격〉(인물)을 위주로 할 때만 성취된 것이다. 그리고 이것이 산문 정신의 본질적 스타일이기도 하다.

이러한 의미에 있어 그의 작품의 〈플롯〉과 〈성격〉(인물)의 빈

곧은 그대로 그의 산문 정신의 결여를 의미하는 것으로 상기한 그의 문학 형상의 수필적 성격도 모두 이에 기인한 데 불과한 것이다.

우리가 만약 과학과 산문을 포기할 수 있다면 그리고 시에의 퇴각과 자연에의 복귀로 이 세기적 매듭을 해결할 수 있다면 이효석의 「산」과 「들」이 우리에게 자연에 대한 새로운 내용을 플러스해 주지 않아도 된다. 왜? 산문의 폭풍우 속에서 산문을 포기하고 시에 귀의하였다는 그 태도만으로서도 그는 인류의 행진에 공헌이 될 수 있었기 때문이다. 그러나 이것은 불가능한 일이다. 우리가 과학과 산문을 방기할 수 있다고 생각하는 것은 우리가 영원히 새로운 성격의 신을 가질 수 없으리라고 생각하는 것만큼이나 저능한 생각이다.

오늘날의 과학과 산문이 비록 인간 생활의 구경적 의의를 보장하지 못한 데서 초래된 세기적 불신임장을 접수하여 있음이 사실이라 하더라도 그것은 어디까지나 과학과 산문을 계승할 새로운 성격의 신의 출현에서만 수리될 문제이지 소박한 자연 찬미를 근거로 한 시에의 퇴각으로 해결될 것은 아니다.

산문 정신의 본령으로 하는 소설 문학의 세계에서 산문을 마음껏 포기한 소설가 이효석은 결국 소설의 형식을 빌어서 시를 찾으려다 소설 그 자체를 약질화시킨 데 그쳤던 것이다. 새로운 성격의 신의 출현만이 새로운 성격의 산문을 창조할 것이다.

청산과의 거리

– 김소월론

 소월(素月) 김정식(金廷湜)은 1903년 평북 곽산 생으로 중학을 오산과 배재에서 치르고 나중 동경 상과대학에 입학하였다가 중도에 그만두었다 한다.

 삼십삼 년 동안 그가 세상에 있으면서 무엇을 생각하며 어떤 일을 했는지 그 전부를 나는 알 수 없으나 그가 남긴 팔십여 편의 시작(時作)이 내 수중에 있고 그 가운데 특히 「산유화」일 편은 탁월한 작품이리 이 일 편을 중심으로 시인 김소월에 대한 나의 문학적 견해를 기록해 두려 한다.

 산에는 꽃 피네

꽃이 피네
갈 봄 여름 없이
꽃이 피네.

산에
산에
피는 꽃은

저만치 혼자서 피어 있네.

산에서 우는 작은 새여
꽃이 좋아
산에서
사노라네.

산에는 꽃이 지네
꽃이 지네
갈 봄 여름 없이
꽃이 지네

이것이 「산유화」 전편이다.
  이 시 제2연에 〈산에, 산에, 피는 꽃은 저만치 혼자서 피어 있네〉라고 한 구절이 있는데, 저만치 혼자라는 〈저만치〉 라고 한 거리를 조사함으로써 시인 김소월의 본질을 구명해 보려 한다.
  그러나 나는 당장 이 시의 사상부터 이야기할 수는 없다. 그것은 형식에 미비한 점이 있다는 뜻이기 보다도 그와는 반대로 그 기적적인 완벽성이 어디서 온 것인지 너무도 아득하기 때문이다.

〈시문학파〉 이전의 대부분의 시가 그러하듯이 소월의 시도 이 「산유화」 한 편을 제외한다면 전부가 미완성품이요 형식적 구성에 있어 완연히 한 개 시작(詩作) 형태에 그쳐 있다. 그 가운데서 한 편의 합격품이 나왔으니까 기적적이란 뜻은 아니고 진실로 아주 초월적으로 완성되어 버렸기 때문이다. 그 형식적 구성, 특히 그 음율적 구성에 있어서는 오늘날에 이르기까지, 그 누구의 주옥편으로서도 이와 겨루어낼 만한 작품을 찾을 수가 없다. 더 기탄없이 말한다면 아마 조선의 서정시가 도달할 수 있는 한 개 최상급의 해조(諧調)를 보여주었다고 할 것이다. 이러한 기적적인 완벽성 앞에 직면할 때 사실 나는 길바닥에 구르는 조약돌들이 각각 한 개 파편들인지 완성품들인지를 의심하게 되었다. 늘 파편으로만 알고 밟고 다니던 한 개의 조약돌에서 우리가 홀연 〈신〉(천지란 말로 대체해도 좋다)의 모습을 발견할 수도 있는 것이 아니라면 우리는 이 「산유화」의 기적성이 어디서 오는 것인지 추리할 길이 없지 않은가.

길바닥의 조약돌은 길에 다니는 모든 사람의 발에 밟히는 것이지만 그렇다고 해서 길에 다니는 모든 사람이 그들의 발 앞의 조약돌에서 누구나가 다 〈신〉(천지)의 모습을 발견할 수 있는 것은 아니다. 마음속에 〈신〉의 맹아를 갖고 그 모습의 발견을 항상 희구하는 사람에게만 그것은 가능할 수 있을 것이다.

소월에게 구현된 「산유화」의 기적적 완벽성은 그의 오랜 희구에서 온 것이다. 그리고 이 말엔 설명이 필요할 것이다. 왜 그러냐 하면 소월의 오랜 희구는 반드시 〈산유화의 기적적 완벽성〉이라고만 미리 지정되어 있지는 않았기 때문이다. 그의 오랜 희구는 다만 〈임〉이 보고 싶고 〈임〉이 그립고 〈임〉을 찾고 싶었던 것뿐이다. 그리하여 〈산유화의 기적적 완벽성〉은 그가 몽매간에도 잊지 못하던 그 〈임〉과 자기와의 거리를 이제는 더 추궁(追窮)할 수 없으리만큼 막다른 지점에서 발견했을 경우다.

  소월의 시는 거의 전부가 〈임〉을 찾고 〈임〉을 구하고 〈임〉을 노래한 것들이다. 그 〈임〉은 처음 그가 어느 주막에서 우연히 발견한 어떤 색주가였는지도 모른다. 그가 자라던 동네 이웃집의 어떤 처녀였는지도 모른다. 혹은 그것이 한두 사람이 아니라 셀 수도 없이 여러 사람이었을는지도 모른다. 이상은 모두 가능한 일이나 확정적은 아니다. 그러므로 나는 〈……이었을는지도 모른다〉고만 하였다. 다만 내가 여기서 단언할 수 있는 것은 그가 그의 〈임〉과 백년해로하고 금슬우지(琴瑟友之)할 수 없었다는 것이다.

    가실 때에는
    말없이 고이 보내드리우리다.
                        —「진달래꽃」에서

  이와 같이 〈임〉은 늘 그에게서 떠나가거나 혹은

    못잊어 생각이 나겠지요

> 그런대로 한세상 지내시구려
> 사노라면 잊힐 날 있으리다
>
> —「못잊어」에서

라고 한 「못잊어」와 같이 이미 떠난 뒤이기만 하였다. 요컨대 〈임〉은 그의 곁에 있지 않았다. 곁에 있지 않았으므로 그는 늘 찾고 부르고 그리워해야 했던 것이다.

그러면 소월의 〈임〉은 왜 소월의 곁에 있지 않았나 이것이 문제다.

> 있을 때에는 몰랐더니
> 없어지니까 네로구나
>
> —「돈타령」에서

이것은 물론 〈돈〉을 두고 한 말이다. 그리고 이 〈돈〉을 두고 한 말은 그의 임에게도 통한다. 소월은 그 〈임〉이 그의 곁에 있을 때에는 나중 헤어진 뒤에서처럼 그다지 살뜰히 그리운 줄을 모른다. 옥녀가 곁에 있으면 차라리 금녀가 더 그립고 금녀가 곁에 있으면 도리어 옥녀가 보고 싶었던 겐지도 모른다. 그리고 두 사람이 다 그의 곁을 떠난 뒤에는 두 사람이 다 사무치게 그리워지는 깃이다. 그는 〈임〉을 더불어 즐기기보다 본질적으로 〈임〉을 찾고 구하는 데서 그리워하는 편이다.

그리고 한 사람이 〈임〉을 즐기는 편이기보다도 본질적으로 그리워하는(구하는) 편이란 것은 자못 중대한 사실이 아닐 수 없다. 왜 그러냐 하면 그의 그리워하는(혹은 구하는) 감정은 아무것으로도 영원히 메꾸어질 수 없기 때문이다.

그러면 이 〈아무것으로도 영원히 메꾸어질 수 없는〉소월의 감정(이것을 주체적 감정이라 불러도 좋다)은 구경 어디로 가나? 그의 〈그리운 감정〉(이것을 정한이라 불러도 좋다)이 옥녀나 금녀에서 출발하여 옥녀나 금녀에서 해결될 수 있는 대상 본위의 감정이 아닐 때 그에게 있어 옥녀나 금녀의 얼굴이나 성격이나 취미 등이 그다지 중요한 의의를 가지는 것은 아니다.

이 말은 다시 옥녀나 금녀의 얼굴이나 성격이나 음성 등이 소월의 정한을 좌우한 것이 아니라 소월의 정한 그 자체가 임의로(혹은 한쪽에서만) 그 대상을 가졌던 것이라는 뜻도 된다. 대상을 소유하거나 전취(戰取)한 것이 아니라 그의 정한이 독단적으로 〈임〉을 가졌던 것이다. 그가 소유하거나 전취한 〈임〉이 아니기 때문에 그 〈임〉들은 늘 그를 떠나고 그와 헤어질 수 있었던 것이다. 이와 같이 그 대상에 의하여 어떤 특수한 제약을 받지 않는 주체적 감정에서 출발했던 것이기 때문에 그의 〈임〉은 모든 옥녀와 모든 금녀에도 통할 수 있었던 것이다. 소월의 정한이 개인적 특수적 감정에서 일반적 보편적 정서로 통하게 된 것은 이것 때문이다. 그의 〈임〉이 모든 〈옥녀〉와 모든 〈금녀〉에 통하게 될 때 〈임〉을 구하는 정한의 주체도 이미 김소월이란 개인적 감정을 초월할 수 있었던 것이다. 여기서 그의 개인적 특수적 감정은 일반적 보편적 정서로 통하게 된 것이며 이러한 일반적 보편적 정서가 민요조를 띠게 된 것은 지극히 당연하며 자연스런 결과라 아니할 수 없는 것이다(소월 시의 민요조는 진실로 이에 연유되었던 것이다).

여기서 소월은 옥녀나 금녀로 메꾸어지지 않은 그의 불행을 그 한 사람의 불행으로만 생각하지는 않게 되었다. 그는 그 자신의 개인적인 정한을 민요조를 통하여 인간 전체의 일반적인 감정에 결부시킬 수 있다.

여기까지가 소월에게 있어서는 물론 중요한 일이었다. 옥녀나 금녀로 메꾸어지지 못한 소월의 정한은 이제 인간 전체의 공동적 부채로 결부된 것이다. 모든 인간은 그 자신이 의식하든 못하든 누구나 다 그 자신 속에 옥녀나 금녀로 메꾸지 못한 모종의 정한을 가진 것이며 소월은 그의 개인적 감정을 인간의 일반적 정한에나 결부시킴으로써 그 대상을 추궁하기에 한결 쉬운 위치를 가질 수 있게 된 것이다.

옥녀나 금녀로 해결되지 않은 소월의 〈임〉은 이제 인간 전체의 〈임〉에 통하게 된 것이다. 그리고 모든 옥녀와 모든 금녀로 메꾸어지지 못한 인간 전체의 〈임〉도 인간 그 자체는 아니다. 우리가 인간이요, 인간이 있다는 것은 우리도 알고 있다. 그러나 세상에는 인간 이외에 또 무엇이 있단 말인가. 이름하여 흙이라 부르는가. 돌이라 부르는가. 일월성신이라 하는가, 산천초목이라 하는가. 그렇다, 있다면 〈자연〉 혹은 〈신〉이라 일컫는 것뿐이다. 인간 전체가 찾는 〈임〉의 이름은 〈자연〉 혹은 〈신〉 이외의 그 아무것도 있을 수 없었던 것이다.

그러나 소월은 옥녀나 금녀로 메꾸어지지 않는 그의 정한의 구경이 〈자연〉 혹은 〈신〉을 찾고 있다는 것을 꿈에도 생각할 수 없었던 것이다. 「산유화」의 기적성은 여기에 기인한 것이다. 〈산에, 산에, 피는 꽃은 저만치 혼자서 피어 있네〉 할 때, 그는 그 산이 무엇인지를 몰랐으며 다만 그 청산과 자기와의 거리를 〈저만치〉라고 손가락질로 가리킬 수 있었던 것뿐이다. 그리고 그가 청산과 자기와의 거리를 〈저만치〉라고 손가락질로 가리킬 수 있는 순간은 그가 가장 그의 〈임〉의 품속에 깊이 안길 수 있는 순간이기도 했던 것이다. 이 순간 그의 체내의 맥박은 청산의 그것에 가장 육박했을 때요 이 순간의 맥박이 그의 시혼을 불렀을 때 저 〈산유화〉의 기적적 해조는 구성되었던 것이다.

이제 완전히 옥녀나 금녀의 문제는 아니다. 소월이 측정한 인간과 청산과의 거리가 문제인 것이다.

한 개인의 주체적 감정에서 출발하는 강렬한 정한이 그 대상의 일시적 특수성에 고정되지 않고 일반적 보편적 체계성을 띠게 될 때 그 한 개인의 체계화된 정서는 이미 인간 전체의 〈신〉이나 〈자연〉대신 〈꽃 피고 꽃 지는 산〉을 가져왔던 것뿐이다. 소월이 〈저만치〉라고 지적한 거리는 인간과 청산과의 거리인 것이며 이 말은 다시 인간의 자연 혹은 〈신〉에 대한 향수의 거리라고도 볼 수 있다.

이 거리를 그는 무의식 중에 직관하였다. 그가 청산을 바라보는 가장 적당한 거리는 그가 가장 보편적 정한에 입각할 수 있는 순간이요 그것은 또 우연이기도 했던 것이다.

우리는 이 거리를 해결할 수 있을까. 청산은 언제나 우리의 눈앞에 있는 것이다. 그러나 우리의 비행기는 우리와 청산과의 거리를 우리 조상 적보다 조금도 더 단축시키지는 못했다. 그리고 이것은 벌써 시나 문학의 한계에서 벗어난 이야기일는지도 모른다.

빌건대 청산 속에 가 누운 소월 명목(瞑目)하소서.

자연의 발견

- (三家) 시인론

조선의 시가 한 개 문학사적 의미에서 자연을 발견하게 된 것은 1939년에서 1940년에 이르기까지 한 이삼 년간의 일이다. 당시의 순문예지 《문장》을 통하여 세상에 소개된 일군의 신인 중 특히 박목월, 조지훈, 박두진 이 세 사람이 그 사명을 띠었던 것이다.

《청춘》에서 《창조》, 《폐허》, 《백조》에 이르기까지의 조선의 시는 아직도 〈신시 시작기〉였다. 우수한 시편, 탁월한 시인이 아주 없었다는 뜻은 아니나, 일반적으로는 소위 〈신문학 수입〉의 여기로 잡다한 외래적 시풍의 모방에 휩쓸리고 있었다. 대개는 시국과 풍운을 개탄하는 사상적 술어가 범람되었고, 그렇지 않은 서정시라고 하더라도 으레 〈바이런〉, 〈셸리〉, 〈하이네〉들의 시풍을 어딘지 염두에 두고 지어진 것이 아니면 한 시조를 본뜨기가 보통이었다. 그보다는 월등 우수한 방편을 택한 사람이라고 하더라도 적어도 민요풍에라도 의거할 줄 알았고 아무도 아주 딴판으로 홀로 설 수는 없었다.

　이러한 풍조에서 처음으로 자기 감정을 자기의 운율과 언어로 표현함에 성공하기로는, 김영랑, 정지용, 박용철 들이 중심되었던 《시문학》지에서 시작되었다. 그들에 와서 처음으로 시의 내용은 거의 그들 자신의 고독과 비애를 담았고, 시의 형식은 거의 그들 자신의 음율과 언어로 이루어졌다.

　그리고 이 유파의 무엇보다도 중요한 공헌은 시세계에 있어서의 개념적 설명을 구축하고 그 대신 구체적인 미의 서포를 제공한 데 있다. 그 결과 생동하는 감정과 청신한 언어를 가져오긴 하였으나 반면에 인생과 자연에 대한 진취적 의욕과 적극적 기골을 상실하게 되었다. 그러므로 그들에서 어떤 사상성을 추궁한다면 거기엔 지극히 빈약하고 또 소극적인 면을 발견할 수밖에 없고, 그와 동시 시예술이 마땅히 가져야 할 표현 본위의 일반적 기본적 조건을 어느 정도 성취시킨 점에 있어서는 신문학사에 한 개 획기적인 자취를 남기게 되었다.

　〈시문학파〉의 순수 서정시 운동이 시예술의 형식면에 치중되어 너무 정적, 보수적 경향에 흐르게 된 결과 그 반발로 어떤 동적인 신기성이 요청되매, 재빠르게 감각적 시세계로 자기 변용을 수행한 것이 정지용이요, 정지용의 변용과 전후하여 〈푸른시〉, 〈순수시〉 이래의 한개 새로운 시운동을 시험했다고 볼 수 있는 것이 김기림에 의하여 주장된 소위 모더니즘의 감각시 운동이다.

김기림을 대변자로 하는 조선의 모더니즘 시는 외국의 모든 〈모던파〉가 그러하듯이 여기서도 또한 주지와 감각으로 무장한 뒤 재래류의 서정시에서 정서와 주관성을 경계하며 감상과 영탄과 신비를 배척하였다. 신비성 대신 과학성을, 농촌보다 도시를, 자연보다 문명을, 풍경보다 기계를, 우수보다 명랑을…… 주창하는 〈모던파〉의 사상적 배경은 이미 두세기 묵은 것이었으나(과학 정신을 주축으로 하는 근대주의의 이론적 기초는 이미 18세기의 산물이었다) 그 현실적 의의는(특히 당시의 조선에서는) 혁신적이며 진취적일 수도 있었다.

그러나 처음부터 본질보다 현상을, 일반보다 특수를, 정통보다 이단을 목표로 하고 출발한 모더니즘의 시는 이내 반발을 위한 반발, 새것을 위한 새것 즉 어느덧 낡고 묵을 운명에 봉착하게 되었다. 진부하다고 폄(貶)한 자연의 찬미는 오늘 또 새로울 수 있었으나 청신(淸新)이라고 취해온 기계의 구가(謳歌)는 그날로 묵은 것이 되고 말았다. 자연과 영혼이 거세되고, 그 대가로 〈기계〉와 〈재담〉과 〈인공〉이 보충되었을때, 우리는 모더니즘의 내일을 알기에 힘들지 않았다.

이와같이 전자 〈순수시〉는 표현 본위의 시운동이었던만큼 점차 형식 주의에 기울어져 드디어 시혼(시정신)의 공소(空疎)를 초래하게 되었으며, 후자 모더니즘의 시는 처음부터 인생과 자연에 대한 구경적 정신을 거부하고 〈기계〉와 〈문명〉과 〈인공〉에서 새로운 시의 영야(領野)를 개척하려 한 것이니만치 〈새로운〉, 〈개척〉 등등의 허영적 관념에서 어느덧 유행성에 타락되고 말았던 것이니, 이러한 시정신의 질식 상태에서 분연히 반기를 들고 일어난 것이 유치환, 서정주, 김달진, 오장환, 함형수 등을 대표로 하는 일군의 젊은 인생시인들이었다.

그들은 감각보다 정서를, 신경보다 심장을, 객관보다 주관을 실증보다 신비를, 문명보다 자연을, 재담보다 통곡을 제것으로 하였다. 기교보다 정신에서, 기계보다 영혼에서 그들은 다시 시를 찾으려 했던 것이다.

중세적 신앙이나 실증적 문명이 이미 인간과 유리된 사실을 인정하고 나서도 그들은 생에 대한 구경적 의욕을 포기하려 하지는 않았다. 그들은 어느덧 그들의 발 앞에 가로놓인 것의 깊이에 대하여 눈치챘다. 그들은 이 세기적 심연 속에, 영겁을 매장할지언정 〈재담〉이나 〈세공〉이나 〈기계〉와 타협할 수는 없음을 깨달았다. 그들은 비교적 여유 있게, 또 용감하게 이 심연을 지키려 하였다. 그들의 후발대(혹은 구조대)가 당도할 때까지…….

삼가시(三家詩)가 후발대(혹은 구조대)로 출동하게 된 것은 그들의 역사적 불행일는지도 모른다 혹은 다행일는지도 모른다. 행이든 불행이든 그들은 그들의 역사적 임무를 회피할 수는 없었다.

김영랑, 정지용, 박용철 등의 연약한 기교주의에 대한 반감은 유치환, 서정주, 오장환 등의 반발적 실천에 의하여 다소 완화될 수 있었으나, 김기림 등의 메커니즘에 대한 경시는 유, 서, 오에 못지않게 치열하였다. 그리하여 〈기교보다 정신을, 기계보다 영혼을 시에서 찾아야 한다〉는 명제는 그들에게 와서도 의연히 지지되었다. 그러므로 그들은 유, 서, 오 등이 몸으로 지키고 있는 세기적 심연에 대하여 촌보(寸步)도 회피할 수는 없었다. 그들은 어떠한 해답이든 손에 들지 않고는 이 심연을 통과할 수 없었다. 왜? 거기엔 유, 서, 오들에 의하여 그들의 육체로써 다리가 놓여져 있었기 때문이다.

그들은 이 심연이 이미 기독교 및 18세기 이전의 모든 제신(諸神)을 삼킨 데서 온 것임을 짐작하였고, 그리고 이제 이와는 다른 성격의 새로운 신이 이 심연에 의하여 요구되고 있다는 것을 깨달았다. 그들은 동양 사람이었다. 그리하여 그들의 심안(心眼)은 어느덧 〈자연〉으로 기울어졌다.

오늘날 정치문학 청년들이 〈화조풍월(花鳥風月)〉 운운하고 애써 무시하려는 〈자연〉의 발견도 이와 같이 남이 몸으로 지키는 세기적 심연에 직면하여 절대절명의 궁경(窮境)에서 불러진 신의 이름이었던 것이다.

다음에 세 사람의 시 세계에 흐르고 있는 자연의 성격에 관하여 구체적으로 검토해 보자.

박목월의 향토성

박목월이 발견하는 자연의 육체는 향토성에서 온다.

그의 고독과 애수에 찬 인간적 본질은 그것이 시로 표현되려 할 때, 그러나 과거의 〈시문학파〉들처럼, ××처럼 슬프고 ××같이 외롭고…… 할 수는 없었다. 〈인생시〉들에서처럼 천지와 신명과 운명을 향해 울부짖을 수도 없었다. 이러한 욕구에서 향토의 세계는 그에게 자연의 비밀과 신비를 속삭이었다.

삼 인 시집 속에 수록된 열다섯 편의 시는 편편이 모두 이것을 증명하고 있다.

> 송하가루 날리는
> 외딴 봉우리
> ……
> 산지기 외딴집
> 눈먼 처녀사
>
> ――「윤사월」에서

> 길은 외줄기
> 남도 삼백리
> ……
> 구름에 달 가듯이
> 가는 나그네
>
> ―「나그네」에서

갑사 댕기 남끝동
삼삼하고나

— 「갑사댕기」에서

산수유꽃 노랗게
흐느끼는 봄마다

— 「귀밑 사마귀」에서

구구구 저녁 비둘기

— 「가을 어스름」에서

 이 모두 향토적 정서에서 발견된 자연의 빛깔이요, 자연의 냄새요, 자연의 소리가 아닌 것이 없다.
 이와 같이 향토적 정서가 빚어내는 자연의 신비감에다 작시(作詩)의 기조를 두는 것은 자연의 육체를 탐색하는 가장 정확한 방법이요 또 시예술의 구체성과 〈이미지〉를 찾는 데도 큰 도움이 될 수 있으나, 그와 반면에 너무 특이성에 사로잡혀서 자연의 일반적, 보편적 성격과 거리를 멀리하는 결과를 면할 수 없었던 것이다. 특이성이란 본래 편협과 단조로움에 통하는 길이다. 목월의 시가 몇 편을 읽든지 모두 같은 가락을 느끼게 하는 것은 이에 기인하는 것이다. 가락뿐 아니라 어휘까지 지극히 간단한 범위에 제한되어서 어느 편을 읽든지 동일한 가락과 동일한 어휘가 느껴지는 것이다. 여기에 목월 시의 약점이 있다. 문학이란 원체 개성의 산물인 이상 원칙적으로 특이성 그 자체가 나쁜 것은 결코 아니지만 그 특이성이 일반성이나 보편성을 배반해야 할 때 우리는 이 특이성에 대하여 곧 반감을 가지게 될 것이다.

목월에게 있어서는 〈노란 산수유꽃〉 한 송이가 명산대해(名山大海)나 무변창공(無邊蒼空)보다도 더 많은 자연의 비밀을 속삭일는지도 모른다. 그러나 〈외딴 봉우리〉와 〈눈먼 처녀사〉와 〈갑사 댕기 남끝동〉과…… 이 모든 것을 합쳐도 바다의 물결 소리 한번을 낼 수 없다면, 자연이 가진 보다 더 큰 비밀을 목월은 무엇으로 탐색하려 하는가. 같은 한 길이라도 구멍 한 길이 깊어 보인다는 격으로, 목월의 〈노란 산수유꽃〉도 구멍 한길의 신비감이어서는 안 된다.

목월에게 아직 바다의 시 한 편이 없음은 무슨 까닭인가.

조지훈의 선(禪) 감각

조지훈의 시세계에는 민족적인 것과 선(禪)적인 것, 이 두 가지 경향이 흐르고 있다. 전자는 해방 전에는 「봉황수」, 「고풍의상」, 「승무」 등에서와 같이 회고 취미(趣味)를 띠고 나타났고 해방 후에는 다소 정치적 색채를 띠고 나타났다. 그리고 시 자체의 가치로서는 이 〈정치성〉의 것이 가장 낮고 그 다음이 회고물, 가장 우수한 것이 선적인 것들이다.

회고란 것이 물론 인사(人事)를 위주로 하는 것이되 경개(景槪)는 풍경이므로 인생과 자연이 한 시경(詩境) 속에서 충분히 교섭될 수 있는 경우다. 그리고 같은 〈민족적인 것〉 중에서도 〈정치성의 것〉에서처럼 자연 풍경과 인연이 멀면 멀수록 시 자체로서는 졸렬해진다는 말은 즉 이 시인의 본령이 자연 탐구에 있다는 것을 증명함에 불과한 것이다.

그리고 그가 〈자연의 탐구〉에서 가장 그것의 심장에 육박한 경지가 선 감각의 세계요 그러므로 이 계열의 그의 시가 가장 우수함도 당연한 일이 아닐 수 없다.

> 성긴 빗방울
> 파초 잎에 후두기는 저녁 어스름
>
> 창 열고 푸른 산과
> 마조 앉어라
>
> —「파초우(芭蕉雨)」에서

여기서 그는 자연의 어떤 국부(局部)나 지엽(枝葉)을 버리고 그 전체와의 교섭을 의도하는 것이다. 특수한 어떤 풍경이라든가 계절이 문제가 아니라, 어느 장소, 어느 순간에서든지 곧 그의 감각의 대상이 될 수 있는 것, 거기서 그는 자연의 전체를 느끼려는 것이다. 그리고 자기를 맡기려는 것이다. 그는 무슨 명승절경을 찾아간 것도 아니다. 문득 빗소리를 듣고 방문을 열자 그의 눈앞에 푸른 산이 있다는 것이다. 그리고 그것으로 족하다는 것이다. 물론 진대(晉代)에 이미 〈유연견남산(悠然見南山)〉이 없었던 것도 아니나 읊은 사람의 심경의 실감이 다른 만큼 이것은 이것대로 또한 새로운 것이다.

　도연명의 〈유연견남산〉이 그러하듯이 지훈의 〈푸른 산과 마조 앉어라〉를 가리켜 나는 물론 도저한 선의 세계라고 인정하지는 않는다. 다만 이상의 구절을 통하여 그들(도, 조)의 관조가 자연과의 전체적 교섭에 향해져 있었다는 것과 그리고 이것이 선의 본질에 육박할 수 있는 가장 첩경이란 것만을 말하려는 것이다.

　이상과 같은 자연 관조의 결과가 좀 더 선적 감각으로 착색될 때 거기는 한개 특이한 상징의 세계가 벌어진다.

　　부처님은 말이 없이
　　웃으시는데

　　서역 만릿길

　　눈부신 노을 아래
　　모란이 진다.

　　　　　　　　　　　—「고사(古寺)」에서

　〈말이 없이 웃으시는 부처님〉의 〈웃음〉으로 상징되는 그의 자연 관조의 결과는 그것이 자연에의 전체적 교섭에서 오는 것이기 때문에 〈눈부신 노을 아래 모란이 지는〉 시 속에 〈서역 만릿길〉을 끌어올 수도 있었던 것이다.

　이러한 선 감각의 세계가 인간이 의지할 수 있는 절대적 대상으로서의 선의 호흡을 가져오기엔 너무나 감각적 영역에 그쳐 있으나 오늘날과 같이 기계관에 대한 회의와 불신이 세기를 휩쓸고 있는 시대에 있어서는 우리가 이러한 〈초논리적 논리의 세계〉에다 시각을 돌려보는 것도 지극히 의의 깊은 일이라 하지 않을 수 없다.

지훈의 회고물과 시사물에 언급할 겨를은 없으나 끝으로 특히 한마디 첨가해 두고 싶은 말은 그의 〈언어의 세공성〉에 관한 것이다. 그의 대부분의 시가 우리에게 정중한 인상을 주지 못하는 것은, 가령

> 빈 대에 황촉불이 말없이 녹는 밤에
> 오동잎 잎새마다 달이 지는데
>
> —「승무」에서

하는 따위와 같이 너무 언어의 세공에 기울어져 시혼의 적극성이 결핍한 데 있는 것이다. 비교적 정신의 깊이를 가졌다고 보여지는 〈인생시〉, 〈자연시〉계통의 시인에서 이러한 세공성을 보는 것은 하루바삐 청산되어야 할 경향이라고 생각한다.

선(禪)과 기독교
(박두진에 대하여)

박두진의 시에 나타난 자연의 생리는 지금까지의 모든 동양 시인들에 비하여 특이한 호흡을 가지게 되었다.

지금까지의 동양 시인들이 대부분 자연을 노래하게 된 것은 서양 시인들에게 있어서의 신(이에 관련된 영혼 혹은 천국)의 지위와도 같이 그들의 정신세계에 있어서의 절대적 대상이 되어 있었기 때문이다. 다시 말하면 그것(자연 혹은 신)이 그들(동양 혹은 서양의 시인들)의 마지막 귀의처가 되어 있었기 때문이다.

도(陶), 왕(王)이고 이(李), 두(杜)고 그들이 그들의 모든 비희애락(悲喜哀樂)과 이념의욕(理念意慾)을 모조리 자연을 통해서만 표현하게 된 것은 그들의 구경적 의거(依據)가 거기 있었기 때문이다. 박목월의 〈구름에 달 가듯이 가는 나그네〉나 조지훈의 〈창 열고 푸른 산과 마조 앉아라〉 역시 이 법칙에서 벗어나는 것이 아니다. 그들의 구경적 의욕은 한갓 자연에의 귀의에 있을 따름이다.

박두진의 특이성은 그의 구경적 귀의가 다른 동양 시인들에서처럼 자연에의 동화 법칙에 의하지 않는 데 있다. 그도 물론 항상 자연의 품속에 들어가 살기는 한다. 그리고 〈영원의 어머니〉라고 부르기까지도 한다. 그러나 그는 거기서 다시 〈다른 태양〉이 솟아오르기를 기다리는 것이다. 〈메시아〉가 재림하기를 기다리는 것이다.

「향현(香峴)」, 「도봉」, 「묘지송」, 「별」, 「숲」, 「설대부(雪代賦)」 그리고 해방 후의 「청산도」, 「바다」, 「해수(海愁)」 등 그 어느 것이나 완전히 자연의 품속에 깊이 파묻혀 있지 않은 것이 없다. 그러면서도 거기서 그는 다른 모든 동양 시인들이 즐겨 구한 것과 같이 그 최후의 세계에 돌입하려 하지는 않았다. 거기서 그는 오히려 어떤 별개의 기적과 〈메시아〉를 찾게 되는 것이다.

산, 산, 산들! 누거만년 너희들 침묵이 흠뻑 지리함즉 하매

산이여! 장차 너희 솟아난 봉우리에 엎드린 마루에 확 확
치밀어오를 화염을 내 기다려도 좋으랴?
— 「향현」에서

〈누거만년의 침묵〉에서 〈확 확 치밀어오를 화염〉의 정체를 우리는 아직 알 길이 없으나 작자가 몹시 기다린다는 것으로 보아 작자로서의 긍정의 세계란 것은 우선 의심할 여지가 없다. 그것은 「묘지송」에서는 〈언제 무덤 속 화안히 비춰줄 그런 태양〉으로 되어 있고 「연륜」에서는 〈언제나 퇴어올 그 찬란한 크낙한 아침〉으로 되어 있고 「장미의 노래」에서는 〈다섯 뭍과 여섯 바다에 일제히 인류가 합창을 부르는 날〉로 되어 있다. 〈무덤까지 화안히 비춰줄 그런 태양〉의 왕림에 의하여 〈다섯 뭍과 여섯 바다에 일제히 인류가 합창을〉 부를 수 있는 날이라면 이건 단순히 국제연맹이나 UN총회 같은 것의 진화가 아니라 아주 근본적으로 〈메시아〉의 재림이나 기다려서야 바라봄직한 지상의 천국 같은 것을 의미하는 모양이다.

속히 오십시오. 정녕 다시 오시마 하시었기에 나는 눈물이
어려 서른 사연을 지니고 기다립니다.
— 「흰장미와 백합꽃을 흔들며」에서

>   ……비둘기와 꽃다발과 푸른빛 깃발을 날리며 너는 오너
>   라……
>
>   ―「어서 너는 오너라」에서
>
>   날마다 아직은 해도 돋는다. 어서 너는 오너라.
>   ―「푸른 하늘 아래」에서

　　그의 모든 시는 이와같이 어떤 〈메시아〉의 재림 같은 것을 기다림으로 차 있는 것이다. 그리고 그가 〈메시아〉의 재림을 열망하게 되고 또 믿게 되는 것은 언제나 자연의 품속에 깊이 묻힐 때다. 자연의 품속에 깊이 묻히어 자연의 냄새와 자연의 빛깔과 자연의 맛이 그의 오관에 스며들게 될 때 거기서 그는 언제나 신을 느끼게 되는 것이며 따라서 〈메시아〉의 재림이 믿어지게 되는 것이다.

>   산아. 푸른 산아. 네 가슴 향기로운 풀밭에 엎드리면 나는
>   가슴이 울어라.
>   ―「청산도」에서

　　이 경우 〈가슴이 우는 것〉 그 자체가 동양 시인의 생리에서 별다를 것은 없다(그것은 강신의 징후다). 다만 그가 느낀 신의 성격(性格) 그 자체에 문제가 있다. 왕유(王維)가 〈행도수궁처 좌간운기시(行到水窮處 坐看雲起詩)〉라 했을 때 거기엔 유구무궁한 자연의 세포 속에 그의 골육이 동화되는 것으로 그의 구경적 귀의와 구제를 의욕하였으나 박두진은 거기서 〈공(空)〉 대신

〈여호와〉를 느끼게 되는 것이며 따라서 〈메시아〉의 재림이 믿어지게 되는 것이다. 그리하여 그는 〈속히 오십시오〉, 〈어서 너는 오너라〉 하고 외치는 것이다.

그의 이러한 신앙의 체계는 「설악부」 한 편에 좀 더 조직적으로 설명되어 있다.

> 왜 이렇게 자꾸 나는 산만 찾아나서는 겔까? 내 영원한 어머니…… 내가죽으면 백골이 이런 양지쪽에 묻힌다. 외롭게 묻혀라.
>
> (……)
>
> 언제 새로 다른 태양 다른 태양이 솟는 날 아침에 내가 다시 무덤에서 부활할 것도 믿어본다.
> (……)
>
> 언제 이런 설악까지 왼통 꽃동산 꽃동산이 되어 우리가 모두 서로 노래하며 날뛰며 진정 하루 화창하게 살아 볼 날이 그립다. 그립다.

처음 그는 산(자연)을 〈영원의 어머니〉라 부르며 그 품속에 안긴다. 그 다음 그는 그 품속에 외롭게 묻힌다(자연의 세포로 동화된 것이 아니다). 거기서 〈다른 태양이 솟는 날〉 즉 〈메시아〉가 재림하는 날 그는 부활을 한다. 그때는 이 세상은 〈이런 설악까지 왼통 꽃동산〉이 되어버리는 것이다. 이것이 그의 최후의 이상이다.

그가 무덤에서의 부활을 기도하는 것으로 보아 우리는 그의 신앙의 대상이 〈여호와〉신의 계통임을 알겠고 따라서 그가 무덤에서 부활을 하는 날 솟을 〈다른 태양〉이 〈메시아〉의 재림인 것을 짐작할 수도 있다. 다만 그가 〈여호와〉를 느끼고 〈메시아〉를 열망하게 되는 것이 자연의 품속에 묻힐 때라는 데 의의가 있다. 자연의 심장 속을 파헤치고 들어가서는 거기서 갑자기 〈여호와〉와 통해 버리는 것이다. 이것이 얼마만치 그에게 있어서의 생리적인 것인지를 나는 알 수 없다. 그가 자연의 품속에서 〈메시아〉의 부활을 열망하게 되는 것은 자연에 대한 한개 반동일는지도 모른다. 이것이 그의 생리에서 온다면 나는 그의 생리의 비밀을 알고 싶다.

자연과 초자연은 언제쯤 그 장벽을 헐 날이 다가오는가? 선과 기독교는 박두진을 통하여 악수하게 되는가?

나는 박두진의 생리에 의하여 변용될 〈여호와〉의 얼굴을 보고 싶다. 〈여호와〉를 느끼어 잉태한 설악(〈영원의 어머니〉)의 외아들 〈메시아〉의 재림을 〈비둘기와 꽃다발과 푸른 깃발을 날리며〉 우리는 〈기다려도 좋으랴?〉

끝으로 다만 한마디 경고해 두고 싶은 것은 두진의 시가 앞으로 점차 증가하여 올 관념의 세계다. 그가 한개 새로운 동양적인 〈메시아〉를 가져올 때까지는 그의 시는 점차 육체를 잃기 시작할는지도 모르기 때문이다.

*〈1939에서 1941〉 운운……. 박두진의 「향현(香峴)」이 처음으로 발표된 것은 1939년 4월이요, 이후 상기 3인의 시가 연속적으로 발표되다가 1941년 4월 《문장》의 폐간과 함께 그들의 시작 발표는 중지되고 말았다. 위에서 〈1939에서 1941〉이라 한 것은 그들에 의한 새로운 시세계의 출현을 가리킬 뿐, 그들의 작시 생활 자체의 기간을 뜻하지 않음은 물론이다.

2부

- 문학적 사상의 주체와 그 환경
- 문학하는 것에 대한 사고(私考)

문학적 사상의 주체와 그 환경

― 본격 문학의 내용적 기반을 위하여

1. 서론

문학은 문학적 사상의 문학적 표현이다. 그리고 이 말은 모든 문학은 사상을 가진다는 것을 의미하고자 한다.

모든 문학은 사상을 가진다고 할 때의 이 사상이란 물론 문학적 사상을 가리키는 것이다. 그러나 문학적 사상이란 문학 사조를 의미하는 것이 아니며, 또 문학 사상이란 개념과도 구별하고자 한다. 우리가 보통 문학 사상이라고 할 때 그것은 문학사에 나타난 모든 사상을 통합적으로 지칭하는 말이 된다. 그러므로 이 말의 내용은 언제나 구체적인 것이며 또 현상적인 것이다. 가령 〈세익스피어〉의 사상이라든가, 〈파우스트〉의 사상이라든가 또는 자연주의 사조라든가 신낭만주의 사조라든가 하는 따위들이 모두 그것이다. 그러나 문학적 사상이라고 하는 것은 그러한 구체적이요 현상적인 것이기보다 그러한 구체적이요 현상적인 것의 근저에 일관된 일반성을 의미하는 것이다. 다시 말하면 문학 사상의 본질을 의미하고자 하는 것이니 이러한 의미에 있어 문학적 사상이란 소위 문학에 있어서의 사상성이란 말과 별개의 것이 아니다.

문학은 문학적 사상의 문학적 표현이다. 나는 이 글에서 문학적 사상, 즉 문학에 있어서의 사상성이란 것을 구명해 보려는 것이다.

2. 충돌의 공식

1930년대 이 땅의 경향 문학이 그 세계 사조적 필연성 및 국내적 특수성에 의하여 일반적 퇴조기에 들었을 때, 이 운동에 가담하였던 비교적 현명하다는 일부의 문학인들은 자기 비판의 결론으로 다음과 같은 〈슬로건〉을 내어걸었던 것이다.

〈얻은 것은 사상이요 잃은 것은 예술이다〉 또는, 〈내용 편중에서 형식이 경시되었다〉. 그러면 그들이 그렇게 모두 흥분했다고 자부했던 그들의 소위 사상이란 무엇인가. 이러한 의문을 풀기 위하여 당시의 그들의 모든 작품을 조사해 보는 사람이 있다면 그는 반드시 놀라지 않을 수 없을 것이다. 왜? 그는 그들의 모든 작품에서 어떤 일정한 공식 하나밖에 다른 무슨 사상이니 내용이니 할 수 있는 것을 더 발견할 수는 없는 것이기 때문이다. 지주(혹은 자본주) 대(對) 소작인(혹은 직공)의 대립, 알력에서 방화, 폭력으로 끝마칠 수 있는 천편일률의 공식 하나, 이것을 두고 그들은 〈얻은 것은 사상〉이라고, 또는, 〈내용 편중에서〉라고 참으로 웃지 못할 희극을 연출하고 있었던 것이다.

이것이 문학에의 재출발을 결의한 당시의 그들의 문학에 대한 지식의 전부였으며, 그리고 우리의 참된 문학의 움(맹아)은 이들 〈낙천적〉 문학가들에 의하여 이십 년간을 유린되어 왔던 것이다.

해방 이후 이 공식적 〈사상〉은 또다시 우리의 문학 위에 창궐하기 시작하였다. 이번에는 정치적 목적이 좀 더 직접적으로 절박해 있느니만치 이 〈사상적〉 공식은 좀 더 우상적 위력을 발휘하게 되었다. 그들은 이제 또 한번 지주(혹은 관리인, 관리) 대 소작인(혹은 직공, 일반 국민)의 대립, 충돌에서 방화, 폭력이 아니면 소위 소시민층이란 것의 아부를 그리기만 하면 영락없이 〈역작〉, 〈걸작〉, 〈문제작〉이 되고 또 〈사상은 훌륭한데〉, 〈사상은 진보적인데〉가 되게 되었다. 〈이 작품은 진보적 사상을 성공적으로 표현하였다〉 또는 〈이 작품은 무게 있는 사상을 과학적 수법으로 그려내었다〉.

세상에 쉽고 싸구려로 흔해빠진 것이 〈진보적〉이요 〈무게 있는〉 그들의 〈사상〉이란 것이다. 그들은 문학에 있어서의 참다운 사상성이란 것이 이따위 천편일률의 공식과는 아무런 관계가 없다는 것을 모르는 것이다. 그것은 〈진보적〉도 〈무게 있는〉 것도 아닐 뿐 아니라 그 따위 공식적 주제(테마)의 작품이란 먼저 사상성에 있어 완전히 〈제로〉란 것을 그들은 아직도 모르는 것이다.

3. 〈현실적〉의 공리성

이상의 공식 만능주의를 거부한다는 다른 일부의 문학가들은 또 말한다. 〈지주, 관리인(관리) 대 작인(직공, 일반 국민)의 대립, 충돌을 그리는 것만이 문학에 있어서의 유일한 사상성은 아니다. 그러나 시대적, 사회적 의의 이외의 문학에 있어서의 사상성이란 것을 이해할 수는 없다〉고, 그리고 이 〈시대적, 사회적 의의〉란 곧 〈역사적, 현실성〉을 의미하는 것이라고 그들은 말한다. 그러므로 결국 그들이 말하는 문학의 사상성이란 이 〈역사적 현실성〉(이것을 그냥 〈현실〉이라고도 부른다)의 유무가 유일한 표준이 되어 있는 것이다.

그러면 그들과 〈역사적 현실성〉이라고 하는 이·〈역사적〉의 개념은 또 어떠한 것일까. 〈자본주의 계급의 몰락 과정과 함께 신흥 프롤레타리아계급의 대두와 역사적 승리를 암시한 인민 생활의 비참한 현실을 유물변증법적 세계관에 입각한 사실적 수법에 의하여 그려내인……〉 운운—이것이 그들의 소위 〈역사적 현실〉인 것이다. 즉 다시 말하면 그들의 〈역사적〉의 개념은 유물변증법적, 역사 의식을 기본으로 하는 것이며, 따라서 그들의 〈역사적 현실성〉이니 혹은 〈현실〉이니 하는 것의 정체는 유물변증법적 역사 의식을 기조로 하는 정치적 경제적 현실성을 의미하는 것밖에 아무것도 아니다.

그들의 주장대로 문학에 있어서의 유일무이한 사상성의 표준이 된다는 〈시대적, 사회적의의〉란 것이 〈역사적 현실성〉을 의미하는 것이고, 이 〈역사적 현실성〉의 내용이 유물변증법적 역사 의식을 기본으로 하는 정치적 현실성 이외의 다른 아무것도 아니라고 볼 때, 그들이 말하는 문학의 사상성이란 본질적으로 한개 공리성을 의미하는 것밖에 그 아무것일 수도 없는 것이다. 그리고 오늘날 성행하는 공리주의 문학 또는 정치주의 문학이란 모두 이에 입각하여 있는 것이 사실이며, 이러한 공리주의 또는 정치주의 문학이 그러한 경제적, 정치적 공리성만을 유일무이한 문학의 사상성이라고 주장하는 것도 짐작할 수 있는 일이다.

그러나 문학이 가질 수 있는 경제적, 정치적 공리성이란 반드시 지주(자본주, 관리) 대 소작인(직공, 일반 국민)의 충돌을 그리는 데만 있는 것이 아니다. 그러므로 이들 공리파가 공식파들을 향하여 지주(관리인, 관리) 대 소작인(직공, 일반 국민)의 충돌만이 문학에 있어서의 유일한 사상성은 아니라는 것은 옳다. 그밖에 우선 소시민 계급의 생활을 그리는 것도 사상성—〈역사적 현실성〉—이 될 수 있다. 왜 그러냐 하면 소시민 계급의 아부상을 그림으로써도 문학은 유물변증법적 역사 의식에 복무할 수 있기 때문이다. 이러한 〈충돌〉의 공식이나 소시민의 아부상을 그리는 것 이외에도 문학이 공리성을 가질 수 있는 길은 또 얼마든지 있을 수 있다고 그들은 생각하는 것이다. 가령 남녀 문제, 도덕 문제, 교육 문제, 위생 문제 등등, 모든 사회 문제가 즉 〈현실적〉이기만 하면 그것은 유물변증법적 역사 의식에 복무하는 길이 되며, 따라서 그 문학은 그들이 사상성이란 것의 표준으로 삼는 공리성을 가질 수도 있는 것이라고 그들은 생각하는 것이다. 그러므로 그들 공리파 비평가들이 문학 작품을 감정하는 유일한 방법은 언제나 〈현실적〉과 〈비현실적〉을 판단하는것으로부터 시작되는 것이다. 왜 그러냐 하면 〈현실적〉과 〈비현실적〉과의 여하로써 유물변증법적 역사 의식에의 복무 여부가 결정되는 것이며 이에 따라서 그 작품의 사상성의 유무도 결정되는 것이기 때문이다. 그들이 〈합리주의적, 낭만주의적, 자연주의적, 사실(寫實)주의적, 신낭만주의적, 신윤리주의적, 허무주의적, 염세주의적, 지성주의적, 행동주의적, 지성주의적……〉 등등 하는 열두 개쯤 되는 문학사조상의 용어를 사용하는 경우가 있다고 하더라도 그것은 언제나 〈현실적〉과 〈비현실적〉을 먼저 판단해 놓은 뒤의 일인 것이다. 〈현실적〉과 〈비현실적〉과의 여부로써 공리성—그들의 소위〈이상성〉—의 유무는 결정되는 것이므로 다만 공리성의 유무를 풀이하는 대목에 가서만 작중인물의 대화나 혹은 지문에 〈허무〉란 말이 있으면 얼른 〈허무주의적〉으로, 〈도덕〉이니 〈양심〉이니 하는 말이 있으면 아주 〈무슨 윤리주의적〉으로 이상에 나열할 여러 가지 〈주의〉 중에서 그 〈무슨 주의적〉 하나를 적당히 배당해 놓으면 그들(공리파 비평가)에게 있어 만사는 해결되는 것이다.

이와 같이 공식파가 전자 공리파를 부정하는 것은 공식파가 〈충돌의 공식〉 하나만을 문학의 유일한 사상성이라고 생각한 데 대한 반대일 따름, 그들(공리파) 자신도 한개 공식주의에 의거하고 있으며 또 문학에 있어서의 사상성이란 것을 한개 공리성으로 규정함으로써 문학의 자율성을 부인하는 점에 있어서는 양자간 하등의 거리가 있는 것도 아니다. 전자(공식파)가 〈당의 문학〉, 〈정책 문학〉을 강조하는 데 대하여 후자는 일반적인 공리성을 표준으로 하는 공리주의 문학을 지향하는 정도의 그야말로 오십 보 백 보의 차이요 근본적으로 세계관이나 문학의 본질적인 거리에서 오는 것은 아니다.

4. 문학적 사상의 주제

이상의 공리파나 공식파들의 지주(자본주, 관리인, 관리) 대 소작인(직공, 일반 국민)의 충돌 공식이나 유물변증법적 역사 의식을 기본으로 하는 정치적 경제적 현실이란 것을 표준으로 하는 공리성 이외에 문학에 있어서의 참다운 사상성이란 과연 없는 것일까.

나는 물론 문학에 있어서의 시대적 사회적 의의나 공리성을 배제하려 하거나 경시하려는 것은 아니다. 그러나 이것을 배제하려거나 경시하지 않는다는 것과 이것만이 유일한 사상성이 된다는 것과는 동일하지 않다. 사회성이나 공리성을 표준으로 하는 공리주의 문학이나 정치주의 문학도 경우에 따라서는 필요한 것이지만, 그러나 그것만이 문학일 수는 없고, 또 문학의 가장 바른 길이라 할 수도 없다. 왜 그러냐 하면 문학은 문학적 사상의 문학적 표현일 때, 모든 문학은 사상성을 가지는 것이며, 공리주의 문학이나 정치주의 문학 이외의 문학 정신 본령의 문학이 엄밀히 존재해 있다는 것은 공리성이나 사회성 이외의 문학적 사상이 엄존해 있음을 말하는 것이요, 나아가서 문학 정신 본질의 문학이 시간적 지속성에 있어 공리주의 문학을 압도한다는 역사적 사실은 문학에 있어서의 참다운 사상성이란 공리성이나 사회성 그 자체에 있지 않다는 것을 과학적으로 실증하고 있는 것이다. 공리주의 문학이나 정치주의 문학은 그것이 가진 그 공리주의적 정치주의적 목적성에 의하여 시간적으로 또 공간적으로 일정한 제약성을 띠게 되는 것이요, 그러니만치 처음부터 그것은 시간적 항구성과 공간적 보편성을 상실하고 출발하는 것이다. 우리는 고대 그리스나 중세 로마나 근대 구주(유럽)의 문학에서 또는 중국이나 인도나 페르시아의 그것에서 그때 그때 정치적, 경제적, 종교적, 도덕적 목적을 수행하는 동시에 그들에게서 사라져 버린 많은 실용주의 또는 정책주의 문학을 상기할 수 있다. 그와 반면에 〈셰익스피어〉, 〈괴테〉, 〈톨스토이〉, 〈도스토예프스키〉 들의 문학이 시간과 공간을 초월하여 오늘날의 우리에게 읽히고 또 문학적 감동을 주고 있다는 것을 잊어서는 안 된다.

전자는 시대적 사회적 의의와 공리성 그 자체가 문학적 내용이 되어 있기 때문에 시대적 사회적 한계와 공리적 목적성에 의하여 제약되었으나 후자는 자연과 인생의 일반적 운명에 대한 해석과 비평을 통하여 시대적 사회적 의의와 혹은 공리성을 부수적으로 반영시킨 것이므로, 자연과 인생의 일반적 운명과 함께 시간과 공간을 초월할 수 있었던 것이다. 즉 시대적 사회적 의의 또는 공리성 이외의 시대와 사회를 초월할 수 있는 다른 참된 사상성을 가졌기 때문인 것이다. 시대적 사회적 의의 또는 공리성 이외의 다른 참된 사상성이란 시대적 사회적 의의를 멸각한 것이 아니라 시대적 사회적 의의를 초월할 수 있는 것을 의미한다(이 경우 시대적 사회적 의의는 문학적 사상의 세포 속에 제2의적(第二義的)으로 내재되는 것이다). 다시 말하면 인간은 시대와 사회를 떠나서 있을 수 없다고 해서 시대와 사회 그 자체가 인간은 아닌 것과 마찬가지인 것이다. 인간은 시대와 사회의 제약 속에 있으나 또 다른 일면에서 그것을 초월하여 있는 것이다. 가령 어떤 시대에는 편발(編髮)을 했었는데 그 다음 시대에는 전발(電髮)을 한다든가 또 어떤 사회에서는 혈족 결혼이 금지되는데 다른 사회에서는 그것이 허가된다든가 하는 것은 모두 인간이 받은 시대와 사회의 제약성의 일례라고 볼 수 있다. 그러나 편발을 했건 전발을 했건 이족(異族) 결혼을 했건 결국 그들은 다같이 죽고 만다든가 하는 것은 시대와 사회를 초월하여 인간이 영원히 가지는 인간의 일반적 운명인 것이다. 시대와 사회를 초월하여 인간이 영원히 가지지 않을 수 없는 인간의 가장 보편적이요 근본적인 문제에 대한 고도의 해석이나 비평—이것이 문학에 있어서의 참된 사상성 다시 말하면 문학적 사상의 주체가 되는 것이다.

가령 톨스토이의 「안나 카레니나」 같은 작품을 실례로 들어 보아도 좋다. 주지하는 바와 같이 톨스토이는 예술지상주의란 것을 극구 배격한 인도주의(혹은 인생주의) 작가요, 「안나 카레니나」는 〈생활(또는 인생)을 얻은 대신 예술을 잃었다〉는 정평이 있으리만큼 충분히 산문 정신에 입각한 작품이다. 그럼에도 불구하고 이 작품의 사상적 초점이 어디 있는가를 생각해 보라—그는 〈애욕의 구경(究竟)〉을 그린 것이다. 그리고 인간 생활의 그 어느 측면이든 〈구경〉을 그린다는 것은 결국 신을 구하는 정신에 연결된다. 그러므로 〈톨스토이〉는 이 작품에서 애욕의 구경을 그림으로써 인간 생활에 있어서의 신을 구한 것이다. 그리고 이것이 이 작품에 있어 사상성의 주체가 되는 것이다. 왜 그러냐 하면 애욕의 구경을 그린다는 것은 위에서 말한 〈시대와 사회를 초월하여 인간이 영원히 가지지 않을 수 없는, 인간이 가장 보편적이요 근본적인 문제〉가 하나가 되는 것이기 때문인 것이다. 그리고 톨스토이가 애욕으로 인간 생활의 긍정적 구경을 삼지 않고 거기서 다시 구신(求神)의 길을 암시한 것은 그의 인생에 대한 훌륭한 해석과 비평이 되는 것이다. 이 작품에는 물론 〈시대적 사회적 의의〉도 공리성도 다 들어 있다. 그러나 그것은 한개 배경 혹은 환경일 따름. 이 작품이 가진 사상성의 주체는 아닌 것이다. 〈시대적 사회적 의의〉니 공리성이니 하는 것은 어디까지나 제이의적 부수적 조건에 불과한 것이다. 여기서 이 작품이 만약 이와 같이 호한(浩瀚)한 대(大)장편이 아니고 중편 정도로나 단편으로 압축되었을 경우를 생각해 보라, 무엇이 남고 무엇이 생략될 것인가를.

다시 말하거니와 「안나 카레니나」는 가장 〈시대적 사회적 의의〉와 공리성이 풍부하다는 작품이다. 이 작품이 이미 이러할진대 「햄릿」, 「파우스트」 그리고 도스토예프스키의 제작(諸作)에 이르러서는 더 다시 증언할 여지가 없는 것이다.

5. 결론

지주(관리인, 관리) 대 소작인(직공, 일반 국민)의 대립 갈등에서 방화 습격으로 끝마칠 수 있는 천편일률의 공식이나, 유물변증법적 역사의식을 기조로 하는 경제적 정치적 현실성으로 인생을 율(律)하려는 만성적인 공리병을 두고 〈얻은 것은 사상〉이니, 〈사상은 훌륭〉하다느니 하는 것은 모두 문학 및 문학적 사상이 무엇인지를 모르는 사람들의 말이다. 과거의 〈프로 문학〉이나 오늘날의 〈당의 문학〉이 〈예술〉이나, 형식을 잃어서 실패이기 전에 먼저 사상과 내용의 공허―허위―에서 낙제란 것을 알아야 한다.

나는 문학이―특히 장편 소설일 때―〈시대적〉사회적 의의와 공리성을 가질 것을 주장한다. 그러나 그것이 문학적 사상의 주체가 되거나 〈유일한 것〉이 된다고 생각하는 것을 배격한다. 왜 그러냐 하면 참다운 문학적 사상의 주체는 시대와 사회를 초월하여 인간이 영원히 가지지 않을 수 없는 인간의 보편적이요 근본적(구경적)인 문제―다시 말하면 자연과 인생의 일반적 운명―에 대한 독자적 해석이나 비평에서만 가능한 것이며, 〈시대적 사회적 의의〉니 공리성이니 하는 것들은 이 〈주체적인 것〉의 환경으로써 제이의적 부수적 의의를 가지는 데 지나지 못하기 때문이다.

끝으로 이러한 참다운 문학적 사상의 주체는 작가 자신에서 출발한다는 것을 말하여 둔다. 왜 그러냐 하면 시대와 사회를 초월하여 인간이 영원히 가지지 않을 수 없는 인간의 보편적이요 근본적인 문제, 즉 인간의 일반적인 운명은 작가 자신에게도 부여되어 있기 때문이다. 작가 자신도 우주를 구성하는 한 세포적이며 인간 전체의 한 단위가 되기 때문이다. 이러한 의미에서도 이상에 지적한 천편일률의 공식이나 인생 이외의 공리성을 문학의 참된 사상성이라고 생각하는 무지와 망단은 청산되어야 할 것이다.

문학하는 것에 대한 사고(私考)

— 나의 문학 정신의 지향에 대하여

1

소위 문학을 한다는 사람들에게 문학하는 것이 무엇이냐고 물으면 자기대로의 대답을 할 수 있는 사람이 극히 드물다.

우리는 보통 〈생활을 위한 문학〉이니 〈문학을 위한 문학〉이니, 혹은 〈인생을 위한 문학〉이니 〈예술을 위한 문학〉이니 하는 따위의 말들을 흔히 듣는다. 이렇게들 문학의 기능이나 성격에 대하여 자기류의 해석이나 주장을 붙이는 사람들까지도 〈문학하는 것〉그 자체를 모르고 있다는 것은 괴이한 현상이라 하지 않을 수 없다. 어떠한 문학이라도 좋다. 그것이 문학인 이상, 그리고 또 자기가 문학을 한다고 생각하는 이상, 〈문학 한다는 것)이 무엇인지를 모를 수 없는 것이다.

  우리는 보통 시나 소설(혹은 희곡이나 평론) 쓰는 것을 가리켜 문학하는 것이라고 한다. 물론 그렇게 말해도 좋을 것이다. 문제는 그러면, 시 쓰고 소설 쓴다는 것은 무엇이냐 하는 것이다. 시인이나 소설가가 시나 소설의 의의를 사전이나 문학개론 같은 데서 배워서는 안 된다. 그것은 참고 재료는 될지언정 전적 해답이 되어서는 안 된다. 시 쓰고 소설 쓰는 사람은 시 쓰고 소설 쓰는 것이 무엇인지를 각자대로 한번씩 생각해 보고, 자기대로의 해답을 가져야 할 것이라고 생각한다.

  세상에는 허다한 직업이 있다. 양화 직공, 양복 직공, 제면업자, 제판업자, 농부, 목고, 잡화상, 변호사, 의사, 군정청 관리, 수리주함 서기, 자전거 수선업자, 전도부인, 은행원, 회사원 등등, 진실로 이루 다 셀 수 없는 수천 수만 종의 직업이 있을 수 있다. 우리가 시 쓰고 소설 쓴다는 일이 직업적인 시인, 소설가가 되어서는 안 된다. 양화 직공이 구두를 만들어내듯이, 제지업자가 종이를 떠내듯이, 시인이나 소설가가 시와 소설을 제조해 낸다면, 그것은 한개 시 제조업자나 소설 제조업자로서의 장인이요 기자에 지나지 못할 것이며, 문학을 정치적 도구로 삼으려는 것과 마찬가지로 마땅히 배격해야 할 일이라고 생각한다.

2

높고 참된 의미에 있어서의 〈문학하는 것〉이란 무엇인가.

그것은 어떤 구경적(究竟的)인 생의 형식이 아니어서는 아니 된다고, 나는 생각한다.

그러면 나는 구경적인 생의 형식이란 무엇인가.

이 이야기는 먼저 모든 문학적 생산 혹은 창조는 생의 긍정을 전제하고 출발한다는 데서부터 시작해야 할 것이다. 왜 그러냐 하면 우리가 완전히 생을 부정하는 데서는 문학뿐 아니라 일체의 문화는 생산될 수 없기 때문이다. 가령 〈예수 그리스도〉나 〈쇼펜하우어〉같이 평생을 두고 생의 무의미를 설명한 사람들이라고 해도 〈생의 무의미의 설명〉그것으로써 그들의 생은 훌륭히 수행된 것이며, 생의 이상이나 생의 원칙을 부정했을지언정 생 그 자체를 그들이 거부할 것은 아니다. 그러므로 생의 원칙(혹은 이상)을 긍정하든지 부정하든지 그 사유하는 주체가 생을 포기하거나 혹은 정지하지 않은 이상 그들은 생을 긍정하는 것이며, 생의 원칙의 부정까지도, 생의 긍정의 한 표현이라 볼 수 있는 것이다.

이와같이 모든 문학적 생산은 생이 현유(現有)하는 데서만 가능하다면 〈문학하는 것〉도 이 원칙에서 벗어날 수는 없을 것이다.

그러므로 〈문학하는 것〉은 먼저 〈사는 것〉이 아니어서는 아니된다.

그러면 어떻게 사는 것이 〈문학하는 것〉인가.

사는 것에는 여러 가지 단계가 있다.

첫째 금수나 축류(畜類)가 사는 것과 같은 넓은 의미의 모든 생명 현상을 통틀어 사는 것이라고 할 수 있다.

그 다음은 〈직업적 삶〉이다. 오늘날의 인류라는 동물이 영위하고 있는 가장 일반적인 삶의 형태다. 그들은 나서 자라서 직업(혹은 실업)과 가정(혹은 실연)을 갖게 되고 그 다음은 먹고, 잠자고, 직업적인 일을 하고, 그리고 무슨 놀이(유흥, 위안)를 가끔 하기도 하고 못하기도 하고, 그러다가 늙어서 그만인데, 이 먹고 잠자고 생식하고 놀이하고 한다는 것은 금수와 축류에게도 있는 것이나 〈직업적인 일〉은 인류가 이성적 사회적 동물인 까닭에만 가능한 것이며, 이 점 제1단계의 그냥 〈생명 현상으로서의 삶〉보다도 일층 고차원의 삶의 형태라 할 수 있다. 그러나 이 〈직업적 삶〉의 최고 이상이 무엇이냐 하면 결국 좀더 공정한 질서와, 균등적 소유와 과학에 의한 편리한 직업과 경제적 윤택과, 좀더 많은 놀이를 가져보자는 데 그친다. 나는 물론 이것을 나쁘다고는 말하지 않는다. 뿐만 아니라 나아가서 이것의 실현을 위하여 노력해야 할 것이라고도 생각한다.

그러나 여기서는 생의 연속성은 없다. 또 그 다음은 어떻게 되느냐 하는 것이다. 비교적 안일하게, 비교적 편리하게, 비교적 유여(裕餘)하게, 비교적 즐겁게, 몇십 년 가는 대로 살다 없어져 버리는 것, 여기서 우리는 그칠 수 있느냐 하는 것이다. 생의 의욕이 여기서 채워질 수 있는 사람은 여기서 그칠 것이다. 그들의 모든 생산(문학적)도 이 범주에 그칠 것이다. 그러나 여기서 만족할 수 없는 사람들, 여기서 생의 의욕이 끝나지 않는 사람들, 그 사람들은 다시 다음의 제3단계의 생의 방식을 찾는 것이다.

그것이 위에서 말한 구경적 삶(생)이라 일컫는 것이다. 여기서 인류는 그가 가진 무한무궁에의 의욕적 결실인 신명을 찾게 되는 것이다. 〈신명을 찾는다〉는 말이 거북하면 자아 속에서 천지(天地)의 분신을 발견하려 한다고 해도 좋은 것이다.

이 말을 좀 더 부연하면, 우리는 한 사람씩 한 사람씩 천지 사이에 태어나 한 사람씩 한 사람씩 천지 사이에 살아지고 있다는 사실을 통하여, 적어도 우리와 천지 사이엔 떠날래야 떠날 수 없는 유기적 관련이 있다는 것과 이 〈유기적 관련〉에 관한 한 우리들에게는 공통된 운명이 부여되어 있다는 것을 발견하게 되는 것이다. 우리는 우리들에게 부여된 우리의 공통된 운명을 발견하고 이것의 전개에 지향하지 않으면 안 된다. 우리가 이 사실을 수행하지 않는 한 우리는 영원히 천지의 파편에 그칠 따름이요, 우리가 천지의 분신임을 체험할 수는 없는 것이며, 이 체험을 갖지 않는 한 우리의 생은 천지에 동화될 수 없기 때문이다. 그리고 우리는 우리에게 부여된 우리의 이 공통된 운명을 발견하고 이것의 타개에 노력하는 것, 이것이 곧 구경적 삶이라 부르며 또 문학하는 것이라 이르는 것이다. 왜 그러냐 하면 이것만이 우리의 삶을 구경적으로 완수할 수 있는 길이기 때문이다.

3

〈문학하는 것〉은 〈구경적 생의 형식〉이라는 말을 이상과 같은 의미에서 생각할 때 그러면 〈문학하는 것〉과 종교적 수행과의 관계는 어떻게 되느냐 하는 의문이 있을 것이다.

그것은 물론 자별한 것이다. 우선 그 형식에 있어 종교는 찬송하고 기도하고 귀의하지만 문학은 사색하고 상상하고 창조(표현)하는 것이다. 그리고 그 내용에 있어 종교는 이미 발견되고 체현된 신에 대하여 복종하고 신앙하고 귀의하지만 문학에 있어서는 각자가 자기 자신 속에 혹은 자기 자신들을 통하여 영원히 새로운 신을 찾고 구하는 것이다. 그리고 각자가 자기 자신 속에 혹은 자기 자신들을 통하여 새로운 신의 모습을 찾고 구한다는 사실은 문학의 자율성을 침해하는 것이 아니다. 왜 그러냐 하면 모든 〈각자〉의 〈자기 자신〉들은 모두 인간들이기 때문이다. 그리고 그 모든 인간들의 인간인 소이는 그들 인간이 동물(인류 이외의)과 같다는 데 있지 않고 일면 같으면서도 다른 일면에 있어 그(동물) 이외의 것 또는 그 이상의 것을 가진다는 데 있는 것이다. 그 이외의 것, 그 이상의 것을 우리가 만약 가지지 않았다면 그리고 가지지 않을 수 있다면 인간은 다른 모든 동물과 구별될 아무런 이유도 갖지 못할 것이다. 그러나 현실에 있어 인간은 〈그 이외의 것〉과 〈그 이상의 것〉을 가졌으며 또 가지지 않을 수 없기 때문에, 우리는 그것의 본질과 핵심을 찾고 구하지 않을 수 없는 것이다. 그리고 〈그 이외의 것과 〈그 이상의 것〉을 찾고 구한다는 말은 이미 이상에서 말한 바 각자가 자기 자신 속에 혹은 자기 자신을 통하여 신명을 찾고 구한다고 한 것과 별개의 것은 아닌 것이다.

그리고 우리가 문학의 자율성을 옹호한다는 말은 인간성의 본질과 그 이상을 찾고 구한다는 것과 별개의 것이 아닐 때, 위에서 말한 〈각자가 자기 자신 속에 혹은 자기 자신을 통하여 영원히 새로운 신의 모습을 찾고 구한다는 사실〉은 문학의 자율성을 침해하지 않는다는 말을 이해하기에 힘들지 않을 줄 믿는다.

이와 같이 내가 〈문학하는 것〉을 〈구경적 생의 형식〉으로 보는 것이 문학의 자율성을 침해하지 않음은 이상과 같거니와 여기서 특히 내가 한 가지 경고하고자 하는 것은 서양인의 관념적 체계가 근대에 와서 문학이니 철학이니 종교니 정치니 과학이니 수학이니 하는 것을 너무나 직업적으로 분업화 내지 분연화시켰다는 사실이다. 우리는 그러므로 어떠한 부문도 다른 부문에 의하여 예속되고 지배됨을 용인할 수 없는 동시에 또 그 어떠한 부문도 큰 구심적 위치에 〈구경적 생〉을 거부해서는 안 된다고 생각하는 것이다.

우리는 첫째 사는 것이다. 모든 문학적 창조는 우리가 어떻게 하면 보다 더 참되게 높게 아름답게 깊게 살 수 있느냐 하는 데 집중되어야 할 것이다. 〈구경적 생〉은 문학을 통해서든 정치를 통해서든 종교를 통해서든 철학을 통해서든 혹은 교육을 통해서든 과학을 통해서든 똑같이 가능한 것이 원칙이며 실지로 또 가능했던 것도 사실인 것이다. 공자나 간디 같은 이는 정치와 교육을 통해서도 가능했던 것이며, 노자, 소크라테스, 플라톤, 스피노자, 칸트, 베르그송들은 철학을 통해서도 각기 그것을 수행할 수 있었던 것이다.

끝으로 나는 물론 〈구경적 생의 형식〉만을 〈문학 하는 것〉이라고는 생각하지 않는다. 문학 작품의 의의와 가치에 수억 수만의 등차가 있을 수 있는 것과 같이 〈문학 하는 것〉의 단계와 등차도 또한 수억 수만이 될 수 있을 것이다. 그러므로 나는 위에서도 가장 높고 참된 의미에 있어 〈문학 하는 것〉이란 말을 사용하였고 무릇 〈문학 하는 것〉의 전부를 의미한 것은 아니다. 〈내가〉 생각하는 바 〈문학하는 것〉의 최고 지향을 말한 것이며 그러므로 이것을 나는 〈사고〉라 이름하는 것이다.

3부

- 순수 문학의 진의
- 본격 문학과 제3세계관의 전망
- 문학과 자유를 옹호함
- 문학과 문학 정신
- 문학과 정치
- 독조(毒爪) 문학의 본질

순수 문학의 진의

- 민족 문학의 당면 과제로서

최근 문단 일부와 일반 사회 인사 속에는 순수 문학이란 것을 그 소극적 일면에서만 듣고 마치 탐미주의나 상아탑류의 문학인 것같이만 생각하는 경향이 있으므로 나는 그 진의를 밝힘으로써 이러한 오류와 편견을 수정하려 한다.

순수 문학이란 한마디로 말하면 문학 정신의 본령정계(本領正系)의 문학이다. 문학 정신의 본령이면 물론 인간성 옹호에 있으며 인간성 옹호가 요청되는 것은 개성 향유를 전제한 인간성의 창조 의식이 신장되는 때이니만치 순수 문학의 본질은 언제나 휴머니즘이 기조(基調)되는 것이다. 그러면 오늘날 내가 말하는 순수 문학의 본질적 기조가 될 휴머니즘이란 어떠한 역사적 필연성과 위치에 서는 것인가. 간단히 요약해 보면 우선 서양적인 범주에 제한하여 다음의 3기로 나눌 수 있다. 즉 제1기는 고대의 휴머니즘이니 그리스계로는 소크라테스, 플라톤을 대표로 하는 이성적 인간 정신이 그것이며 히브리계로는 기독을 대표로 하는 고차원적 영혼 생장(生長)의 인간 확립이 그것인데, 이 시기의 내용적 특징은 신화적 미신적 궤변과 계율에 대한 항거와 타파로써 가장 원본적인 인간성의 기초가 확립되었던 것이요, 제2기는 르네상스로 표현된 소위 신본주의(神本主義)에 대한 인본주의의 승리가 그것이다. 이 제2기 휴머니즘의 특징은 신본주의에 대한 반발로 시작되었느니만치 제1기적 휴머니즘의 부흥이라고는 해도 특히 헬레니즘계의 이성적 인간 정신이 위주되었던 것이며 이 이성적 인간 정신의 개화로 과연 오늘날의 난만한 과학 시대를 초래한 것도 사실이나 현대 과학 정신의 구경적 발달과 발화의 난숙은 다시 공식주의적 번쇄(煩鎖) 이론과 과학주의적 기계관을 산출하게 된 것이니 고대의 신화적 우상, 중세의 규율화한 신성 등에 대치된 새로운 현대적 우상이 즉 〈과학〉이란 이름으로 불리워지게 된 것이요 특히 과학주의 기계관의 결정체인 유물사관이 그것이다. 이리하여 철학에 있어 니체, 하이데거, 딜타이, 문학에 있어 헤세, 만, 지드, 헉슬리 등으로 제3기 휴머니즘에의 지향이 선명(宣明)되었고 오늘날 세계저으로 팽배한 데모크라시의 조류도 개성의 자유와 인간성의 존엄을 목적하는 휴머니즘에의 세계사적 의욕의 일면으로 간주되는 것이다. 그런데 현재의 조선에서는 정치적 사회적 특수성과 이에 대한 부자연함과 관련해서 지금 바야흐로 과학주의적 기계관이 성행하는 후진 사회 특유의 병상(病狀)을 정출(挺出)하고 있는 바 과거의 경향파 계열의 문학인을 중심으로 한 문학동맹 산하의 다수 문학인들에 의하여 〈과학적 세계관〉, 〈진보적 리얼리즘〉, 〈혁명적 로맨티시즘〉,〈과학적 창작 방법〉등 등 하는 일련의 공식론이 유물사관 체계에서 연속적으로 추출되고 있는 현상이 그것이다.

그러나 이러한 과학주의적 현대 우상 숭배열이란 세계사적 문화 창조 의욕에 저해될 뿐 아니라 진실로 민족 문화 수립에 있어서는 암이 된다는 것을 반성해야 한다. 왜 그러냐 하면 민족 문학이란 원칙적으로 민족 정신이 기본되어야 하는 것이며 민족 정신이란 본질적으로 민족 단위의 휴머니즘 이외의 아무것도 아니기 때문이다. 우리는 민족적으로 과거 반세기 동안 이족(異族)의 억압과 모멸 속에 허덕이다가 오랜 역사에서 배양된 호매(豪邁)한 민족 정신이 그 해방을 초래하여 오늘날의 민족 정신 신장의 역사적 실현을 보게 되었거니와 이것은 곧 데모크라시로 표방되는 세계사적 휴머니즘의 연속적 필연성에서 오는 민족 단위의 휴머니즘으로 규정할 수 있는 것이다. 이와같이 민족 정신을 민족 단위의 휴머니즘으로 볼 때 휴머니즘을 그 기본 내용으로 하는 순수 문학과 민족 정신이 기본되는 민족 문학과의 관계란 벌써 본질적으로 별개의 것일 수 없다는 것을 알 수 있다.

우리가 목적하는 민족 문학이 세계 문학의 일환으로서의 민족 문학인 것처럼 우리의 민족 정신이란 것도 세계사적 휴머니즘의 일환인 민족 단위의 휴머니즘으로 규정될 것이며 이러한 민족 단위의 휴머니즘을 세계사적 각도에서 내포하고 있는 것이 오늘날 순수 문학의 문학 정신인 것이다. 여기 〈세계사적 각도〉라고 한 것은 상술한 바와 같이 세계 정신사의 제3기적 휴머니즘에의 〈지향〉을 의미하는 것인데 이 제3기 휴머니즘의 본격적 출발은 동서 정신의 〈창조적 지향〉에서의 새로운 정신적 원천의 양성으로서만 가능할 것이다. 이제 역사적으로 신장하려는 민족 정신에 입각하여 동양적 대(大)예지의 문학을 수립하고 제3기 휴머니즘의 세계사적 성격을 천명함으로써 민족 문학이면서 곧 세계 문학의 지위를 확립하는 데 이 땅 순수 문학 정신이 전면적 지표가 있다고 생각한다. 그럼에는 먼저 순수 문학에 대한 소아병적 편견을 버리고 각자는 각자의 개성과 양심과 성의를 통하여 민족 문학 수립의 정확한 각도를 획득하고 나아가서는 새로운 인간 정신의 창조에 의한 순수 문학의 세계사적 사명을 수행하기에 노력하는 것만이 오직 순수 문학의 진의를 실천하는 정당한 방법이라 할 것이다.

본격 문학과
제3세계관의 전망
– 특히 김병규(金秉逵) 씨의 항의에 관하여

졸문 「순수 문학의 진의」에 대하여 김병규 씨가 《신천지》(신년호), 《신문예》 두 군데에 박문(駁文)을 게재하여, 두 편 모두 흥미 있게 읽긴 하였으나 후자의 것은 전자의 것에 비하여 분명히 호흡이 옅고 또 논지의 중복성도 있고 하여 버리기로 하고, 여기서는 전자(前者) 소재(所載)의 일문(一文)에 관해서만 논급해 보려 한다.

전기(前記) 졸문은 내가 포회하고 있는 순수 문학과 제3휴머니즘 나아가서는 세계관 문제에 관한 극히 개괄적이요 서론적인 것에 지나지 않았으므로 기회 있는 대로 이에 관해서는 얼마든지 구체적으로 논의를 전개시키려 하고 있었던 차인데 마침 김씨의 반박도 있고 하니 이것을 계기로 우선 여기서부터 내 의견을 전개시켜 보고자 한다.

  씨의 순수 문학에 대한 논의는, 그것을 상아탑류의 문학으로 〈오인〉한 데서 출발시켰고 이 〈오인〉이란 관점에서, 나의 논지를 씨 임의로 왜곡 규정하여 놓고는, 그 왜곡의 결론으로 일제 압정(壓政)이 물러간 오늘에 있어서의 순수 문학은 무의미하다는 것으로 맺어졌다. 이것이 순수 문학 문제에 대한 씨의 논지이며(동지(同誌)가 수중에 있는 분은 이상의 나의 지적에 이의(異義)가 없도록 한번 더 정독해 주기 바란다) 씨 자신 이 점엔 이의가 없을 줄 생각한다. 그러고 보면 이 문제에 대한, 씨와 나의 이견의 핵심은 전혀 이것(순수 문학)을 상아탑류의 문학으로 〈오인〉할 것이냐 아니냐, 하는 데 놓여 있고, 씨이 소위 〈오인〉한 근거는 〈말라르메〉, 〈발레리〉의 문학적 성격에 약간의 고찰을 가한 결과였으나 그러나 나의 의견에 의하면 상기 양인, 특히 후자의 그 삼엄한 문화적 의욕까지를 그렇게 간단히 탐미주의로만 속단할 것은 아니라 생각되며, 백보를 양보하여 이것마저 씨의 희망대로 그 상아탑 속에 넣어 준다 하더라도, 〈말라르메〉, 〈발레리〉들만이 순수 문학의 표준이 된다는 문학상의 헌장을 나는 일찍이 기초한 일도 없고 승인한 적도 없다는 것이다(지금 여기서 〈상아탑류의 문학〉으로 〈오인(誤認)〉 운운이라 함은 전기(前記) 졸문에서 〈순수 문학이란 것을 탐미주의나 상아탑류의 문학으로 오인하는〉 운운이라 한데서 시작된 것이므로, 상아탑류란 탐미주의와 동의어로 사용된 것이고, 〈오인〉은 오인에 반의를 가한 것이다).

여기서 나는 먼저 씨에게 말하거니와 나의 순수 문학론은 먼저 내 자신의 문학관에서 오는 것이요, 따라서 그 성격과 사명은 내 자신이 규정할 일이지 남의 주장에 뇌동(雷同)하거나 누구의 명제를 맹목적으로 답습할 취의(趣意)는 없는 것이며 또, 그렇게 해서는 아니된다는 것이다. 씨에게 묻거니와 〈말라르메〉, 〈발레리〉들의 문학이 상아탑류의 문학이니까(씨의 희망대로 상아탑류의 문학으로 가정하고라도) 모든 순수 문학은 모름지기 상아탑류의 문학이어야 한다는 이유는 어디 있으며 〈말라르메〉나 씨 자신의 순수 문학관을 상아탑류의 문학으로 자처하겠으니까 나의 순수 문학도 상아탑류의 문학이 되어야 한다는 까닭은 무엇인가?

첫째 나는 순수 문학을 씨와 같이 상아탑류의 문학으로 오인하지 않는다. 〈말라르메〉, 〈발레리〉들이 씨에게 있어서는 유일한 순수 문학의 표준이 되어 있다 하더라도 나에게 있어서는 한갓 참고 자료로서 가령 이(李), 두(杜), 왕(王), 맹(孟) 등의 당(唐) 시인들에 비하여 지극히 미미한 존재밖에 되지 않는다는 것이다. 내 자신의 규정(해문(該文) 중에서)에 의하면 〈순수 문학이란 한마디로 말하면 문학 정신의 본령정계의 문학이다〉라고 되어 있는데, 그러면 문학 정신의 본령은 무엇이며 그 정계의 문학은 어째서 순수 문학이 되느냐, 하는 데 대하여 문학 정신의 본령은 휴머니즘에 둔다고, 해문에서 나는 말했던 것이다. 문학이란 본래 인간의 것이며, 인간성에 관한 옹호, 탐구, 조화, 이상 등을 떠나서 진정한 문학이란 있을 수 없다. 그러므로 문학 정신이란 어떠한 계율에도 우상에도 억압되지 않고, 예속되지 않고, 응체(凝滯)됨이 없는 자유무애한 인간성의 전모를 문학적 대상으로서 보장하려는 정신이며, 나아가서는 그것의 구경을 구명하려는 정열이기도 한 것이라고 볼 때, 이러한 자유무애한 인간성의 조화를 차라리 〈셰익스피어〉에서 볼 수는 있고, 또 그것의 구경에의 정열을 〈괴테〉에서는 발견할 수 있을지언정 〈말라르메〉나 〈발레리〉에서 그것을 기대할 수는 없다. 거기에는(말라르메와 발레리들의 문학을 가리킴) 순수하고 발랄한 인생과 자연이 결여되어 있으며, 이것을 문학 정신의 본령정계의 문학으로서 간주하기엔 너무나 조작적이요 기계적인 미의 세공에 흐르고 있다고 생각된다.

그러면 이와 같은 〈문학 정신의 본령정계의 문학〉은 그냥 문학이지 순수 문학이란 표어는 해당치 않다고 씨는 생각하는 것이다. 씨는 해문에서 〈씨는 확실히 문학과 순수 문학을 동일시하려고 들지만……〉 운운하였다. 그러나 이것은 형식으로나 내용으로나 정당한 말이라고는 볼 수 없다. 왜 그러냐 하면 문학 가운데는 순수 문학(혹은 본격 문학) 이외의 문학도 얼마든지 있을 수 있어, 예를 들면 가령, 당의 문학, 경향 문학, 하는 여러 가지 정치주의 문학이라든가, 또는, 탐미주의, 예술지상주의하는 상아탑류의 문학이라든가 하는 것들이 모두 그것이다. 그러므로 순수 문학(문학 정신 본령정계의 문학)만이 아니요, 문학과 순수 문학이 동일한 것은 더구나 아니다. 요컨대 문학 가운데는 제일의적인 문학과 아울러 제이의적 혹은 제삼의적인 문학도 있는 것이며, 순수 문학이 제일의적 문학인 소이(所以)는 그것이 인간성의 전모를 대상으로 삼으려는 문학 정신 본령정계의 문학이기 때문이요, 여러 가지 공리주의 문학 또는, 상아탑류의 문학들이 제이의적 제삼의적 문학으로밖에 인정받지 못하는 것은, 나치스 문학, 소연방주의 문학, 〈대동아 전쟁 문학〉하는 따위들과 같이 어떤 정치적 국책적 목적에 의하여 그 대상이 이미 제한된 인간성을 전제하고 있기 때문이다.

 이와 같은 의미에 있어, 〈문학 정신 본령정계의 문학〉만이 제일의적인 문학이요, 이것을 이름지어 나는 순수 문학 혹은 본격 문학이라 한 것이다. 씨가 만약 문학 정신 그 자체를 거부한다든가 혹은 〈문학 정신 본령정계의 문학〉그 자체를 상아탑의 문학으로 오인치 아니치 못하겠다면 이건 별문제이나, 그렇지 않고 씨의 〈오인〉이나 불만이 순수 문학이란 표어에만 국한된 것이라면 혹은 씨의 편의를 위해서 이것을 본격 문학이라든가 정통 문학이라든가 하는 문자로 바꾸어 놓아도 그만이다. 다만 씨 자신이 표준하는 순수 문학이 상아탑류의 문학이라고 해서 이것을 나에게까지 강요한다든가, 남의 의사를 자기의 필요에 따라 임의로 〈오인〉하겠다든가 하는 것은 불건전한 태도다.

 재차 씨에게 언명하거니와, 씨가 포회(抱懷)하고 있는 바와 같은 그러한 순수 문학을 나는 경멸한다. 씨가 말하는 바와 같은 그러한 따위의 순수 문학이라면 이건 씨가 가맹해 있는 문학가동맹의 정치주의 문학과도 더불어 호(好) 대조(對照)가 됨직한 제이의적 제 삼의적 문학밖에 되지 않는 것이며, 그러한 순수 문학을 가정해 두고 거기다 씨가 아무리 반발해 본댔자, 그건 결국 하늘을 향해 침을 뱉는 거나 마찬가지로 제일 의적인 문학 그 자체를 배격하는 일은 되지 못할 것이다.

이와 같은 〈순수 문학〉논의에서 범한 씨의 〈오인〉과 왜곡은 다음의 휴머니즘의 논의에까지도 그대로 연장되어 있다. 씨의 말을 들으면 나의 휴머니즘의 관점은 〈다음의 두 가지 이유로 전연 망발〉이라 한다. 즉, 하나는 〈인간성에 관하여 순수 문학만이 이를 옹호할 수 있다고 하였으나 가령 다른 문학은 어찌하여 이것을 옹호할 수 없는가〉하는 것이요, 그 다음은 내가 〈르네상스 휴머니즘〉을 〈신본주의에 대한 반발로서 시작된 인본주의의 승리〉라고 〈상식적 규정에서 출발했기 때문에 현대 휴머니즘을 엉뚱한 방향으로 틀고 돌아갔다〉는 것이다.

먼젓것부터 이야기하자. 어째서 순수 문학 혹은 본격 문학이라 일컫는 제일의적 문학만이 인간성 옹호를 주장할 수 있고 다른 문학은 할 수 없느냐 하는 문제다. 여기서 말하는 순수 문학이란 물론 내가 주장하는 순수 문학이어야 할 것이며, 〈다른 문학〉이란 이 순수 문학에 대립된, 문학가동맹 계열의 정치주의 문학을 의미하는 것이겠으나 그렇지 않고 만약 이 순수 문학이란 것이 씨가 포회하고 있는 것과 같은 그러한 〈상아탑류의 문학〉따위라면, 그것은 첫째 진정한 순수 문학이 아니요, 따라서 그것만이 인간성을 옹호한달 수도 물론 없을 것이다. 과연 내가 주장하는 바와 같은, 그러한, 〈문학 정신—본령정계의 문학〉으로서의 순수 문학이라면, 이러한 진정한 순수 문학이야말로 인간성 옹호를 주장 할 수 있는 것이며, 동시에 이에 한해서만 가능하기도 한 것이다. 왜 그러냐 하면 그것은 위에서도 누누이 지적한 바와 같이 문학 정신의 표준 그 자체가 인간성 옹호에 있기 때문이다. 문학 정신의 본의가 문학의 자율성을 보장하는 데 있다고 볼 때의, 이 〈문학의 자율성〉이란 대체 무엇을 의미하는 것인가? 문학이 정치나 도덕이나 경제나 교육이나 일체의 문학 이외의 것에 예속되거나 그것의 목적 달성을 위한 한개 도구 혹은 무기로 사용되어서는 안 된다고 할 때, 이 〈예속〉이란 말과 〈목적 달성을 위한 도구〉란 말과, 〈안 된다〉는 말들은 대체 무엇을 의미하는 것인가? 왜, 〈안 된다〉는 것이며, 무엇이 〈안 된다〉는 말인가? 첫째, 나는 문학이 〈안 된다〉고는 생각하지 않는다. 왜 그러냐 하면 문학 가운데는 제일의적인 문학 이외에 제이의적 제삼의적인 문학도 있으며 또, 이것도 있어서 필요한 것이기 때문이다. 여기서 〈안 된다〉고 하는 것은 제일의적인 문학이 〈안 된다〉는 것으로 제일의적인 문학은 문학 자체의 〈목적 달성〉을 제일의(第一義)로 삼아야 하기 때문이다. 이 문학 자체의 목적(사명)과 정치 자체의 목적(사명)은 그 본질에 있어 동일한 것이 아니며, 문학이 〈정치적 목적 달성을 위한 한개 도구〉로서 동원될 때 문학적 목적은 그 본질에 있어 정치적 목적의 속성으로서밖에 존재할 수 없게 되는 것이다. 한마디로 다 같이 인간성이라고 하더라도 그것을 인식하고 체험하는 동기와 목적에 따라 그 질에 차이를 가지게 되는 것이며 그러므로 정치적, 사회적, 교육적,

종교적 목적에 의한 인간성의 인식과 체험은 각각 그 목적에 의하여 제재되고 제한되고 착색되고 규정되는 것이므로 그러한 목적에 의한(제재되고 제한되고 착색되고 규정된) 인간성이 문학적 대상으로서 공여(供與)될 때 문학 자체로서는 그만치 왜곡되고 억압되고 제한된 인간성을 〈접수〉하게 되는 것이다. 이와 같이 정치적(뿐만 아니라 문학 이외의 모든) 목적에 의하여 제재되고 제한된 인간과 자연, 즉 불구부전(不具不全)(문학 자체의 목적으로서는)의 대상을 내용으로 하는 문학은, 그 질에 있어 자율성이 결여되는 동시, 제일의적인 문학의 지위에서 이탈되고 마는 것도 당연한 일인 것이다. 그러므로 문학에 있어서 문학의 자율성이란 말과 인간성의 옹호란 말은 표리 일체의 관계에 있고, 문학 정신이 문학의 자율성을 본의로 한다는 것은 곧 인간성의 옹호를 의미한다는 것과 별개의 것일 수 없다. 〈문학 정신 본령정계의 문학〉으로서의 오늘날의 순수 문학이 이러한 제재되고 제한되고 착색되고 왜곡된 불구부전의 인간과 자연을 그 대상으로 삼을 것을 거부하고 인간성의 옹호를 부르짖게 되는 것과, 이와 대립된 정치주의 문학이 이와 대척적 관계를 갖게 된다는 것은 이상으로써 그 일단의 이유가 설명되는 것이다. 철학적으로 말하면 이상은 주로 인식론적 각도에서 고찰된 것이며 다음에 양자(순수 문학과 〈다른 문학〉)의 세계관의 차이에서 이것을 구명해 보자.

순수 문학의 정신적 거점이 되는 제3휴머니즘과, 〈다른 문학〉(문학동맹 계열의 정치주의적 계급 문학)의 세계관적 모체가 되는 유물사관은 어떠한 관계에 있으며 또 어째서 인간성 문제에 있어서 대척적 관계를 가지게 되는가? 유물사관의 요령을, 마르크스가 말한 것처럼, 〈물질적 생활 자료의 산출 방법이 사회적, 정치적 및 정신적 일반 생활상의 과정을 결정한다〉 하는 데 있다고 볼 때, 이 말의 일면적 진리조차 부인할 사람은 없을 것이다. 그러나 이것은 요컨대 〈일면적 진리〉임을 몰라서는 안 된다. 왜 그러냐 하면 이 말은 곧 다음과 같이 바꾸어 놓을 수 있기 때문이다. 즉, 〈인간 생활에 있어서 그 자유 향상의 욕구와 방법은 사회적 정치적 및 물질적 일반 생활의 과정을 결정한다〉.

그러면 이 〈자유 향상의 욕구〉란 대체 무엇인가? 이에 관한 체계적 이론을 여기 소개할 겨를은 없으나 우선 여기서 나는 생명력이라고 말해 두려 한다. 그러면 이 생명력이란, 정신이냐 물질이냐 할는지도 모른다. 이에 대하여 나는 물론 정신과 물질보다도 이전의 것이라고밖에 말할 수 없을 것이다. 그러면 여기서 마르크스의 학도들은 다음과 같이 반발할 것이다. 생명력이란 생물의 것이 아니냐고. 그리하여, 〈생물이란 결국 세월이 경과되는 동안 처음으로 땅 위에 발생한 것이다. 지구가 아직 냉각된 유성이 되기 전, 오늘날의 태양과도 같이 어느 정도 작열 상태에 있었을 무렵엔 지구 위엔 아무런 생명도 없었고 또 생각하는 동물도 없었던 것이다〉(부하린, 『유물사관』, 「제3장 변증법적 유물론」항 참조)라고 할 것이다. 요컨대, 〈생물〉이란 무생물 혹은 〈죽은 자연〉(부하린)에서 나왔다는 것이다. 〈부하린〉은 그의 『유물사관』에서 물질의 우위성과 독립성을 주장하기 위하여, 정신의 주인공인 인간을 동물에서, 동물은 다시 더 작은 미생물에서, 미생물은 〈죽은 자연〉(즉 작열 상태의 지구)에서 생겨난 것이라고 하였다. 그러나 나에게 말하라고 하면, 미생물이 생겨날 수 있던 지구, 그것은 이미 〈죽은 자연〉이 아니라 〈산 자연〉이었다는 것이다. 토양과 우로(雨露)와 광선과 공기의 운동 작용에서 어떤 미생물이 생겨날 수 있던 지구 그것 자체가 이미 생명력을 가진 한개 〈산 자연〉이었던 것이다. 생물이 생겨나기 이전의 지구를 가리켜 〈물질〉이거니 〈정신〉이거니 하는 개념을 뒤집어씌우는 데는 대관절 누구의 승인을 맡았단 말인가. 생물이 생겨나기 이전의 지구, 혹은 미생물이 생겨날 무렵의 지구는 오늘날 우리들의 개념으로써 규정되는 정신이니 물질이니 하는 것보다 이전의, 그것을 초월한 한 생명체란 것을 우리는 무슨 이유로 부인할 수 있단 말인가? 더욱이 우스운 것은 상기한 바와 같은 〈부하린〉의 소설(所說)에 의하면 우리의 〈정신〉을 곧장 추궁해 들어가면 그 최후의 실재가 지구로 나타난다는 것인데 거기서 지구의 출처와 태양계의 모체는 다시 추궁할 능력이 그에게는 없었던 것이다. 말하자면 지구까지가 그의 실재론의 구경으로 되어 있는 것이다. 어이없는 노릇이다. 그의 『유물사관』의 근본이 되는 〈물질〉의 형이상학적 근거란 이렇게도 유치하고 천박하고 초보적이요 중도반단적인 〈엉터리학(學)〉이다.

이와같이 〈마르크스〉의 물질적 생활 자료의 산출 방법이 일반 생활상의 정신적 과정을 결정한다는 말이나, 〈부하린〉의 〈물질〉은 정신 이전의 존재란 말들을 좀더 근본적인 각도에서 깊이 추궁한다면 한개 하잘것없는 편견(전자)과 개념적 독단(후자)에 지나지 못하는 것으로, 〈물질적 생활 자료의 산출 방법이 인간의 정신적 과정을 규정한다〉는 일면만을 본 〈마르크스〉는 그 물질적 생활 자료의 산출 방법이 다시 타면에 있어 인간의 자유 향상의 욕구라는 생명력에 의존해 있다는 것을 깨닫지 못했던 것이다. 여기서 이 〈자유 향상의 욕구〉라는 주체적 조건과 〈물질적 생활 자료의 산출 방법〉이라는 객체적 조건이 상호 제약하며 상생상극(相生相克)하여 인간 역사의 변증법적 전개를 초래하고 있다는 것을 알지 못하고, 일체의 정신 현상은 물질적 조건의 부수적 작용이라고만 단정한 데서 마르크시즘의 오류와 경화는 출발하게 되었던 것이며, 이들의 모든 공식주의와 획일주의와 기계주의도 이에서 고정되고 말았던 것이다. 어시호(於是乎) 우리의 모든 예술이라든가 문화라든가 하는 것을 물질의 생산관계의 총화에서 이루어진 경제구조와 사회제도의 산물로서만 이해하려 하였고, 그 이외의 작가의 창조적 의욕이라든가, 정신적 계기라든가, 개성적 기능이라든가 하는 주체적 조건을 근본적으로 용인할 근거를 가질 수 없었던 것이다. 그러나 이와같이 인간의 창조적 의욕과, 개성적 기능과, 정신적 자유를 멸각한 기계관과, 그것의 실현 사회에서 인간성은 급속도로 위축되고 억압되고 경화되기 시작하였고, 이러한 위축과 억압과 경화에서 자유무애의 인간성(이 말은 최근 특히 일부 소련 기행문 작자에 의하여 인간의 동물성이란 뜻으로만 오용되는 경우가 있으므로 이러한 폐단을 배제하기 위해서 인간혼이란 말을 써도 좋다는 것을 참고삼아 주의해 둔다)을 옹호하려는 것이 곧 제3휴머니즘의 지향이며 이러한 제3휴머니즘을 기조로 하고 있는 것이 오늘날의 본격 문학 혹은 진정한 순수 문학이란 것을 상급(相及)할 때, 어째서 이것만이 인간성의 옹호를 부르짖게 되며 부르짖을 수 있는가 하는 것도 이해될 수 있을 것이다.

그러나 이상과 같은 사실만으로는 아직 씨들의 유물사관에 대한 미련과 집착이 일소되지 않을 것을 나는 잘 알고 있다. 김병규 씨로 하여금 〈오늘날 세계사의 전환에 있어 우리 세계관을 규정하지 않더라도 증명은 해줄 수 있다〉라고 부르짖도록 연연한 미몽을 자아내게 하는 것은, 가령 〈르네상스 휴머니즘은 봉건 사회와 근대 시민 사회와의 교체에 있어 신흥 시민계급과 결부된 세계관이라고 볼 수 있으니〉, 이것은 〈정히 자본주의 사회에 대한 그 다음 사회의 사상적 대변으로서의 유물사관의 위치와 대응하는 것이 아닐 수 없다〉, 그러므로 〈유물사관은 현대의 휴머니즘〉이요 필자의 제3휴머니즘은 르네상스 휴머니즘을 잘못 규정한 데서 온 엉뚱한 것이라, 하는 것들이다.

이 경우 씨의 언어엔 다음의 세 가지 부부에 중대한 착란이 있으니, 첫째, 〈결부〉란 말, 둘째, 〈유물사관의 위치〉란 말, 셋째 〈휴머니즘〉이란 말이 그것이다. 대관절 〈결부〉란 무슨 뜻인가? 〈르네상스 휴머니즘을 신본주의에 대한 인본주의의 승리〉

란 것은 〈상식적 규정〉이어서 억지고, 〈신흥 시민계급과의 결부〉란 것은 초상식적 혹은 비상식적 규정이어서 떳떳하단 말인가, 또는 그와 반대란 말인가? 문제는 상식적 규정이 좋으냐 초상식적 규정이 어떠냐 하는 데 있지 않고 어느 것이 떳떳하고 정당하며 어느 것이 억지고 거짓이냐 하는데 있어야 할 것이라면, 르네상스 휴머니즘을 신과 계율의 억제와 예속에 대한 반발로 일어난 인간성의 옹호라고 보는 것이 무리고 억지인가, 그보다 몇 세기 뒤에 일어난 〈신흥 시민계급〉과 결부되려고 일어난 세계관이라고 보는 것이 억지인가 하는 것은 이야말로 상식과 몰상식의 차이밖에 아닐 것이다. 르네상스 휴머니즘과 〈신흥 시민계급〉과의 사이에는 적어도 『민약론(民約論)』이 있고, 『부국론(富國論)』이 있고, 〈증기 발명〉이 있는 것이나. 〈시민계급〉이 먼저 있어서 〈루소〉, 〈스미스〉, 〈왓트〉들을 낳고, 〈루소〉, 〈스미스〉, 〈왓트〉들에서 르네상스 휴머니즘이 일어난 것이 아니라, 르네상스에서 『민약론』과 『부국론』과 〈증기 발명〉이 일어나고, 『민약론』과 『부국론』 〈증기 발명〉에서 프랑스 혁명과 자유경제와 근대공업이 일어났다는 주객을 전도시켜서는 아니된다. 씨가 이와 같은 주객 전도를 카무플라주하기 위해서 〈결부〉란 사어(死語)를 사용하게 된 것은, 근본적으로, 유물사관적 시각에서 객체적 조건에만 경화된 나머지 역사 발전의 주체적 조건을 인식하지 못한 데 기인했던 것이다.

그 다음 〈유물사관의 위치〉란 말이다. 씨는 해문(該文)에서 〈유물사관〉과 〈유물사관의 위치〉를 혼동하였다. 유물사관의 위치 그것은 유물사관이 아니다. 〈자본주의 사회에 대한 그 다음 사회의 사상적 대변〉이란 씨의 말대로 유물사관의 위치일는지는 몰라도 유물사관 그 자체가 아니란 것은 유물사관 이외에 그 〈사상적 대변〉은 따로 있기 때문이다. 그리하여 씨가 이 휴머니즘이란 어휘를 남용하게 된 것도 유물사관과 〈유물사관의 위치〉를 혼동한 데서 기인했던 것이다. 〈유물사관의 위치〉를 〈자본주의 사회에 대한 그 다음 사회 실현의 사상적 전주(前奏)〉로서 인정한다면 동시에 이것은 제3휴머니즘의 일면적 위치를 지적하는 말이기도 한 것이나 제3휴머니즘의 일면과 유물사관과의 역사적 위치에 상통성이 있다고 해서 유물사관 자체를 그대로 휴머니즘이거니 하는 것은 근본적으로 잘못이라 하지 않을 수 없다. 유물사관과 제3휴머니즘(씨는 현대 휴머니즘이라 하였다)과의 관련은 그 역사적 사회적 위치에 상통성이 있을 뿐이므로 그 사상적 내용에 있어서는 어디까지나 대척적이요 상반적인 것이 아닐 수 없다. 왜 그러냐 하면 휴머니즘의 본질은 인간성의 옹호와 개성의 자유를 떠나서 있을 수 없는 것이나 유물사관은 주지하는 바와 같이 사회성을 강조함으로써 개성을 몰각하고, 제도와 환경을 중시함으로써 인간성을 억압하는 데서 구성되어 있으므로 휴머니즘의 본질과는 근본적으로 배치(背馳)되어 있는 것이다. 씨가 유물사관을 가리켜 현대 휴머니즘이거니 한 것은 분명히 유물사관이나 휴머니즘 그 어느 것에 대한 인식 착오가 아니면 안 될 것이다.

그런데 여기 유물사관과 제3휴머니즘과의 역사적 위치에

있어 상통성이 있다고 한 말을 좀 더 캐어 보기로 하자. 위에서 〈자본주의 사회에 대한 다음 사회 실현의 사상적 전주〉라고 한 것은 물론 김씨의 문장에 의해서 한 말이다. 이것을 좀 더 제3휴머니즘의 각도에서 말한다면, 이러한 사회 형태 교체의 객체적 조건에서보다 〈자유 향상의 욕구〉란 생명력의 주체적 의미에서 생각하려는 것이다. 즉, 근대주의의 말로에서 도달된 과학 만능주의와 물질 지상주의와 기계 문명주의 등은 고대에 있어서의 신화적, 미신적 제신의 우상처럼, 중세에 있어서의 계율화한 전 제신의 압제처럼, 또다시 새로운 근대적 우상이 되어 인간에게서 꿈과 신비와 낭만과 그리고 구경적인 욕구를 박탈하게 되었다. 여기서 인간은 이 과학주의, 물질주의, 기계주의를 비판하고 이를 초극하고자 하는 새로운 의욕에 도달하게 된 것이며 이것이 곧 제3휴머니즘이란 표어로써 대표되는 제3세계관에의 지향이라 일컫는 것이다. 그런데 이것은 위에서도 말한 바와 같이 생명력의 주체적 각도를 말한 것이나, 일방, 사회적 객체적 각도에서 볼 때, 이러한 과학주의, 물질주의, 기계 문명주의와 함께 그 난숙의 극에 달한 자본주의 사회의 부패가 가로놓여 있었던 것이다. 그 정치제도와 경제기구와 〈생활 자료 산출 방법〉에 있어서의 갖은 모순과 죄악과 불합리, 불공평들을 과학적으로 구체적으로 통렬히 해부 비판한 마르크시즘 체계의 세계관은 그 체계 구성의 조직과 방법에 있어, 또 그 유물론적 인식론적 태도에 있어 완전히 과학주의, 물질주의, 기계주의를 취하게 되었던 것이므로 그 사회관에 있어서는 근대주의(자본주의 사회)에 강경히 항거하였음에도 불구하고 그 유물론적 인식론적 본질에 있어서는 당연히 양기(揚棄)되어야 할 근대주의의 연장과 그 여식(餘息)의 응결에 불과하게 되었던 것이니, 유물사관을 가리켜 〈다음 사회의 사상적 대변〉이라고 하는 것은 그것의 일면적 타당성에만 색맹이 된 나머지 유물사관과 〈유물사관의 위치〉를 혼동하고 〈자본주의 사회의 붕괴 즉 공산주의 사회의 대행〉이란 공식을 망신(妄信)하는 마르크스 학도의 초년병이 아니면 진정한 의미에 있어서의 세계사적 과제의 전체적 파악이 없는 사람들이라 하지 않을 수 없다. 위에서도 누누이 말한 바와 같이 유물사관적 세계관은 자본주의 사회의 모순과 결함과 붕괴를 지적한 점에 있어 일면적 타당성을 가졌으나 다른 일면, 근대주의의 연장이란 의미에 있어 마땅히 지양되어야 할 과학주의, 물질주의, 기계주의(메커니즘), 공식주의의 결정체라고 볼 수밖에 없다는 것도 이것 때문이라 할 것이다. 무릇 위대한 새로운 시대가 형성되려면 이에 상부(相副)할 만한 위대한 새로운 휴머니즘이 제기되는 법이다. 유물사관이 사회관적 각도에 있어 일면의 타당성을 가짐에도 불구하고 진정한 새 시대를 형성시킬 만한 정신적 원동력이 될 수 없는 것은 그 사상적 본질의 구성 요소가 되어 있는 공식주의적, 기계주의적, 물질주의적, 과학주의적 성격이, 새 시대의 원동력이 될 수 있는 제3휴머니즘의 요소를 말살하고 거세하였기 때문인 것이다. 왕왕 일부 정치학도들 가운데는 저 소연방의 노동계급 독재 같은 것을 휴머니즘과 관련시키는 일이 있으나 이것은 그냥 무지무식의 폭로가 아니면 한갓 정치적 선전에 불과한 것이니, 새로운 위대한 시대를 형성할 새로운 위대한 휴머니즘이란 인간 전반에 미칠 수 있는 복음이요 활력을 의미하는 것으로 어느 일정한 계급만의 전횡 독재를 용인하거나 인간 전반의 정신적 욕구를 봉쇄하는 호기일적, 공식적 메커니즘과 어디까지든 대척적이란 것을 알아야 한다.

제3휴머니즘은 이와같이 자본주의 사회의 모순과 결함을 근본적으로 시정하는 일방, 마르크시즘 체계의 획일적 공식적 메커니즘을 지양하는데서 새로운 고차원의 제3세계관을 확립하려는 데에 그 지향이 있다. 전기 졸문에서도 언급한 바와 같이 현대는 아직 이것(제3세계관)의 지향에 그쳐 있을 뿐으로 본격적 천명(闡明)에 도달해 있지 못한, 하나의 과제로서밖에 볼 수 없는 것이다.

그러나 온 세계의 인류 가운데서 가장 진보적이요 양심적이요 예지적인 인간들이 이러한 지향을 포회하고 있다는 사실 그 자체가 이미 새로운 세계사적 현실로서 진행되고 있는 것을 의미하는 것이며, 오늘날의 우리가 저주받은 묵은 체제와 타기할 만한 기계론자들 사이에서 회의와 번민 속에 악전고투하고 있다는 이 사실이 곧 새로운 위대한 세계관을 형성하려는 진통기를 의미하는 것으로 이러한 의미에 있어 오늘날 우리의 회의와 번뇌와 고통은 빛나는 새날을 창조하기 위한 고귀하고 신성한 화력이라고도 할 수 있을 것이다.

위에서 나는 순수 문학이란 문학 정신의 본령정계의 문학이라 하였고, 문학 정신의 본령은 인간성 옹호에 있다고 하였는데, 그러면, 이 〈인간성 옹호〉란 말의 역사적 위치와 성격이 나변(那邊)에 있는가 하는 것은 제3휴머니즘의 지향을 이해함으로써만 가능할 것이다. 다시 말하면 자본주의적 기구의 결함과 유물변증법적 세계관의 획일주의적 공식성을 함께 지양하여 새롭고 보다 더 고차원적 제3세계관을 지향하는 것이 현대 문학 정신의 세계사적 본령이며, 이것을 가장 정계적으로 실천하려는 것이 필자가 말하는 소위 순수 문학 혹은 본격 문학이라 일컫는 것이다.

씨 이외에도 나는 지금까지 유명무명의 문학인들로부터 여러 차례 순수 문학에 관한 이의와 욕설을 들어왔으니 오늘날까지 답문을 쓰지 않고 온 것은 그들이 말하는 순수 문학과 내가 말하는 순수 문학이 그 개념에 있어서나 문학 정신에 있어서나 전혀 별개의 것이었기 때문이다. 왈, 순수 문학은 상아탑류의 문학이니까 일제 시대에는 존재 이유가 있었지만 해방된 오늘날엔 무의미하다 한다든가, 혹은 순수 문학이란 사상성을 배제한 것이어야 할 터인데, 왜 사상성이 들어 있느냐 이건 멀쩡한 비순수가 아니냐, 하는 따위, 참으로 어림없는 속론들이나 더구나 한갓 파쟁적 감정에서 반박을 일삼는다든가, 남의 논지를 고의로 혹은 능력 부족으로 〈오인〉내지 왜곡을 자행하고 그 〈오인〉과 왜곡의 전제에서 자기류의 항의를 전개시킨다든가 하는 것은 모두 삼가야 할 일이라고 생각한다. 우리가 진실로 양심과 성의로써 문학의 정로(正路)와 세계관의 천명에 대한 논의를 검토할 수 있다면 이것은 가장 귀중한 일이라 하지 않을 수 없으며, 또 이에 한해서만은 나도 언제나 흔연히 응할 생각을 하고 있는 것이다.

문학과 자유를 옹호함

– 시집 『응향(凝香)』에 관한 결정서를 박(駁)함

    조선문학가동맹이 전국문학자대회란 것을 열고 긴급동의로써 소비에트작가연맹의 책임자 치호노프 씨에게 명예의장 추대서를 보내고 다시 동회의의 경의와 충성을 다한 메시지를 바치게 되었던 것은 1946년 2월 8일의 일이었다. 그리고 동씨가 〈소연방주의에 위반했다〉는 이유로 소비에트작가연맹에서 축출을 당하게 된 것은 같은 해 팔월 하순의 일이다(그때의 통신문이 수중에 없으므로 날짜를 기록치 못한다). 그때의 통신문에서는 〈치호노프〉, 〈조시쟁코〉, 〈아흐마토바〉 등 일곱 명이 수연방작가동맹에서 추방 혹은 제명된 것과 잡지 《레닌그라드》가 폐간 당했다는 정도의 간단한 보도에 그쳐 있었으므로 그들이 과연 숙청위원회의 언명처럼 소연방주의에 위반을 했다손 치더라도 그 〈위반〉이 어떠한 내용의 것인가를 짐작할 길은 없었던 것이다. 소비에트의 작가는 어떠한 작품을 쓰는 것이 소비에트 연방주의를 위반하는 것이 되는가? 여기서 우리가 먼저 주의해야 할 일은 이상의 추방 혹은 제명 처분을 당한 작가들은 그 작가적 출발에 있어 처음부터 충분히 소연방주의적 작가로서 활동해 왔고, 그 문학적 소질에 있어 특히 우수한 특징을 보여주던 작가들이었다는 사실이다. 우리의 사정에 비추어 말하면 그들은 처음부터 상허, 회남의 계열이 아니라 임화 혹은 권환의 계열이었고, 그 가운데서도 설야, 남천 들과 같이 비교적 우수한 편에 속하던 작가였다는 사실이다.

그런데 그들은 다만 그것만의 이유로써 소비에트 작가동맹에서 추방을 당하지 않으면 아니되있던 것이다. 그렇나, 나만 다른 작가들보다 〈비교적 우수한〉 문학적 소질을 보여준 데 불과한 죄과로 그들은 처벌을 받게 되었던 것이다. 이렇게 말하면, 주다노프나 혹은 그의 주구들은 다음과 같이 나에게 반발할 것이다.

〈아니다. 그들은 회의적이요 염세적이요 풍자적이요 비수적(悲愁的)이요 탐미주의적 '예술을 위한 예술을 하였기 때문'에 정치에 무관심했고 따라서 '예술성'이 박약하였기 때문이다〉라고.

이 경우 주다노프 들의 어휘엔 지극히 천박한 모순이 있어 그의 말을 그대로는 우선 접수할 수도 없으나, 설령 치호노프 들이 주다노프 들의 욕설처럼 〈회의적이요 염세적이요 풍자적이요 탐미주의적)이었다고 하자. 그러면 작가가 회의적이라고 해서 그에게 박해를 가해야 하는 사회란 대체 어떠한 사회란 말인가? 또 그들과 우리는 각기 문학을 어떻게들 하고자 한단 말인가? 여기에 휴머니즘이, 민주주의가 새로운 세계가 창조될 수 있다고 생각한단 말인가? 개성의 자유를 봉쇄하는 획일주의적 기계관 속에만 자유가 있고 인간성이 있다는 소연방주의자 및 주구들과 우리 사이에는 이미 언어가 통하지 않게 되었단 말인가?

〈문맹〉 기관지 제3호에는, 잡지 《별》과 《레닌그라드》에 관한 결정서와 시집 『응향』에 관한 결정서란 것이 나란히 게재되어 있다. 이로써 〈문맹〉 계열의 의도와 주장은 명확해져 있다. 소연방주의 문학운동의 소련원판과 한국판의 차이는 다만 그 사람의 이름과 책의 이름이 다를 뿐이다. 원판에 있어서의 희생자의 이름이 〈치호노프〉, 〈조시쟁코〉, 〈아흐마토바〉 등의 혁혁한 거장들이었음에 반하여 조선판에서는 강홍운, 박유수, 구상 등 아직 문단에 이름조차 가지지 못한 젊은 시인들이란 것과, 전자의 기관이 《별》, 《레닌그라드》 라는 권위 있는 잡지들이었음에 반하여 후자는 원산문학가동맹 편(編)의 시집 『응향』 한 권으로 되어 있다는 것이, 다르다고 하면 다를 정도다. 소련당중앙위원회가 〈치호노프〉, 〈조시쟁코〉, 〈아흐마토바〉 등을 추방한거나, 북조선문학예술총동맹 중앙상임위원회가 강홍운, 박유수, 구상 등을 추방한거나 그 이유에 있어서는 마찬가지 〈회의적, 염세적, 풍자적, 퇴폐적, 예술지상주의적이 아닌 문학이란 어떠한 것인가? 그들은 서슴지 않고 이렇게 대답한다. 〈소연방주의의 정치적 노선을 구가, 선전하고 문학예술은 인민에게 복무하여야 할 것이다〉라고.

여기서 소연방주의 문학인들의 문학적 의향을 요약하면 다음의 두 가지가 된다. 즉, 첫째는 인생에 대한 회의적, 염세적, 풍자적 태도를 버릴 것.

둘째로는, 문학은 인민에 복무하여 당의 문학이 될 것.

그들의 이러한 주장은 작금에 시작된 이야기가 아니요 따라서 그리 신기할 것도 없는 것을 이제 새삼스러이 지적하고 문제 삼을 것이 있느냐 혹은 일부에서 생각할는지도 모르나 그러나 지금까지 그들은 이것을 표면에 드러내지 않고, 자기들도 작가의 개성을 인정한다는 듯이 수단을 써오던 것이, 이번에 와서 표변하여 정면으로 그들의 본색을 드러내어 놓았다는 데 의의가 있는 것이다.

그러면 문학 세계에 있어 회의적, 염세적, 풍자적 요소란 어떠한 것이며 문학은 이것을 배제할 수 있는가? 있다. 그러나 그 결과에 있어서는 오늘날 소연방주의 문학과 같은 열등의 문학이(그 전통에 비하여) 된다는 것이다. 왜? 문학이란 영원히 회의적이요 염세적이요 풍자적이요 비관적인 데서 출발되기 때문이다. 인간 생활이 신(신이란 말 대신 자연이란 말을 대체해도 좋다)과 같이 원만무결하여 아무런 불만 불평도 있을 수 없이 완결되어 있다면 거기엔 문학뿐 아니라 일체의 인문(人文)

이 필요치 않았을 것이다. 첫째 우리에게 나고 죽는 일이 없었던들 문학은 생겨나지 않았을는지도 모른다. 애욕의 괴로움이 없었던들 문학이란 우리에게 이다지 중대한 일이 아니 되었을는지도 모른다. 이와 같이 생사 문제라든가 애욕의 괴로움이라든가 하는 영원히 해결할 수 없는 고통과 불여의(不如意)를 지녔기 때문에 인간에겐 영원히 문학이 중대한 것이며 또 생겨날 수도 있었던 것이다. 어느 시대, 어느 사회, 어느 민족을 막론하고 모든 작가의 생명 있는 작품에는 회의적, 염세적, 풍자적, 비탄적 요소가 포함되어 있지 않는 것이 없고, 이러한 요소를 가리켜 퇴폐적이니 소극적이니 하는 것은 천박하고 피상적이고 무식하고 기계적인 망단(妄斷)일 따름이다. 작품 세계에 있어 회의적, 염세적, 비탄적 요소를 가진다는 것은 이 기계론자들이 단정한 것처럼 퇴폐적이요 소극적이요 불건강한 것이 아니라 그와 반대로 가장 건강하고 심각하고 엄숙한 태도다. 왜? 그것은 인생과 문학의 본질에 육박하려는 태도이기 때문이다. 우리는 인간의 불완전한 영원, 고통, 이것을 엄폐해 두고, 문학을 생각할 수는 없다. 인생과 문학의 본질에 육박하려면 우리는 언제나 우리의 이 불완전과 고통에서 출발하지 않을 수 없다. 이것을 무리하게 피하고 엄폐한다는 것은 참다운 문학을 거부하는 것이요 건강을 오지한 불건강함인 것이다. 문학이 한 시대의 정치적 도구에 그치지 않고 영원한 생명을 가지려면 당연히 이 영원의 문제에 관심을 갖지 않을 수 없는 것이다.

역사적으로 이것을 고찰해 보아도 또한 명료한 노릇이다. 가령 고대, 중세, 근대 3기로 나눠 본다면 고대 문학의 정수로 일컫는 희랍 비극의 대표작의 하나인 소포클레스의 「오이디푸스왕」이라든가, 중세의 대표로 셰익스피어의 「햄릿」이라든가, 근대의 입센의 「유령」 같은 작품들을 검토해 볼 때 거기엔 왜 현대 볼셰비키들이 그렇게도 사갈시하는 회의적, 염세적, 비탄적, 풍자적 요소로 가득 차 있게 되는가? 이 점 호머나 단테나 괴테의 경우에도 역시 마찬가지다. 이것은 그들이 특별히 오늘의 볼셰비키를 미리 증오하려 했던 것이나, 혹은 당대의 정치적 현실을 부인하기 위해서나 무슨 부르주아지 계급의 죄악을 옹호하기 위해서 그렇게 회의적, 염세적, 비탄적, 풍자적, 부정적 경향을 지니게 되었던 것은 아니다. 그보다도 그들은 긴장하고 엄숙하고 심각하고 진실했기 때문에 우리의 영원한 본질에 무관심할 수 없었던 것뿐이다. 그리고 이것은 거의 예외가 없을 통칙이다. 어느 시대의 어떠한 작품이라도 그것이 영원성을 가질 수 있고 그것이 우수한 작품이라고 하면 거기는 반드시 회의적이요, 염세적이요, 비탄적이요, 풍자적이요, 부정적인 요소가 왕성해 있다. 혹자는 이에 대한 반증으로 구약 시편을 끌고 올는지도 모른다. 그렇다면 그 사람은 이스라엘족의 영원한 고뇌와 눈물의 본질을 아직도 모르는 사람이다. 요컨대 인생에 대한 회의적, 염세적, 풍자적, 비판적 태도를 버리란 것은 참다운 의미의 문학을 포기하라는 것과 같은 말이다.

다음에 문학은 인민에 복무하고, 당의 문학이 되라는 것이다. 이것도 전자와 마찬가지다. 그러한 데서 전혀 문학이 불가능하다는 것은 아니다. 다만 열등한 문학이 나올 것이다(여기서 열등한 문학이란 영원성 없는 문학을 의미한다). 작가란 영원히 현실에 대하여 부정적이어야 한다. 왜? 우리의 현실은 영원히 불완전한 것이기 때문이다. 아무리 사회제도가 완성된다 하더라도 인간 자신이 영원히 불완전한 이상 우리의 현실은 영원히 우리에게 불만일 것이다. 무슨 국책이나 정책에 의하여 작가가 만약 무리하게 그 시대의 정치적 현실을 긍정해야 한다든가 구가선전해야 한다면 그것은 문학의 타락이요 문학의 모독밖에 아무것도 아니다. 당의 문학은 당과 함께 운명을 같이 하리라. 소련당의 문학은 소련당과 함께, 북로당(남로당)의 문학은 북로당 남로당과 함께, 나치스의 문학은 나치스와 함께, 황도의 문학은 황도와 함께…… 그리고 그만일 것이다.

  문학은 인민에 복무해야 할 것이라고 『응향』 박해위원은 부르짖고 있다. 문학이 신에 복무해야 한다고 한 시대의 대변자가 요구했을 때 생명 있는 작가들은 신을 거부하였다. 그러나 대부분의 시류적 작가들은 즐겨 신에 복무할 것을 맹세하였다. 어느 시대나 절대 다수는 시류 작가다. 오늘날 역시 대다수를 점령한 시류 작가들은 역시 〈인민에 복무〉하기를 맹세할 것이다. 그러나 진실로 문학을 가질 수 있는 작가는 현대의 신, 인민도 거부하지 않으면 아니될 것이다. 왜? 문학이란 아무것에도 복무할 수 없는 것이기 때문이요, 있다면 그것은 자기 자신에 환원할 수 있는 인류 전체가 있을 뿐이다. 그렇다. 문학은 영원히 작가 자신(인류 전체에 환원할 수 있는)에 복무할 따름이다. 작가 자신이 얼마만한 보편성과 타당성과 항구성을 가질 수 있느냐 하는 것은 작가 자신의 소질 문제요 역량 문제요 성의 문제일 따름이다.

고대의 제신(諸神)이나 중세의 〈여호와신〉은 현대에 와서 여러 가지로 변장을 하고 나타났다. 나치스 독일에 있어서는 게르만의 피로 나타나고, 군국주의 일본에 있어서는 황도로 나타나고, 볼셰비키 소련에서는 인민으로 나타났다. 이러한 여러 가지 형태의 현대 신 가운데서도 가령 게르만의 피나 황도의 경우엔 쉽사리 이를 거부할 수 있던 작가들까지 이 인민신 앞에는 한번 당황하지 아니치 못하는 것은 대체 무슨 까닭인가? 그렇다. 이 〈인민신〉의 무장이야말로 〈여호와신〉을 능가할 만한 현대적 기술을 다하고 나타났기 때문이다. 그 가공할 만한 무장과 무력 앞에는 조그마한 휴머니스트들까지도 그만 눈이 어두워지고 만 것이다. 우리는 진실로 우리의 참다운 문학과, 인류 전체의 운명과 진정한 인민을 구출하기 위하여 이 가공할 만한 현대적 우상인 〈인민신〉의 정체를 밝혀 주어야 할 것이다.

〈문학동맹〉에서는 그들의 활동의 목표를 선명케 하기 위하여 정면으로 정치주의의 기폭을 내어 걸었다. 글들은 그들의 기관지를 통하여 그 권두에 〈문학주의와의 투쟁〉을 양언(揚言)하고, 본격 문학 진영에 도발을 하는 동시, 그들의 정치주의를 합리화시키기 위하여 다음과 같이 말하고 있다.

〈해방 이후의 현실이 문학가들에게 (……) 이러한 정치적 사상적 관계를 해결하지 아니하면 문학의 자기 발전은 불가능하다는 것을 자각한 때문이다.

문학가동맹의 운동이 출발할 당시에 문학가의 정치 참여를 비방한 데 대하여 우리 동맹의 지도적 작가의 한 분이 말하기를 문학가가 정치에 관여하지 아니하여도 좋을만치 훌륭한 정치를 실현하기 위하여 문학가는 정치에 관여하고 있다……〉

이것은 얼마 전 스탈린이 〈우리는 독재를 하지 않아도 좋을 만한 사회를 실현시키기 위하여 독재를 하고 있다〉고 했다는 말과 동음동곡이다. 모두 기특한 말들이다. 자기들이 현재 하고 있는 일은 나쁜 줄 알지만 목적이 좋으니까 하지 않을 수 없다는 것이다. 그러나 이 목적이 좋다는 것은 누구에게 승인을 받았단 말인가? 다만 그들 자신들만이 승인했을 따름이다. 나는 지금까지 그들의 목적 자체에 여러 가지 결함을 지적하여 왔다. 그들은 그들의 상대자로부터 그들의 목적이 좋다는 승인을 받은 것이 아니다. 이 말은 이 세상의 모든 사람들은 모두 자기들의 목적이 좋은 것으로 생각하고 있다는 사실을 전제하는 것이다. 갑과 을의 목적은 동일하지 않으나 갑은 갑의 목적이 정당한 것인 줄 알고, 을은 을의 목적이 합리적인 것인 줄 안다. 그러므로 문학은 어떠한 목적을 막론하고 목적 달성의 도구가 되어서는 아니된다는 것이다. 게르만의 피를 선동하기 위한 나치스 문학이나, 황도 정신을 고취하기 위한 일제의 소위 황도 문학이나 소연방주의를 구가 선전하기 위한 〈인민신〉의 문학이나 그것이 다같이 국책 문학인 점에 있어, 또 정치주의적 목적 문학인 점에 있어서는 아무것도 다를 것이 없는 것이다. 목적이 좋다는 것은 어디까지나 일방적인 주장이다. 변명은 어디까지나 변명에 그칠 것이요, 구실은 어디까지나 구실에 그치는 것이며, 여기에 진정한 문학이 성장될 수는 없는 것이다.

한 걸음 더 나아가서 그들의 목적이란 것에 우리는 또 유의해도 좋을 것이다. 그들은 〈문학의 자유 발전을 위하여서〉라고 말한다. 이것이 그들의 당면 목적이라는 것이다. 대체 어떻게 되는 것이 〈문학의 자유 발전〉이란 말인가? 우리는 이 문제에 관한 한 구체적 사실을 들 수도 있다. 왜 그러냐 하면 삼팔 이남 〈문맹〉 계열 문인들의 이상적 지역은 삼팔 이북이 되는 것이다. 따라서 그들은 지금까지 필설을 다하여 삼팔 이북의 정치적 현실과 문화운동의 현상을 찬양하고 신전하기에 여념이 없기 때문이다. 이로써 보면 이남 〈문맹〉인들이 말하는 〈문학〉의 자유 발전이란 삼팔 이북과 같은 현상을 초래하게 하는 데 있는 것이며, 여기서 다시 한 걸음 나아가 이북 〈문맹〉인들이 생각할 수 있는, 보다 더 완성에 가까운 〈문학의 자유 발전〉은 소연방 본국에 있음이 분명하다. 그렇다면 삼팔 이북이나 소연방 본국에 있음이 분명하다. 그렇다면 삼팔 이북이나 소연방 본국에 있어서의 어떠한 점을 가리켜 〈문학의 자유 발전〉이라고 하는가? 그들의 모든 주장, 그들의 모든 실천을 종합해서 볼 때, 그들이 생각하고 있는 〈문학의 자유 발전〉이란 너무도 빤한 노릇이다. 즉, 〈문학은 인민에 복무해야 할 것이다〉(『응향』 박해위원 대표 백인준) 또는, 〈문학은 당의 문학이 되지 않으면 아니된다〉(레닌 원문, 김남천 해제에서) 라는 것이 곧 그것이다. 문학은 〈인민〉에 복무해야 하고, 문학은 당의 문학이 되어야 하고, 이것이 오늘날 그들이 의미하는 소위 〈문학의 자유 발전〉이라는 것이다. 그리하여 어느 진실하고 소질 있는 작가들이 인생과 문학의 본질에 저촉되는 일이 있으면, 〈회의적, 염세적, 퇴폐적, 풍자적, 예술지상주의적〉 등등의 이유로 그를 박해할 수 있는 제도를 가지는 것이 그들이 말하는 소위 〈문학의 자유 발전〉이라는 것이다. 다시 말하면 오늘날 그들(〈문맹〉인)이 정치에 관여해야 하는 까닭은 그들이 정치에 관여하지 않아도 좋을 만한 사회를 실현시키기 위해서라는 것이며, 그들이 정치에 관여하지 않아도 좋을 만한 사회란 문학의 자유 발전이 가능한 사회란 것이며, 문학의 자유 발전이 가능한 사회란 즉, 오늘날의 삼팔 이북이나 소연방 본국에서처럼 〈문학은 인민에〉 복무해야 하는 것이며, 문학은 당의 문학이 되어야 하는 것이며, 강홍운(康鴻運), 박유수(朴庾守), 구상(具常) 등과 같이 혹은 치호노프, 조시쟁코, 아흐마토바 등과 같이 인생과 문학의 영원성의 문제에 유의하려는 유위(有爲)한 작가들을 회의적, 염세적, 비상적(悲傷的), 풍자적 등등의 명목으로 박해, 추방을 해야 하는 것이며…… 즉 이러한 사회를 실현시키기 위하여 그들은 정치에 관여하지 않을 수 없다는 것이다.

  나치스 사회나 황도 전성 시대의 일제 사회에서보다도 몇 갑절이나 더 작가의 자유를 박탈하고, 인간성을 봉쇄하는 사태 그것이 곧 그들에게는 〈문학의 자유 발전〉이라는 것이다.

이로써 우리는 그들의 자유란 말을 짐작하게 되는 것이다. 동시에 그들의 정의란 말까지도 우리는 짐작하게 되는 것이다. 그들이 〈우리는 붓을 꺾을지언정 정의에 배치(背馳)되는 기록을 할 수 없다〉(위 잡지 편집 여묵(餘墨))라고 할 때, 그들이 무엇을 가리켜 정의라고 하는지는 그들이 무엇을 가리켜 자유라고 했는가 하는 것을 생각하면 절로 자명한 것이다. 우리는 〈나치스〉나 〈일제의 집권자들〉이 진정한 자유와 정의의 사도(使徒)를 박해할 때 그 어떠한 구실과 명목을 사용했는지를 지금도 기억하고 있는 것이다. 침략자가 평화를 표방하고, 독재자가 자유를 앞세우고, 위선자가 정의를 위장하는 것을 우리는 이미 잘 알고 있는 것이다. 동시에 그들이 인민에 복무하고자 할 때 그들은 인민을 이용하고 있다는 것도 잘 알고 있는 것이다. 모든 예술 모든 문화는 인민에 복무해야 할 것이라고 할 때, 그들은 모든 예술과 문화를 모독(侮冒)하는 동시 인민 자체를 모독(侮冒)하고 있다는 것도 우리는 잘 알고 있는 것이다.

끝으로 나는 독자의 판단을 돕기 위하여, 그들이 박해의 구실로 삼은 『응향』 중의 시 일절을 여기 인용하려 한다.

> 이름 모를 적로(謫路) 우에
> 운명의 청춘이 눈물겨웁다
> 보행의 산술도
> 통곡에도 피곤하고……
> 역우(役牛)의 줄기찬 고행만이 슬프게 좋다
> 지혜의 열매로

> 공천(供饌)받은 이설에
> 식기를 권함은
> 예양(禮讓)이 아니고
> 노정(路程)이
> 변방에 이르면
> 안개를 생식하는
> 짐승이 된다
>
> ―구상 작(作)「길」에서

이 시의 〈보행의 산술이니 안개를 생식하는 짐승이니 하는 말을 이해하려면 얼마만한 공부를 해야 하며 어느 정도의 학교를 졸업해야 하느냐〉고, 박해위원 대표자는 반문하고 있는 것이다. 이따위 어려운 말로써 어떻게 인민에 복무할 수 있단 말이냐고 꾸짖는 것이다. 나는 여기서 이 박해위원 대표이 시 예술의 감상 능력에 관하여 말할 것을 포기한다. 다만 이만한 정도의 서정소곡을 박해의 재료로 삼았다는 유례는, 그것이 나치스건 일제건 네로건 진시황이건 막론하고 어떠한 시대의 어떠한 폭정하에서도 있을 수 없었다는 것만 말해 두지 않을 수 없다는 것이다.

  나는 물론 『응향』 동인의 시 작품 자체가 각별하게 우수하다든가 예술적 가치가 완성되어 있다든가 하는 것은 아니다. 그들의 시는 물론 불완전하고 애매하고 조잡하기까지 하다. 다만 내가 말하려는 것은 시라고 하면 반드시 정치시만이 필요한 것이 아니라 서정시도 고귀한 것이며, 서정시란 언제나 회의적, 염세적, 비수적(悲愁的) 색채를 띠게 되는 것이며, 이

회의적, 염세적, 비수적이란 기실 인생과 문학의 본질적인 것에 통해 있으므로 이것을 정치적 가도에서만 규정하여 젊은 시인들을 박해한다는 것은 그들이 말하는 〈문학의 자유 발전〉이 아니라 그와는 정반대라는 것을 말하려는 것이다.

문학과 문학 정신

　순수 문학이란 표어가 일부 청년 학생층의 문학도들 사이에 있어 아직도 왕왕 오해되고 곡해되고 또 나아가 정치 선전의 모략 재료로까지 악용되고 있음을 본다. 왈 「순수 문학의 정치성」, 왈 「순수 문학의 비순수성」, 왈 「문학의 정치성에 대하여」, 왈 「순문학의 반동성」 등등 그 제목부터가 이미 대동소이하거니와 그 논지에 있어 또한 천편일률로 모두가 똑같은 소리들이다. 이분들의 소견에 의하면 첫째 순수 문학은 사상성과 정치적 현실적 관심을 배제한 상아탑류의 문학이라는 것이다. 둘째로 그러므로 정치적 사회적 현실적 관심을 가질 수 없던 일제 압정하에서는 이것이 필요하였지만 해방된 오늘날엔 존재 이유가 없다는 것이며 셋째로 그럼에도 불구하고 오늘날의 순수 문학은 정치적 사회적 민족적 현실적 관심을 내포하고 있으니 〈이것은 순수 문학이란 구호만 이용하는 바 비순수성〉이라는 등 또는 다시 한 걸음 더 나아가서 〈그 정치적 현실적 관심의 각도가 반볼세비즘의 노선에 입각하여 있으니 이건 그냥 '비순수' 뿐만 아니라 멀쩡한 반동〉이라는 등 하는 것들이다. 이상이 대략 오늘날의 소위 〈당의 문학〉이란 것을 지지한다는 청년 학생층 문학도들의 순수 문학관에 관한 요령의 전부다.

첫째, 순수 문학이란 사상성을 배제한 상아탑류의 문학이란 견해에 대하여.

이것은 물론 〈순수 문학〉을 배격하려는 사람들의 말이다. 순수 문학을 긍정하는 사람의 입에서 이러한 견해가 공개된 것을 나는 아직 본적이 없다. 더 자세히 말하면 나는 처음부터 순수 문학이란 표어 그 자체를 꼭 내세우려 한 것도 아니다. 내가 주장하여 온 것은 〈문학 정신의 옹호〉였고 문학 정신을 옹호한다는 것은 문학의 정치 혹은 신에의 예속을 거부하는 정신이란 데서 여기다 순수 문학이란 표어를 외부에서 사용하게 된 것이요, 이 점 내 자신의 의견과 그다지 월등한 거리가 있는 것도 아니고 해서 나도 이것을 사용하게 되었던 것이다. 여기서 내 자신의 순수 문학에 대한 정의로서는 〈문학 정신의 본령정계(本領正系)의 문학〉이란 것을 공개한 일밖에 없다(졸문, 「순수 문학의 진의(眞義)」). 동시에 문학 정신의 본령을 나는 인간성의 옹호에다가 결부시켰던 것도 사실이다. 요컨대 내가 주장하여 온 것은 〈문학 정신의 본령〉이지 순수 문학이란 표어가 아니라는 것이다. 그러므로 문학 정신의 본령과 인간성의 옹호를 거부하고 싶다든가 혹은 그 구체면에 이의가 있다든가 한다면 또 모르겠으나 이러한 본질적인 문제엔 한치도 언급치 못하고 순수 문학이란 표어에만 사로잡혀서 순수니 비순수니 지껄이는 것은 어린애들의 잠꼬대와도 같이 우스운 노릇이라 하지 않을 수 없다.

나는 모름지기 작가가 정치적, 사회적, 민족적 현실의 본질을 문학적 세포 속에 구현시켜야 할 것을 주장한다. 그러나 나는 일부 정치주의 문학인들이 주장하는 것처럼 문학이 〈당의 문학〉이 되어(《문학》제3호 참조) 정치나 당파의 선전 도구가 되어야 한다는 것을 용허할 수는 없다. 내가 예술지상주의니 상아탑이니 하는 따위 순수 문학 소아병을 배격하는 것은 동시에 문학을 정치의 예속물로 삼으려는 〈당의 문학〉을 거부하는 거나 마찬가지로 그것이 모두 문학 정신의 본령에 위배되기 때문이다.

그 다음 일제 시대에는 존재 이유가 있었지만 오늘날엔 의의가 없다는 견해에 대하여.

순수 문학이란 것이 정치나 현실과 담을 쌓은 상아탑류의 문학이라면—사실 이러한 문학이 존재할 수 있을까—이러한 것은 일제 시대고 오늘날이고 별로 시통한 존재 이유가 있다고 나는 생각하지 않는다. 그러나 문학 정신 그 자체를 해방된 오늘날이라고 존재 이유가 상실되었다고는 나는 볼 수 없다. 그러므로 〈문학 정신 본령정계의 문학〉—이것의 표어다.

순수 문학이란 것이 거북하면 본격 문학이라고 해도 그만이다―은 해방된 오늘날에도 역시 필요한 것이며 따라서 나는 이것을 주장하는 것이다.

마지막으로 순수 문학의 비순수성 내지 반동성 운운에 대하여.

〈문학 정신 본령정계의 문학〉 속에 정치적, 사회적, 민족적 현실성과 사상성이 문학적 생리로 구현되어 있을 때 이것을 가리켜 〈순수 문학의 비순수성〉이라고 〈문자를 쓰는〉 것은 위에서도 말한 바와 같이 어린애들의 잠꼬대에 지나지 않는 맹꽁이 놀음이다. 문학 정신의 본령이 인간성 옹호에 있다고 볼 때 오늘날과 같은 민족적 현실에서의 인간성의 구체적 앙양은 조국에나 민족혼을 통히여 발휘되어 있는 것이며 이것의 진정한 문학적 구현이야말로 문학 이외의 목적의식에서 경화(硬化)한 것이 아니라면―참된 순수의 정신에도 통해 있다고 하지 않을 수 없을 것이다.

이상과 같은 민족적 현실에서의 인간성의 구체적 발양(發揚)인 〈조국애〉나 〈민족혼〉을 가리켜 〈비현실성〉이니 또는 반동성이니 운운 하는 사람이 있는데 여기 〈반동성〉이라고 하는 것은 물론 〈반볼셰비즘〉이란 뜻이다. 공산당측에 의하여 사용되는 경우의 이 〈반동성〉이란 말은 볼셰비즘 이외의 모든 경향을 통칭한 대명사다. 예를 들면 가령 개성의 자유, 인간성의 오호, 조국애와 민족 정신, 참된 민주주의와 건실한 사회주의 등등이 모두 그것이다. 그러나 오늘날의 진정한 순수 문학은 이러한 공산주의의 획일적 공식적 기계관(메커니즘)과 독재성에 대항하는 개성의 자유와 인간성의 존엄을 전제하고 있으며 이것의 필연적 전개로서 〈제3휴머니즘에의 지향〉과 함께 새로운 인간형의 창조적 의욕에 불타지 않을 수 없는 것이다. 이러한 제3세계관적 각도에서는 유물사관의 기본이 되는 〈물질〉에서도 〈정신〉 이상의 실재성이 인정되지 않는 것이며 동시에 공산파의 저 기계관과 독재성 역시 봉건주의나 자본주의의 불합리성에 조금도 못하지 않는 비인간성으로 인정하는 것이다. 〈문학 정신 본령정계의 문학〉이 반봉건, 반자본과 함께 반볼셰비즘을 취하는 이유도 여기 있는 것이며 볼셰비키가 볼셰비키 이외의 모든 것을 가리켜 〈반동성〉이라고 하는 것도 그들의 풍속을 통하여 상상할 수 있는 일일 것이다.

 이상 나는 순수성의 본질에 관하여 대략 언급한 것이다. 오늘날과 같은 민족적 격동기에 있어 인간성의 구체적 발양이 나변(那邊)에 있는가 하는 것은 이로써 대개 이해할 수 있을 줄 믿으며 인간성 오호에 그 본령을 두는 문학 정신의 정계를 고수함으로써 〈당의 문학〉이니 〈상아탑의 문학〉이니 하는 정치주의와 순수 소아병을 하루바삐 극복하지 않고는 진정한 본격 문학으로서의 민족 문학의 수립도 성취될 수 없으리라고 생각하는 것이다.

문학과 정치

1

문학과 정치는 동일한 것이 아니다. 동시에 완전히 절연할 수 있는 것도 아니다. 정치와 문학의 관계는 긴밀한 것이 있다. 그렇다고 해서 그 어느 것이 그 어느 것에 예속될 수 있는 것도 아니다.

정치와 문학의 관계가 긴밀하지 않을 수 없는 것은 그것이 다같이 넓은 의미에 있어서의 인간 생활을 대상으로 하는 것이기 때문이다. 인간 생활이 없는 곳에 정치와 문학은 다 함께 있을 수 없다. 그러나 이 양자가 다같이 인간 생활을 대상으로 하고 있다고 해서 동일한 것이라 할 수 없는 것은 양자의 맡은 바 성격과 사명이 다르기 때문이다. 정치는 정치로서의 성격과 사명이 따로 있는 것이며 문학은 또한 문학으로서의 성격과 사명이 각각 따로 있는 것이다. 그것은 마치 종교와 철학이 양립할 수 있는 것과도 마찬가지이다. 종교와 철학이라고 해도 인간 생활이 없는 곳에 홀로 존재할 수 없는 것이니 이것도 역시 문학이나 정치와 마찬가지로 넓은 의미에 있어서의 인간 생활을 대상으로 한다는 점에 있어서는 매일반이다. 그럼에도 불구하고 그것이 모두 능히 따로 독립하여 있는 것은 그것들이 각각 인간 생활에 있어서 맡은 바 성격과 사명이 동일하지 않기 때문이다.

2

문학과 정치가 처음부터 동일할 리 없는 것이고 그 맡은 바 성격과 사명이 또한 같을 수 없다면 그럼에도 불구하고 가끔의 혼선 문제가 논의되는 것은 무슨 까닭인가? 그것은 첫째 문학 자체가 가진 바 성격의 종합성이 강대함에 기인한다고 볼 수 있다. 문학은, 특히 산문 정신으로 그 주축을 삼는 근대 문학은 그 본질에 있어 가장 종합적이란 것이 그 중요한 특성의 하나다. 그것은 특히 오늘날에 와서는 광범위한 인간 생활의 종합에서만 성취될 수 있는 것이다. 착잡 다단하고, 심각 미묘한 광범위한 근대 인간 생활 속에는 정치적, 경제적, 종교적, 철학적, 도덕적, 과학적 등등 모든 요소가 전부 다 용해되어 있는 것이며, 이러한 모든 요소가 종합적으로 용해되어 있는 광범위한 인간 생활을 대상으로 하는 근대적 산문 중심의 문학(특히 장편 소설에서)은 자연히 그러한 모든 요소를 종합적으로 유기적으로 포함하지 않을 수 없는 것이니, 그러므로 고대의 문학은 신화 전설의 유속(類屬)과 접근하여 있었고 중세의 문학은 신과 교단과 밀접할 수 있었고 근대의 문학은 이성과 자연의 세계에 침잠하여 있었고 다시 현대의 일부의 문학은 정치와 혼선될 수도 있었던 것이다. 이것은 모두 문학이 절대 광범위한 인간 생활의 종합적 산물임을 증명하는 것으로 그 시대 인간 생활의 중점이 혹은 신화적 미신의 세계에 혹은 신과 교단의 세계에 혹은 이성과 자아의 세계에 혹은 경제적, 정치적, 사회적 의식에 각각 편중되어 있었기 때문인 것이다. 이 사실을 가리켜 어떤 시대에는 문학이 신화에 예속되고 어떤 시대에는 정치나 경제에 각각 편중되어 있었기 때문인 것이다. 이 사실을 가리켜 어떤 시대에는 문학이 신화에 예속되고 어떤 시대에는 정치나 경제에 각각 예속된 것이라고 속단할 사람이 있을는지도 모르나 만약 그러한 사람이 있다면 그는 문학이 그 대상으로 하는 바 인간 생활의 종합적 성격이 무엇인지를 모르는 사람이다. 왜 그러냐 하면 시대마다 그 시대를 대표하는 주조가 있어 그것이 문학 작품에 반영된다는 것과 그것에 문학이 예속한다는 것과는 전혀 별개의 것이기 때문이다.

예하여 「파우스트」를 보더라도 이 작품은 근대 문학의 대표작이라 일컫는 만큼 그 근본 이념에 있어 자아와 이성에 치중된 것은 사실이나 그렇다고 해서 문학 이외의 그 어느 부문에 예속된 작품이라고 할 수는 없으며 거기는 철학도 있고 종교도 있고 과학도 있고 정치도 있으나 그것은 아무 데도 예속되어 있지는 않다.

3

오늘날 이 땅의 문학이라고 해도 인간 생활을 떠나 있는 것은 아니다. 인간 생활을 떠나 있는 것이 아니라면 오늘날 이 땅의 문학도 종교나 철학이나 과학과 절연할 수 없듯이 정치와 분리될 수도 없는 것이다. 다만 문제는 문학이 정치에 복무하느냐 문학은 문학의 자율성을 지키느냐 하는 데 있는 것이다. 오늘날 소위 좌익으로 지칭되는 문학가동맹에서는 그 기관지를 통하여 〈문학은 인민에 복무하여야 할 것이다〉 혹은 〈문학은 당의 문학이 되지 않으면 안 될 것이다〉(《문학》3호 참조)라고 주장하고 있는바 이 〈인민에 복무〉라든가 하는 것은 결국 문학의 정치에의 예속을 의미하는 것밖에 아무것도 아니다. 그리하여 이분들의 의견에 의하면 그것은 시대의 요청에 따라 어찌할 수 없다는 것이다. 즉 오늘날 조선으로 말하면 〈민주 진영〉이 세력을 잡나 〈파쇼 진영〉이 세력을 잡나 하는 민족 천년의 운명이 좌우되려는 시기인만큼 이 시대만은 문학도 정치 선전의 도구로서 동원되지 않을 수 없다는 것이다. 경시할 수 없는 형편이나 천박한 소견이다. 왜 그러냐 하면 〈시기〉가 비상한 시기하면 그만큼 비상한 인간 생활이 있을 것이다. 비상한 시기에 마땅히 있어야 할 〈비상한 인간 생활〉의 문학적 표현을 요구하지 않고 왜 하필 비상한 시기니까 문학은 〈인민에 복무〉해야 하며 문학은 〈당의 문학〉이 되어야 한단 말인가? 비상한 시기니까 비상한인간 생활의 문학적 표현을 달라는 말과 비상한 시기니까 문학은 당분간 정치에 예속되란 말과는 그 내용에 있어 운니지차(雲泥之差)요 그 정신에 있어 옥석지별(玉石之別)이 있다.

4

오늘날 일부 정치주의 문학도들에게 있어서는 정치 의식이 그대로 문학 의식으로 대치되어 있으며 또 이것이 가장 진보적 문학 사상인 줄 오해하고 있으나 이러한 왜곡된 견해는 멀지 않은 장래에 그들 자신에 의하여 비판되고 회개될 날이 올 것이다.

문학과 정치는 절연(絶緣)할 수 없을 뿐 아니라 밀접한 상호 관련을 가진 것이며 또 가지지 않을 수도 없는 것이다. 그러나 이것은 문학이 철학이나 종교나 과학이나 도덕이나 그 아무것과도 절연할 수 없을 뿐 아니라 밀접한 관련을 가져야 할 것과 마찬가지로 정치와도 그러해야 한다는 것뿐이다. 왜 그러냐 하면 우리의 인간 생활 속에는 그러한 모든 요소가 종합적으로 용해되어 흐르고 있기 때문인 것이다. 그 여러 가지 요소 가운데 그 어느 한 가지만을 부자연스럽게 과장하고 확대한다면 그 문학은 그만큼 편견적이며 기계적이며 단명적일 것이다.

  오늘날은 과연 민족 재생의 새벽을 맞이하여 정치적으로나 문화적으로나 다사다난할 때다. 사상의 분열, 국토의 단절, 당파의 알력 등이 격심한 이때에 이 착잡하고 심각한 인간 생활의 숭고한 문학적 형상을 내어놓으라. 이 착잡하고 심각한 인간 생활의 숭고한 문학적 형상 속에야말로 정치도, 철학도, 종교도, 도덕도, 과학도, 애욕도 모두 종합적으로 용해되어 유기적으로 호흡하고 있을 것이다. 그리고 그것만이 모든 이론과 시비를 초월하여 이 시대를 대표할 진정한 민족 문학으로서 다음의 역사에 의하여 계승될 수 있을 것이다.

독조(毒爪) 문학의 본질

― 김동석(金東錫)의 생활의 정체를 구명(究明)함

  김동석 군에 대해서 내가 무어라고 말을 한다는 것은 쑥스러운 일 같다. 해방 이후 군은 수차 내 이름을 들어 욕설을 걸쳐왔으나 나는 묵살하여 왔다. 나는 그에 대하여 별반 흥미가 없고 따라서 그다지 아는 것도 없다.
  1940년에서 1945년까지 5,6년간 나는 붓을 꺾었으므로 그 기간에 있어 누가 무슨 짓을 했는지도 잘 모른다. 그 기간에 존속된 수 개의 정기간행에서는 〈일제〉를 찬미하는 글 이외에는 단 한 토막의 잡문도 게재될 수 없었다는 사실에 비추어, 나는 그 기간에 조선 문단이 존속되었다는 것을 인정하지 않는다. 그러므로 그 기간에 있어 어느 대가가 어떠한 글을 지어서 일인(日人)의 신임을 확보하기에 급급하였다든가, 어느 중견이 어느 일인에게 어떠한 아첨을 해서 이 대가를 넘어뜨리고 연맹의 패권을 잡아보려고 어떠한 활동을 했다든가, 또 어느 신인이 이상의 대가와 중견들과 겨루어 연맹의 간사나 상무 같은 것이 되려고 얼마나 심각한 암투와 잔인한 모략을 감행하여 왔다든가 하는 것들에 대해서는, 1945년 12월, 열두 해 만에 내가 다시 서울에 발을 대이게 되었을 때까지 전혀 백지였으며, 따라서 김군의 문장을 처음으로 접하게 된 것도 해방 이후부터다.

내가 김군과 처음 만난 것은 1946년 봄 안국동 네거리 근처에서였다. 그즈음 그는 《상아탑》이란 조그만 잡지를 내고 있었으므로, 나는 이미 그에 대한 약간의 예비 지식을 가지고 있었고, 그 뒤 한두 번 그와 더불어 이야기한 일도 있었는데, 그때 군은 자기가 대학 졸업을 했다는 것과, 영어를 할 줄 안다는 것과, 정치에도 경험이 있다는 것과, 하지 장군과 면회도 했다는 것과, 순수 문학이란 시면 시, 소설이면 소설 그 어느 한 가지만 하는 것이라는 것과 대개 이러한 따위의 말을 수다스레 늘어놓던 것을 나는 지금도 기억하고 있다. 그밖에 그는 이따금씩 현민이나 춘원의 이름을 인용하여 욕설을 걸치고는 만족해 하는 모양이라든가, 또, 그에게 있어서는 십 년 혹은 이십 년 선배들의 이름을 〈아무개〉〈아무개〉하고 부르며, 잘하면 나는 〈아무군〉이라고 부를 용기까지도 있다는 듯이, 그러한 칭호법에 까닭 모를 일종의 자랑 같은 것을 깨닫곤 하는 꼴이 흡사한 이십 년 전의 내 자신의 문학 소년 시절을 연상케 하여, 나로 하여금 남모를 고소를 금할 수 없게 하는 것이 있었다.

문학과 인간 143

김군은 이번에도 「순수의 정체」란 글의 허두를, 〈현민이나 춘원이 재사이듯이 김동리 군도 재사다〉 하는 투로 시작하였다. 근신 중의 현민이나 춘원이 백일하의 올빼미(혹은 부엉이)란 것은 누구나 다 잘 안다. 그들의 저주받은 안공(眼孔)이 덤덤히 태양을 거절하고 있는 동안 군의 독조(毒爪)는 한번이라도 더 그들의 얼굴을 할퀴어 피를 내어줌으로써 석일(昔日)의 원을 풀어 보자 하는 것이 그 하나요, 그 다음엔 해방 이전 십여 년간의 문단 사정에 정통치 못한 일부 독자들에게 김동리에 대한 모종의 착각을 일으켜주자는 것이 제2의 음모인 듯하다. 그리고 이렇게 되면 그에게 무슨 이익도 있는 모양이다. 그것도 좋다. 이익이 있는 일이거든 무엇이든 하라. 내 얼굴에 피를 내어서 군의 인생과 문학에 얻는 깃이 있겠거든 군은 시슴지 말고 몇 번이든지 군의 그 독 있는 손톱으로 나의 두 볼과 콧잔등을 할퀴라. 그리하여 군은 사양 없이 나에게서 모든 원하는 것을 가지라. 하필 문인에 국한할 것이 아니라면, 이미 해외 열사들이 환국한 오늘날 삼천만 겨레 가운데는 진실로 더 깨끗한 사람이 있음을 나는 믿고 있는 것이며 내가 춘원이나 현민이나 혹은 군보다 좀 더 깨끗했대서 짜장 이것을 내세워 남의 얼굴을 할퀴는 경우와 군 자신의 얼굴을 할퀴는 경우가 있다면 군은 그 어느 편이 군에게 좀 더 〈플러스〉(이득이란 말을 대체해도 좋다)될 수 있다고 생각하는가.

군이 툭하면 내세우곤 하는 그 유물론의 원리에서는 물론 전자에게 이득이 있다고 생각되리라. 혹은 군의 기교(技巧)한

궤변에서는 양자 동일이란 해답을 내릴 수도 있으리라. 이 모두 군의 자유다. 다만 내가 지금 여기서 군을 한 사람의 문학도로서 상대하고 있다는 것을 잊지 않아야 한다.

김군은 〈문학을 위해서 문학을 하는 것이 아니라 생활을 위해서 문학을 한다〉고 주장을 한다. 비록 묵은 말이라 할지라도 지금이라고 해서 이 말 자체에 그다지 깊은 죄가 있는 것은 아니다. 다만 그 자신은 무엇을 가리켜 〈생활〉이라고 부르는가가 문제다. 때 늦게 유물론자의 아류가 된 그는 으레 〈빵을 구하기 위하여 싸우는 것〉이라고 할 것이다. 그것도 좋다. 그러나 여기서 우리는 다음의 사실을 잊어서는 안 된다.

딱따구리(탁목조)는 그의 〈빵〉〈벌레〉을 구하기 위하여 고목 둥치를 찢고 있는 동안 별나게 그의 주둥이가 발달되고, 수탉은 그의 생식을 위하여(혹은 썩은 곡식알을 찾기 위하여) 땅을 허비는 동안 양쪽 발톱이 유달리 발달되었다는 현상이다. 해방 전의 군이 춘원, 현민, 회월, 재서 등을 시기하고 해방 후의 군이 상허, 지용, 임화 등을 비예(睥睨)한 것이 모두 군의 〈빵〉과 생식을 위해 싸운 것이라면 나는 전기 딱따구리나 수탉에 경의를 표해야 할 것과 마찬가지로 군에게도 마땅히 경의를 표해야 할 것이다. 왜 그러냐 하면 인류는 아직 〈빵〉을 완전히는 해결하지 못한 채 있고 나는 우리의 이 비통한 운명 앞에 무관심할 수는 없기 때문이다. 그러나 주의할 것은 우리는 결코 거기 머물러 있지는 않았다는 것이다. 그리고 또 딱따구리의 주둥이나 수탉의 발톱이나 김동석의 손톱들이 문학인 줄 착각해서는 아니된다는 것이다. 왜 그러냐 하면 문학이란(혹은 일체의 정신 문화란) 인류가 〈빵〉을 구하기 위하여 싸우는 것만이 인류의 생활이 될 수 없다는 데서 인류는 거기만 머무를 수가 없다는 데서, 아무리 예리하고 지독한 손톱을 가질지라도 필경 딱따구리의 주둥이나 수탉의 발톱에 지나지 못한다는 데서 출발하였고 결실하였기 때문이다. 오늘날의 인류는 이미 금수가 일찍이 가지지 못하던 찬연한 정신 문화란 것을 가지게 되었으며 군이 아무리 궤변을 펴더라도 이것은 이미 딱따구리의 주둥이나 수탉의 발톱이나 군들의 손톱에서 얻어진 것은 아니다. 〈빵〉을 구하기 위하여 싸우는 〈싸움〉 이상의 것이 여기엔 있다. 〈사랑〉과 〈창조〉와 〈구제〉와 〈영원〉이 여기시만 있을 수 있었다. 그리고 이 사실은 적어도 다음의 세 가지를 명백히 증명해 주고 있는 것이다.

첫째, 인류는 금수 이상의 〈생활〉을 가질 수 있다.

둘째, 문학은 인류가 가질 수 있는 금수 이상의 생활에서 창조된다.

셋째, 빵을 구하기 위하여 싸운다는 사실 그 자체만에서 인류와 금수의 우열은 규정되지 않으며, 여기서 문학이 나올 수는 없다.

이상의 논거에서 나는 군의 〈생활〉과 〈문학〉이란 용어에 대하여 다음의 세 가지 중 그 어느 한 가지를 군에게 논고할 수 있게 된 것이다.

첫째, 〈빵〉을 구하기 위하여 싸우는 것은 생활이 아니다.

둘째, 문학은 생활을 위하여 하는 것이 아니다.

셋째, 김군이 문학이라고 믿는 군의 독조는 문학이 아니다.

이상의 세 가지 중 첫째 조항을 인정하는 것은 군이 지금까지 신주단지같이 위해 온 유물론을 배반하는 결과가 된다. 둘째 조항을 인정한다면 그가 지금까지 얽어놓은 생활과 문학에 대한 일체의 논리를 포기해야 한다. 셋째 조항을 인정하려면 그의 독조가 남의 낯을 할퀴기보다 자기 자신을 할퀴는 데서만 군의 인생과 문학에 기여할 수 있다는, 군에게 있어 가장 어렵고 또 가장 중대한 일이기도 한 것이다.

그의 독조가 문학이 못 된다는 가장 단적인 실례로 우리는 군의 작가론(시인론을 포함) 몇 편을 들 수기 있다. 군이 쓴 시, 수필, 평론하는 수종의 문장 가운데서 비교적 우수한 편이라고 하는 상허, 지용, 임화, 현민 등에 관한 소위 작가론이란 것을 읽어보면, 어느 정도 문장이 명랑하고 조리가 통하고 논봉이 예리하여 우선 읽어내리기엔 여간 경쾌하지 않다. 그러나 다 읽고 나면 아무것도 머릿속에 〈오는 것〉이 없다. 어느 잡지 구석에서 그들에 관한 몇 줄의 〈가십〉을 읽고 났을 때와 아무 것도 다를 것이 없다(군도 이 점을 삼고(三考)해야 한다). 그것은 그의 손톱에서 산출된 문학이기 때문이다. 손톱에서 규정된 생활이며 손톱을 위한 문학이요, 또 손톱에서 종결된 인생이기 때문이다. 군의 손톱이 남의 낯을 할퀴기보다 군 자신을 할퀴란 말은 군에게 군의 손톱을 포기하란 말이 아니라, 〈빵〉을 구하기 위한 손톱이기보다〈빵〉을 극복하기 위한 손톱이 되란 뜻이다. 군의 예리한 손톱이 군 자신의 피를 묻히지 않는 한 군의 손톱은 영원히 논리─빵의 극복을 위한─를 가지지 못하리라. 군의 손톱이 영원히 논리를 가지지 못하는 한 군의 손톱은 영원히 딱따구리의 주둥이, 수탉의 발톱에서 머무르리라. 손톱의 문학이냐 심장의 문학이냐의 문제가 아니라, 사람이 되느냐 금수에 그치느냐의 문제다. 다시 말하거니와 나는 온 인류에게 부하된 금수적 문명의 일면을 부인함이 아니다. 그러나 우리의 존경할 만한 선조들은 족히 이 운명을 극복할 수 있었고, 오늘날의 우리들도 또한 이것을 극복하고 있는 것이다. 군이 그 독조에 집착하여 한 마리 딱따구리에 머무르려는가, 그것을 극복하려는 지향에서 진정한 문학을 가지려는가 하는 것은 군의 장래에 속하는 일이거니와, 다만 군의 치기가 군의 멸망을 초래하지 않기를 희망한다.

그는 「기독의 정신」이란 글에서 기독을 오늘날 이 땅의 하나의 볼셰비키 청년으로 결론을 지어 놓았다. 그러나 우리가 이해할 수 있는 기독군은 〈거짓 증거한〉 바 그러한 볼셰비키 청년이 아님은 물론, 또 유물론자도 정치 운동자도 아니다.

〈시저의 것은 시저에게 하느님의 것은 하느님에게 바치라〉고 한 기독의 이 〈하느님〉이란 말에 군은 언급할 수 없었다. 기독에게 있어서는 그 전체적 체험의 핵심이요 〈절대절명〉의 실재였던 〈하느님〉이 김군에게 있어서는 한토막 정치적 어휘로밖에는 더 이해될 수 없었던 것이다. 여기에 군의 손톱에서 빚어진 기독과 〈하느님〉을 발견하고 〈하느님〉을 사랑하고 〈하느님〉에 귀의할 수 있던 〈하느님〉의 체험자로서의 기독과의 차이가 있는 것이다. 기독에게 있어서의 생활의 핵심은 〈하느님〉에 있었고 그 실천은 〈사랑〉에 있었고 그 구경은 구원에 있었으나, 군들의 생활의 핵심은 〈빵〉에 있고 그 실천은 손톱에 있고 그 구경은 딱따구리에 돌아가는 길이 있을 뿐이므로 군과 기독과의 사이엔 언어의 통로가 열려 있지 않은 것이다. 군은 기독의 정신에서 우리가 추출할 수 있는 백 가지 요소 가운데서 가장 중요하지 못한 그 한 가지만을 끌어내어 백 배로 확대하여(다른 구십구는 어둠 속에 묻어 두고) 일개 볼셰비키 청년으로 위장을 시켰으니 이 경우 군의 손톱에 할퀴어지는 대상은 기독이 아니라 〈볼셰비키〉 그 자체란 것을 군은 잘 모르고 있을 것이다. 군이 〈빵을 구하기 위하여〉는 언제 또 〈기도〉의 위치에다 〈전룡해(全龍海)〉를 끌어올는지 모를 노릇이 아닌가. 군의 생활의 핵심은 〈하느님〉이나 〈인간혼〉(휴머니티)의 발견 앙양에 있는 것이 아니므로 군이 만약 〈빵을 구하기 위하여〉 필요하다면 〈기독의 정신〉 대신 〈백백교(白白敎)의 정신〉도 족히 쓸 수 있을 것이며 군의 기교한 논리는 이번에도 〈백백교〉가 가진 백 가지 성질이 요소 가운데 구십아홉 가지를 어둠 속에 묻고 그 한 가지만을 백배로 확대하여 오늘날의 볼셰비키와 부합시켜 놓지 않으리라고 그 누가 여기서 단언할 수 있겠는가. 기독을 오늘날의 볼셰비키 청년으로 〈거짓

증거〉한 김군은 그 같은 손톱으로 오늘날의 김동리를 〈정저와〉와 〈손오공〉으로 할퀴려 하였으나 오늘날엔 〈기독〉으로 위장시킨 볼셰비키를 언제 다시 〈백백교〉로 변장시킬는지 모르듯 오늘날의 〈정저와〉와 〈손오공〉은 언제 또한 〈기독〉이 되고 〈혁명가〉가 될는지도 알 수 없는 노릇이다.

군의 문장은 언제 읽어도 경쾌하고 조리 있다고 생각하면서도 다 읽고 나면 으레 사오 행의 〈가십〉을 읽고 난 듯한 인상밖에 얻을 수 없는 것은 군이 심장에서 솟는 피와 영혼의 호소 없이 손톱으로 문학을 하고 있기 때문이다.

군의 생활의 핵심이 〈빵〉에 있고 군의 그 독 있는 손톱이 〈빵〉을 구하기 위해서—극복하기 위해서가 아니고—만 있는 동안 군은 〈문학〉과 〈생활〉이란 어휘의 참된 뜻을 체득할 수는 없을 것이다.

4부

- 문단 일년의 개관
- 당(黨)의 문학과 인간의 문학

문단 일년의 개관
– 1946년도의 평론, 시, 소설에 대하여

1

지금까지 시, 소설, 평론을 부문별로 각자가 이것을 검토하는 방편을 썼다. 그것도 일리 있는 일이다. 그러나 각 부문의 유기적 관련과 상호 관련의 연쇄성을 포착하기 위해서는 한 개 통일된 시각에서 이를 고찰하는 것도 의의 있는 일이라 생각하고 자기의 일년간의 이에 대한 관심의 결과를 다음에 약술해 보려 한다.

2 세 가지 조류 – 평론계

금년 일년간의 모든 문학 활동을 검토하여 보면 모두가 같은 〈민족 문학〉이란 기치 아래서 그 내용과 성격과 목적을 달리하는 세 부류의 경향이 있었다는 것을 알 수 있다. 애국 문학, 계급 문학, 순수 문학 이 세 가지가 그것이다.

이상 세 형태로 구분한 것은 물론 편의상 그 대체적 윤곽을 지적한 것임에 불과한 것이요, 그 실질에 있어서는 상호 혼선이 없는 바도 아니다. 특히 애국 문학과 순수 문학은 같은 민족 정신이란 일종 휴머니즘을 기조로 하여 같은 문학을 지향하는 점에 있어 다분히 공통적 요소를 내포하고 있으며 또 계급 문학 부류에 속한 문인의 작품 중에서도 애국적 또는 순수적 경향을 띤 것이 아주 없는 바가 아니다.

이러한 혼선과 상동은 시 작품에 있어 특히 빈번하였고 그것이 소설에서 평론으로 나갈수록 점차 예각적 대립을 보인 것이 사실이며 이것은 흥미있는 현상이기도 하였다.

그 조직 벽두에 인민공화국 지지를 선언하여 긴급동의로서 〈인공〉 부인에 관한 하지 성명의 반대를 결의한 문학가동맹(이하 〈문맹〉으로 약칭함)에서는 2월 8일 전국문학자대회란 것을 열고 다음과 같은 결정서로써 민족 문학 수립을 제창하게 되었다.

> 2. 본대회는 조선 문학의 기본 임무와(〈와〉는 〈가〉의 오식인 듯 – 동리) 민족 문학의 수립에 있음을 인정하고 일본 제국주의적

문화 지배의 잔재와 봉건주의적 유물의 청산이 당면 과제임을 지적한다.
5. 그러나 조선의 민족 문학 수립 과정에서 새로이 봉착하는 국수주의적 경향의 투쟁을 승리적으로 수행하지 아니하면 조선 문학의 민주주의적 건설과 발전은 중대한 위험에 빠질 것을 경고한다.

동대회 결정서의 요지는 이상에 인용한 두 항목에 들어 있다는 것은 자타가 공인하는 사실이며 이것은 또 임화 씨의 「조선에 있어 예술적 발전의 새로운 가능성에 관하여」란 논문의 내용과는 전적으로 동일한 논지다. 임씨는 동논문에서 다음과 같이 말했다.

첫째로 문화 또는 예술의 영역에 있어 일본 제국주의가 지배하던 흔적을 일소해야 할 것.
둘째로 종래로부터 우리의 문화적 예술적 발전의 장애물이 되어 오던 문화와 예술 위에 남아 있는 봉건적 잔재를 청산할 것.
셋째로 새로운 건설에 있어 외국 문화의 섭취와 고전의 정당한 계승을 방해하는 국수주의적인 경향을 배제할 것. 이리하여 건설될 문화와 예술은 자연히 민족 문화 내지 민족예술이라고 규정하게 된 것이다.

일견 이 말은 지당한 것 같고 명석한 것 같고 합리적인 것 같긴 하다. 그리하여 상허 같은 이도 「해방 전후」란 소설을 통하여 〈현은 그들의 태도와 주장에 알고보니 한 군데도 이의(異議)

를 품을 데가 없었다〉고 고백하였다. 그러나 진실로 문학을 할 수 있는 사람에게는 이런 말이 얼마나 참으로 문학하는 것과 노리(路離)가 먼 것인가를 즉각적으로 알게 될 것이다. 요컨대 이 말엔 생명이 없다. 사랑이 없다. 참회가 없다. 여기에는 생명 있는 문화나 예술이 창조될 만한 아무런 근거도 가능성도 없다. 〈일제〉의 흔적을 일소하자, 봉건 잔재를 청산하자, 국수주의적 경향을 배격하자, 모두 지당한 말이다. 파괴와 부정의 정치적 대상을 이렇게도 선명히 제시한 〈문맹〉이 〈민족 문학〉의 건설과 창조에 대해서는 일언반구의 구체적(사실적) 제시가 없다는 것은 대체 무엇을 의미하고 있는가? 우리는 파괴와 부정에 있어서는 누구나 다 천재일 수도 있다. 그러나 보다 더 창조와 건설에 성실치 못한다면 그러한 천재는 인류의 적이다.

이상 3조항의 파괴의 목적을 제시하고 난 임씨는 그리고 나면 자연히 〈민족 문화 내지 민족 예술〉이 수립된다는 것이며 대회 결정서에는 〈자연히〉란 말 대신에 〈민주주의〉란 말을 갖다놓았다. 이 〈민주주의〉란 말이 이즈음 공산 계열의 삼류 논객들이 상투 수단으로 쓰고 있는 저 다수 사이에 혼란을 일으키려는 불순한 문자가 아니라면 왜 그 구체적 목표와 예술적 내용을 저 3조항의 파괴의 경우와 같이 지적하지 못한단 말인가. 씨들의 흉중에 있는 것이 〈민주주의〉가 아니라 〈볼셰비즘〉이었다는 것은 그 뒤의 일년간의 문학적 또는 정치적 실천에 의하여 너무도 역력하게 나타난 바와 같거니와 바로 볼셰비즘을 표방했던들 볼셰비즘으로서의 발전과 건설의 구체적 제시는 전자 파괴의 경우와 같이 또한 가능했다는 것을 우리들은 잘 알고 있지 않은가.

이것이 이 땅에서 족출 연발(簇出連發)하는 유치한 삼류 정당 취의서나 또는 무슨 기본 정책이니 하는 따위 같으면 모르지만 그리고 이것이 임씨 개인의 의견에 끝난다면 또 모르지만 적어도 전국 문학인이란 이름 밑에서 요렇게 조그만 로직(Logic)의 희롱과 시정적 상식에 시종했다는 것은 후인을 위하여 부끄러운 일이다. 오늘날 우리가 경위에 맞는 말, 이치가 그럴듯한 말을 만들어내는 것은 용이한 일이다. 그러나 그보다도 필요한 것은 피폐하고 불행한 이 민족을 우롱하지 말아야 한다는 것이다. 그리고 파괴나 부정보다 건설과 창조가 필요하다는 것이다.

가령 오늘날 공산 계열의 정객 문인 제씨가 철칙같이 구가하고 있는 저 〈부르주아 민주주의 혁명의 단계〉란 박헌영 씨의 테제를 예로 들어도 좋다. 우리는 이러한 명제의 공식성을 제외한다면 이것이 가지는 바 기본 정신의 일면적 타당성까지 이를 거부하려는 것은 물론 아니다. 다만 문제는 실제에 있어 박씨 계열의 공산 진영이 〈부르주아 민주주의 혁명〉을 실천할 용의가 있느냐 없느냐 또 그 가능성이 있느냐 없느냐 하는 데 있는 것이다. 이에 대한 해답을 가장 웅변적으로 가장 과학적으로 증명해 주고 있는 것이 박씨 일파의 이론을 그대로 실천하고 있는 삼팔 이북의 현상이다.

〈문맹〉 소속의 문인 제씨는 오늘날 삼팔 이북의 현상을 , 저

토지혁명을 시작으로 하여 감행된 계급혁명을 어떻게 생각하는가. 박헌영씨 자신이 대답해도 좋다. 삼팔 이북의 토지혁명을 박씨는 부르주아 민주주의 혁명이라고 생각할 수 있는가? 그 기본 정신에 있어 완전 배치되어 있다고는 생각하지 않는가? 부르주아 민주주의란 주지하는 바와 같이 저 18세기 당시의 신흥 시민계급이던 부르주아 계급이 공후 귀족 계급의 봉건 세력을 타도하여 정치 세력의 주체로 군림했던 것이 만인의 상식이라면 오늘날 이북의 토착 부르주아로 간주하는 지주층을 경제적으로 타도하고 일어난 신흥계급이란 근대적 공업 국가로 그 비약적 발전을 선전하는 저 소련 국가의(군사적) 진주를 의미 하는 것인가 그렇지 않으면 만주에서 혹은 북쪽에서 가산과 수지품을 송두리째 박탈당하고 남루하게 귀환한 저재(戰災) 동포들을 의미하는 것인가? 경제적으로 지주층을 압도할 만한 신흥 계급이 없는 곳에 부르주아 민주주의 혁명이란 아예 불가능하다는 것은 박씨 자신이 잘 알고 있지 않은가? 나는 물론 여기서 무산 계급 혁명 그 자체의 시비에 언급하려는 것은 아니다. 요는 계급 혁명을 실천하는 데 왜 하필 〈부르주아 민주주의 혁명〉의 간판을 차용하여야 했으며 또 하고 있느냐 하는 것이다. 이 문제에 관해서는 지면을 달리하여 다시 언급하려 하거니와 내가 여기서 하필 이러한 정치적 사실을 예거한 것은 다음의 세 가지 이유로서다. 첫째는 박씨 자신이나 또는 상기의 대회 결정서를 제작한 〈문맹〉 제씨들이 전력을 다하여 이러한 민족적 비상 시기엔 문학과 정치가 별개의 것일 수 없을 뿐 아니라, 문학은 정치에 예속되어야 한다고 입이 닳도록 강조 역설하고 있기 때문이요 둘째로는 단적으로 그 명확한 구체적 사실을 인증하려 하는 것이다.

그밖에 또 한 가지는 〈부르주아 민주주의〉 정신과 〈문맹〉에서 규정하는 바 소위 〈민족 문학〉이란 것과는 그 역사적 개념에 있어 완전히 동일한 범주에 근거해 있기 때문이다. 우리의 일반적인 개념으로서의 민족이라면 일정한 지역과 혈연과 언어와 역사와 습속에 있어 어떤 특수한 공통적 운명을 지닌 생활군을 의미하는 것으로 저 18세기의 팽배한 민족 의식이란 그러한 고유 의식의 앙양 혹은 강화에 불과한 것이라고 생각하는 것이나 〈문맹〉 일류(一流)의 해석으로는 민족적 개념이란 부르주아 민주주의 혁명과 함께 생긴 것이라고만 보는 것이니 이건 이원조 씨의 다음의 일절에서도 넉넉히 짐작할 수가 있는 것이다. 씨는 「민족 문화 건설과 유산 계승에 관하여」라는 논문 속에서 이렇게 언명하였다. 〈민족이란 개념은 시민 사회의 발생과 함께 생긴 개념이고 봉건 사회에는 없었던 것이다.〉 이 문제에 대해서는 고(稿)를 달리하여 다시 언급하려 하거니와 앞의 〈부르주아 민주주의 혁명의 단계〉란 말에 대해서와 마찬가지로 이 말의 공식성을 배제한다면 일면의 이유를 거부하려는 것도 물론 아니다. 여기서 내가 물으려는 것은 박씨의 부르주아 민주주의 혁명의 단계와 〈문맹〉의 〈시민 사회의 발생과 함께 생긴 개념으로서의〉 소위 민족 문학과의 두 가지 명제가 똑같은 역사적 개념으로 규정되어 있다는 사실이 같은 메커니즘의 공식성에 의한 것인가 또는 〈당〉의 문학으로서의 임무를 수행하기 위하여 의식적으로 박씨의 테제에 호응한 것인가 하는 것이다. 이에 대한 우리의 의혹을 더욱이 강요하는 것은 그 명제에 있어 이미 그럴 뿐 아니라 실천에 있어 또한 이와 표리일체의 현상을 정출(呈出)했다는 사실이다. 박씨들이 정치적으로 〈부르주아 민주주의 혁명의 단계〉란 테제를 내걸고 프롤레타리아 계급혁명을 실시한 것과 똑같이 〈문맹〉에서는 상기한바 민족 문학이란 기치 아래서 철두철미 계급문학을 실행한 것을 우연한 일치라고만은 볼 수 없다.

　민족에 물론 계급성이 없는 바는 아니다. 문제는 언제나 포인트의 여하에 있는 것이며 한 작가 혹은 한 작품의 문학적 주체 의식이 민족에 있느냐 계급에 있느냐 하는 것으로 민족 문학과 계급 문학의 포인트는 결정되는 것일 때 〈문맹〉계 평론가 제씨는 이러한 의미에 있어 과연 민족 문학에 해당한다고 생각하는 작품 한 개를 제시할 근거가 있는가? 우리는 모든 웅변과 공식적 논리를 버리고 이 엄연한 사실 앞에 좀 더 냉철한 이성을 회복할 필요는 없을까? 모든 정치적 감정 문제를 버리고 진정한 문화인의 양심으로써 이에 대처할 자기 비판과 반성을 가질 필요는 없을까.

　〈부르주아 민주주의의 단계〉란 명제 아래서 무사계급 혁명을 단행한 박헌영 씨의 정치적 현실과 〈민족 문학 수립〉이란 간판 밑에서 기실 계급 문학을 실천하는 〈문맹〉 간부 사이에 어떤 특수한 정치적 관련과 묵계가 맺어져 있는 것이 아니라면 그리고 또 자기 자신도 제어할 수 없는 일종 풍조적(風潮的)인 감정적 격류에 휩쓸렸던 것이 사실이라면 대담솔직하게 이것의 수술을 강행하지 못할 이유가 어디 있단 말인가.

이와같이 민족 문학이란 이름을 전적으로 계급 투쟁의 정치 목적에 이용한 〈문맹〉 일파의 계급 문학에 대립한 민족 문학을 민족주의 문학으로 보려는 일련의 문인이 있다. 중앙문화협회, 문필가협회 계통의 김광섭, 이병기, 김동인, 함대훈, 박종화, 양주동, 이헌구, 오종식, 정래동, 오상순, 변영로 제씨들의 평론, 수필 등에 산견(散見)되는 〈민족 의식〉 혹은 〈민족 문학〉의 개념은 완연히 민족주의 정신에 입각해 있으며 이것은 물론 국수주의와는 당연히 구별되는 건실하고 자위적, 순정적인 것이긴 하나 그 내용에 있어 너무나 단편적이요 또 세계관의 논리적 체계를 갖지 못한 것이 일반적인 폐단이다. 박종화 씨는 「민족 문학의 원리」란 일문에서 예의 솔직한 말솜씨로 〈이곳에 비로소 강대 민족과 약소 민족의 대립이 발생되는 것이요 약소 민족은 민족적 독립을 획득하기 위하여 민족주의의 깃발을 들고 민족 운동을 일으켜 강대 민족과 투쟁하고 몸부림치고 반항하는 것이다〉 하고 나서 다시 〈우리들의 2세에게 충무공의 소설을 지어 읽혀 주자, 우리들의 딸에게 논개의 희곡을 써서 읽혀 주자……〉 운운으로 결론을 지었다.

이상의 인용에서도 엿볼 수 있는 바와 같이 지극히 평범하고 소박한 말 가운데 지극히 건실하고 원칙적인 진리의 일면이 파악되어 있다.

김광섭 씨는 「시의 당면한 임무」란 일문에서 현재의 저 삼팔선 제거를 위하여 전민족적 역량을 기울여야 할 것을 절규하여 다음과 같이 말하였다.

〈시건 소설이건 경제건 과학이건 그 어느 것 할 것 없이 오늘의 우리에게 있어서는 모두 다 국가적 이성과 감정의 앙양과 귀일에 전심하지 않을 수 없으며……〉 운운. 국토 분단에 대한 비분강개와 정신 분열에 대한 심려와 격노는 지면에 약동하는 바 있다.

이와같이 양씨가 모두 그 애국 정열에 있어서는 독자의 폐부를 찌르고 있으나 하나의 문학 이론들로서는 통틀어 단편적이요 체계성이 결여되어 있음을 우리는 솔직히 지적하지 않을 수 없다.

이상 살펴본 두 가지 경향 즉 계급 문학으로서의 소위 민족 문학과 애국 문학으로서의 민족 문학 이외에 다시 청년문학가협회 계통의 유치환, 서정주, 최태응, 조지훈, 김광주, 김송, 박두진, 박목월, 김달진 제씨들을 중심한 순수 문학 혹은 본격 문학으로서의 민족 문학이 있다. 오늘날 논의되는 순수 문학이란 일부 천박한 인사들 속에서 곡해 선전되는 바와 같이 정치나 사회나 기타 여러 가지 현실적 문제를 문학적 대상으로 기피한다든가 경원한다든가 하는 것이 아니라 충분히 이를 포용하되 끝까지 문학의 자율성을 확보하여 이러한 모든 정치적, 사회 목적 의식에의 예속과 도구화의 경향에서 구출하여 이것의 주체를 추진시키려는 것이다. 그러므로 순수 문학을 그 소극적 일면에서 예술지상주의나 탐미주의로 보는 것이 아니고 현재와 같은 혼란의 과도기의 현상에서 흔히 볼 수 있는 목적 문학의 발호에서 문학 정신의 주체성을 엄수하려는 본격 문학으로서의 순수 문학을 이르는 것이다. 외람되나마 졸문 「순수 문학의 진의(眞義)」란 일절을 인용케 한다면 〈순수 문학이란 한마디로 말하면 문학 정신의 본령정계의 문학이다. 문학 정신의 본령이란 물론 인간성 옹호에 있으며 인간성 옹호가 요청되는 것은 개성의 향유를 전제한 인간성의 창조 의욕이 신장되는 때이니만큼 순수 문학의 본질은 언제나 휴머니즘이 기조(基調)되는 것이다. …… 이와같이 민족 정신을 민족 단위의 휴머니즘으로 볼 때 휴머니즘을 그 기본 내용으로 하는 순수 문학과 민족 정신 그 자체가 기본되는 민족 문학과의 관계란 본질적으로 이미 별개의 것일 수 없다.〉

그러면 그 〈휴머니즘〉의 역사적 근거는 어떠한 것이냐 하는 것은 여기다 그것을 장황히 인용할 수도 없거니와 이 휴머니즘을 통해서 민족 문학이란 본격 문학으로서의 성립이 가능할 뿐 아니라 당연히 천명해야 할 과제가 아닐 수 없는 것이다.

이러한 민족 문학의 논제를 떠나서는 백철 씨의 문학과 정치에 관한 논의와 홍효민 씨의 농민 문학 문제에 관한 문장이 있었다.

이상 나는 그 논지만을 좇아 각 부류의 문학적 경향을 개관하였거니와 그 양과 기회에 있어 애국 문학으로서의 민족 문학이라든가 순수 문학(또는 본격 문학)으로서의 민족 문학에 대한 이론은 극히 미미하고 부진했던 것이 사실이며 외관상으로 보아서는 이 양자는 소위 민족 문학에 의하여 완전히 압도되고 유린되어 있었다고 함이 옳을 것이다.

3 혼미 저조의 습작 수준 – 소설계

금년 한 해 동안의 시, 소설, 평론 세 부문의 문학 활동 중 가장 저조 부진했던 것이 소설 문단이다. 양으로도 그렇거니와 무엇보다도 질의 수준 문제다. 어느 경향을 막론하고 그래도 이만하면 하고 오늘날의 이 땅 소설 문학의 수준을 이야기할 만한 단 한 편의 작품을 깆지 못했다는 것은 맹성(猛省)을 요히는 사실이다. 평론에 있어서는 그 정신적 가치는 제2 문제로 하고 어쨌든 표면상 왕성했던 것이 사실이며 시에 있어서는 조선 문학 발생 이래의 성황이었음에 불구하고 유독 소설진(陣)만이 혼미 저조했다는 사실은 무엇에 기인하는 것일까? 그 이유에 관해서는 나중 시단을 말할 때 다시 언급하려 하거니와 내가 다음에 예거하는 몇 편의 작품이라고 해도 작품 자체의 예술적 가치에 있어 논의의 대상이 됨직하다는 것은 아니다.

소설가로서 한 해 동안 제일 말썽이 많았던 사람으로는 이태준 씨를 들 수 있다. 그것은 첫머리 쓰다 둔 신문 장편인 『불사조』나, 단편 「해방 전후」의 어느 작품을 두고가 아니라 이태준이란 인간 전부와 그의 과거의 예술 전부가 논의의 대상이 된 것이다. 씨는 세인이 주지하는 바와 같이 최근 이십 년 동안 현역 작가로서 인간적 기질로나 예술적 본질로나 그것에 일관되어 온 민족적 의식에 있어 문단적으로 또는 일반 사회적으로 어느 정도 신임과 사랑을 받아왔던 것이 사실이다. 그의 인간과 예술의 본질에 있어서는 「복덕방」, 「달밤」과 같이 아담하고 단정한 휴머니즘의 일면과 그의 모든 장편에서 보는 바와 같이 얄팍얄팍하고 곧장 그 바닥이 드러나곤 하는 값싼 인도주의적 감상성과 통속성의 일면과의 사이에 합리주의적 본질이 가로놓여 있었다. 그의 예술적 가치와 인간적 특성에 대해서는 고(稿)를 달리하여 논하려 하거니와 요컨대 그는 지금까지 한 사람의 〈인기〉 있는 민족주의 작가였다는 것이다. 그럼 왜 해방 이후 그는 민족 진영에 반기를 들고 공산 진영으로 투신하게 되었는가 하는 것이 세간의 화제다. 이에 관하여 씨가 세간에 공개한 유일한 자료로선 「해방 전후」뿐이요 또 평소 씨의 작품을 읽어온 사람들에게는 이 일편으로서만도 이해하기에 그다지 어렵지 않다. 씨의 인간적 예술적 본질을 구성해 있던 합리주의의 일면과 통속성이 발호하여 그의 피로하고 노쇠한 휴머니즘을 유린했던 것이다. 그리하여 드디어 아주 점령되어 버린 것이다.

현이 더욱 걱정되는 것은 벌써부터 기치를 올리고 부서를 짜고 덤비는 축들이 전날 좌익 작가들의 대부분임을 알게 될 때 문단 그 사회보다도 나라 전체에 좌익이 발호할 수 있는 때요 좌익이 제멋대로 발호하는 날은 민족 상쟁 자멸의 파탄을 일으키지 않을까 하는 위험성이었다. 현은 저 자신의 이런 걱정이 진정일진댄 이러고만 앉았을 때가 아니라 생각되어 그 〈조선문화건설중앙협의회〉란 데를 찾아갔다. 구인회 시대, 문장시대에 자별하게 지내던 친구도 몇 있었으나 아닌 게 아니라 전날 좌익이었던 작가와 평론가가 중심이었다. 마침 기조된 선언문을 수정하면서들 있었다. 현은 마음속으로 든든히 그들을 경계하면서 그들이 초안한 선언문을 읽어 보았다. 두 번 세 번 읽어 보았다. 그리고 그들의 표정과 행동에 혹시라도 위선적인 데나 없나 엿보기를 게을리하지 않으며 적이 속으로 이상하게 생각하지 않을 수 없었다.

〈이들에게 이만큼 조선 사정에 진실한 정신적 준비가 있었던가?〉

현은 그들의 태도와 주장을 알고 보니 한 군데도 이의를 품을 데가 없었다.

이것은 중요한 문장이다. 이 일 절을 읽고도 씨의 거취에 대한 동기를 파악할 수 없다면 둔감한 사람이다. 요컨대 그는 그들이 초안한 선언문을 두 번 세 번 읽어도 이의를 제출할 데가 없었다는 것이다. 말이 모두 옳더라는 것이다. 경위에 맞고 이치에 닿더라는 것이다. 본래 영리하고 상냥하고 선량하기도 한 상허는 자기 자신을 격려해서까지 자신 고유의 합리주의 요소에 제압되고 말았던 것이다. 합리성이란 투철한 지혜나 예지에서 오는 것보다 일종 관념적 흥분에서 온다는 것을 그는 까맣게 망각해 버렸던 것이다. 그가 강원도 어느 산읍에서 전보를 받고 상경하여 이 선언문을 읽을 때까지 그가 극도로 흥분하고 피로해 있었다는 것은 그의 그 소설에 충분히 나타나 있다. 〈말이 옳다, 경위에 맞다, 이치가 닿는다〉 하는 신념의 정체가 무엇인가를 파악할 만한 정신적 여유도 없으리만큼 사실상 그는 흥분하고 피로해 있었던 것이다. 그 선언문 속에는 〈적기가를 부르자〉든가 〈인민공화국〉을 지지하자든가 하는 좌경 의식도 보이지 않았고 민족 분열을 획책하는 계급 의식을 고취한 데도 없고 다만 문화통일전선만을 강조한 것이 놀랍고 고맙고 장해서 예의 얄팍한 감상성과 관념적 흥분에 그들과의 합작을 결의했던 것이다. 그 뒤 그들은 과연 적기가를 부르고 인민공화국 지지를 선언하였다. 그때마다 그는 분개하고 절망하고 후회하며 신경질적으로 이에 항거한 것을 고백하였다. 그러나 때는 이미 늦었다. 이미 그들 속에 생활하며 그들 속에 사고하게 된 그는 그들 속에서 헤어날 수는 없어지고 말았다. 적기가 사건에서나 〈인공(人共)〉 지지의 드림 사건에서나 그는 며칠씩 회관을 쉬긴 하였으나 동료가 와서 사과하고 변명을 하자 그 어둡고 쓸쓸한 얼굴로 회관에 끌려나가곤 했다는 것이다. 그리고 〈인공〉 지지의 정식 성명은 이 소설을 쓸 때까지는 보류된 것으로 되어 있으나 이 소설이 발표되었을 때에는 절대 지지를 재차 삼차 확인한 지도 여러 달이 지난 뒤였다. 그리하여 이 소설이 발표된 지도 다시 반 년이 가까이 된 오늘에 와서는 스탈린을 배알하고 〈유물 사회에서만 인간성이 있더라〉는 희비극을 연출하리만치 발전하게 되었다면 유감한 일이다. 경제적 조건(생활에서의)은 그의 개념을 지배한다는 유물론의 원칙은 이 경우 그에게도 물론 적용되는 것이며 유심론의 상대 개념으로서의 유물론의 명확성을 과연 우리는 찬양해도 좋을는지 모른다.

작품 자체로 우리가 주시해야 할 작가로서는 박종화 씨가 있다. 씨의 〈민족〉은 봉건적 세력을 제압 풍미하고 일어난 민족 정신의 역사적 생장을 〈동학당〉 사건을 통하여 묘파하려는 야심적 작품이다. 이미 그 일부분이 신문에 연재되어 각층의 호평을 받은 모양이나 사십이 남짓하면 거개가 야담이나 〈강담〉 작가로 전락하는 경향이 있는 조선 작가들 속에서 춘추 오십에 바야흐로 본격적 제재와 격조있는 씨의 호매(豪邁)한 작가 정신엔 경의를 표하지 않을 수 없다. 장편 『민족』 이외에 단편으로서는 「논개」 한 편이 있었는데 씨의 작품 세계에 일관되어 있는 민족 의식의 앙양으로는 적절한 제재이나 근본이 단거리 작가가 아닌 씨에게는 개성적 밀도가 희박하였다.

양으로나 질로나 비교적 많이 활약했다고 볼 수 있는 안회남 씨는 「별」, 「섬」, 「쌀」, 「소」, 「말」, 「불」, 「철쇄 끊어지다」, 「탄광」 등 일련의 징용 체험기를 썼다. 구성에 있어 대부분 무난한 편이었으나 모든 작품의 테마가 상식적 범위에서 한 걸음도 더 나가지 못하고 있는 것이 치명상이었다.

허준 씨가 오랜간만에 「잔등(殘燈)」을 썼다. 워낙 오랜간만의 작품이라 무척 반갑게 대하였으나 읽어가는 동안에 실망하고 말았다. 허준 씨는 이효석, 이태준, 김동인, 최명익, 계용묵, 정인택, 최태응, 유항림 등 제씨와 함께 그 휴머니티의 주체적 구성에 있어 내가 주목하여 온 작가의 한 사람이었다.

그것은 근대 정신의 여폐(餘弊)라는 과학주의적 기계관(메커니즘)과 합리주의적 공식성의 극복 없이 현대 작가의 예술적 창조는 근본적으로 절망스러운 것이며 이것의 극복이란 휴머니티의 주체적 구성에서만 가능한 것이기 때문이다. 그런데 허준 씨는 지금까지 그의 작품을 통해서 이에 대한 관심을 지속하여 왔고 그럼으로 해서 그 용장(冗長)하고 산만한 문장을 아껴왔던 것인데 이번 「잔등」에 와서는 그러한 휴머니티의 주체적 구성에 대한 노력을 포기해 버린 채 이것을 대신하여 그 용장과 산만을 구원할 만한 아무런 새로운 요소도 준비되어 있는 것이 아니었다.

정비석 씨는 장편 『고원(故苑)』과 단편 「파도」, 「귀향」을 썼다. 단편들은 정서적이요 싱식직이요 터지가 부드럽고 읽기에도 수월하고 두 편이 모두 무난한 작품들이나 근본적으로 테마가 박약하고 문학 정신이 저조하다. 계용묵 씨는 「금단(禁斷)」이란 콩트 한 편밖에 발표된 것이 없고 정인택 씨의 「향수」는 지금 게재 중에 있다.

곽하신 씨는 「옛 성터」, 「연적」 두 편을 썼는데 씨 역시 허준 씨의 경우와 비슷하게 그 문학적 주체성이 흐려져 있다. 씨는 문학적으로 지금 위기에 처해 있다.

김소엽 씨의 「청춘」, 박노갑 씨의 「환(歡)」은 좀 더 압축된 입체적 표현이 필요하였다.

김영수 씨 「혈맥」은 작중 인물들에 대하여 작자는 아무런 성의를 가지지 않았다. 작자가 작중 인물에 성의를 가지지 않앉다는 것은 인생에 대한 정열이 상실된 증거다. 십 년에 한 편을 쓰건 일 년에 열 편을 쓰건 문학이 그 사람의 정신상 지위에 있어 여기(餘技)나 부업이 되어서는 안 될 것이다.

박영준 씨의 「과정」은 씨의 모든 작품에서 봉착하는 바 저 상식성과 만성적 리얼리즘과의 이중주다. 씨의 리얼리즘에 대한 신념은 엄정한 인식론의 기초 위에 서 있지 않은 것 같다.

박찬모 씨의 「개구리」는 인생 관조의 통일된 시각이 결여되어 있었다.

김송 씨의 「무기 없는 민족」과 「슬픈 이야기」 두 편은 그 편이하고 순정적인 점에 있어 문학 자체를 너무 용이하게 생각하는 경향이 없지 않다. 이봉구 씨의 「도정(道程)」, 신서야 씨의 「싸움」에 대해서도 같은 말을 하고 싶다.

최태응 씨의 「노선주(老船主)」는 금년도 창작계에서는 비교적 창조적 의욕이 고조된 작품이다. 항해 중의 뱃머리에 송장이 나붙고 하는 대문의 묘사엔 서사시를 연상케 하는 바 있었으나 구상상의 균형이 충분한 편은 아니었다. 동씨의 「사랑하는 사람들」은 통속적인 데가 있고 「매춘부(賣春婦)」, 「점(占)」이 우수하였다.

거장 김동인 씨의 「반역자」, 중진 채만식 씨의 「역로(歷路)」, 「미스터 방」, 박태원 씨의 「춘보」, 모두 빛나지 않았고 유진오 씨가 아직 침묵 중이다.

지하련 씨의 「소시민」은 리얼리즘을 닮으려다 알뜰한 인생을 잃었다.

엄흥섭, 송영, 이선희, 이근영, 이동규, 홍구, 윤세중, 김영석 제씨들의 투쟁적 의의로도 소설 자체를 그 저조한 수준에서 살려내지는 못하였다.
　침묵 중에 있는 장덕조, 최정희, 김말봉, 발화성 제씨들의 다시 신부같이 화려한 등장이 신년 문단에 있기를 기대한다.
　통틀어 금년 한 해 동안의 창작계는 여지없는 흉작이었다. 옛날 《문장》, 《인문평론》 시대에는 일년간의 작품을 총결산해 보면 매년 그래도 4,5편의 작품을 골라낼 수는 있었으나 금년 한 해 동안의 작품을 거의 통독하고 난 이제 단 한 편의 작품을 후일에까지 남겨두겠다 할 만한 자신이 없다. 우리가 모두들 너무 흥분해 있은 것은 사실이다. 그러나 현실적 감각 그것이 그냥 문장이 되는 것은 아니다.

4 풍성 다채한 해방 시단 – 시가계(詩歌界)

　한 해 동안의 문학 활동 가운데 가장 활발했던 것이 시단이었다. 양으로나 질로나 시단에서만은 해방 조선의 기백과 의기를 엿볼 수 있었다. 이것은 무슨 이유일까. 첫째 그 표현 형식이 간단한 데 있다고 본다. 원칙적으로 보아 시가 소설보다 쉽다는 것은 아니다. 그러나 그 표현에 있어 어느 정도 한눈에 그 전체의 구조를 내려다볼 수 있는 시가 소설보다 간단하다는 것은 용이히 짐작될 수 있는 일이다. 물론 어떤 예술적 형상의 구성이란 그 표면적 구조라든가 균형 여하에만 조화가 좌우된다는 것은 아니다. 그러나 가치의 구성이 이러한 외적 구조라든가 균형의 제약을 받지 않는 법도 아닌 것이다. 적어도 오늘날 조선 문단의 현실에 있어서는 시인과 작가가 어느 정도 같은 레벨의 작품을 쓸 수 있는데 도달하려면 시의 2배 내지 5배의 노력이(그 이외의 조건을 동일로 가정하고) 소설에 소요되리라고 생각한다. 이것은 문학 초기의 습작 표현의 형태가 십중팔구 시로 출발되는 것으로 보아서도 명료한 사실이다. 더구나 조선에서와 같이 문학적 계통이 확립되어 있지 않은 데서는 그 한마디 한마디 용어의 채택, 조탁, 배치에 있어 이에 경주되는 정열과 노력이란 산문이라고 해서 시보다 으레 용이한 것만은 아니다. 산문 용어 백 마디 선택보다 시어 한 마디 발견이 더 어렵다든가 시 십 행의 배치는 소설 만 행의 배치에 해당한다든가 하는 것이 우선 듣기에는 꼭 그럴 것만 같고 원칙적으로는 이 말에 이유가 있는 것도 사실이나 내가 지금 말하는 것은 포인트가 이에 있는 것이 아니다. 조선 문단 현상을 두고 하는 말이다. 한 해 동안의 시와 소설을 비교해 볼 때 시에 있어서는 십여 편의 이루어진 작품이 생산되었음에도 불구하고 소설에 있어서는 이 수준에 도달할 작품이 한 편도 없었다는 사실을 두고 하는 말이다. 물론 그 이루어졌다는 말도 절대적은 아니다. 어느 정도까지 이루어 졌다는 것이다. 8·15해방의 민족적 감격이란 시인에게만 있고 소설가에겐 없었던 것도 아니다. 다만 그것을 표현에 옮기는 데 예술적 형상을 형성시키는 데 그만큼 수속이 거창하고 복잡하다는 것을 말하는 것이다.

  둘째 이유로는 소설이 시보다 정치에 가깝다는 것이다. 시, 소설, 평론 이 세 가지 형식 가운데서 정치에 제일 가까운 것이 평론이라면 제일 거리가 먼 것이 시라고 보아도 무방한 것이다. 중간이 소설이다. 그러니만치 소설은 시보다 평론의 동향에 관심하고 보조를 고려한다. 그러나 불행히도 조선에는 진정한 문학 평론가가 없다. 진정으로 문학을 이해하고 문학을 구원할 수 있는 진정한 문학 평론가를 한 사람도 가지지 못했다는 것은 오늘날 조선 문학의 발전을 이렇게도 저해시키고 해방 이후의 이 땅의 소설을 이 정도로 타락시킨 중요한 이유가 된다. 지금까지 우리가 가질 수 있었던 모든 평론가는 진정으로 문학을 이해하거나 구원할 생각보다 각자가 가진 어떤 정치적 이념, 어떤 기계적 관념 등으로 우리의 문학적 창조 의식을 항상 이용하고 유치하게 타락시켜 왔던 것이다. 오늘날의 소설을 이렇게 저조하게 만든 것은 평론가 제씨의 정치적 이념과 공식적 관념(실상은 관념론에 대립한다는 일종 유물주의적 관념론이다)에 중독된 결과란 것은 특히 명심해야 될 사실이다.

  셋째로 양에 있어 시가 소설보다 풍성했다는 것은 주로 발표 기관의 관계다. 오늘날의 신문 잡지의 지면으로는 소설보다는 형식에 있어 우선 간단한 시가 유리할 수밖에 없었다는 것은 장편(掌篇) 소설의 유행으로 미루어 보아서도 넉넉히 짐작할 수 있는 일이다.

이 글 초두에 있어 나는 민족 문학이란 같은 기치 밑에 애국 문학과 계급 문학과 본격 문학(순수 문학) 세 가지 조류가 있었다고 말했지만 이러한 현상은 시단에서 가장 현저하였다.

특히 애국 시단의 자랑은 변영로, 오상순, 박종화 같은 선배 시인들이 재출현한 사실이다. 세인도 주지하는 바와 같이 상기 삼 씨는 〈폐허〉, 〈백조〉 시대의 시단 효장(驍將)들로 특히 박종화 씨는 왜정이 그 포학을 극한 최근 이십 년 내외를 거의 붓을 꺾고 비상강개(悲傷慷慨)로 유랑하여 왔다. 오상순 씨가 선언한 니힐리즘의 본질을 나는 형이상학적 우주관에서보다도 민족적 각도에서 해석하고 싶다. 변영로 씨의 쇄락(灑落), 고고(孤高)의 본질 역시 민족혼의 긍지에서 오는 것이 분명한 사실이다.

> 흡반 돋친 장어에게 감긴 듯이
> 감기면 헤어날 길 없는 불행은
> 짓궂게도 밀려들고 다가들어
> 우리의 손발만을 묶어놓는가
> ―「빛을 향하여」

씨는 분노의 눈초리로 원한의 삼팔선을 흘겨보며 약소 민족의 슬픈 운명을 이렇게 노래불렀다.

문인이 반드시 그 예술적 업적만을 표방할 수 없는 것이라면 씨들과 같이 그 예술적 업적과 함께 고고하고 호강(豪強)한 지조와 긍지를 우리는 시단 유산의 최고 중보(重寶)로서 계승하지 않으면 안 될 것이다.

과거 순수 시단의 권위, 리리시즘의 종사(宗師), 영랑 김윤식 씨는 해방 이후 애국 시단에 그 첫 소리를 발하여

〈천지소 백록담〉오 조선의 정(精)아
오늘도 다시 산 불덩이 뿜으시렴아

「오호 삼의사(三義士)」에서 이렇게 노래 불렀다. 한 마리의 꾀꼬리는 화하여 한 마리의 준마가 되려 한다.

시에 있어 항상 지성과 정서의 조화를 노리던 김광섭 씨는 본래 〈꾀꼬리〉는 아니었으나 해방과 함께 준마로 화한 것은 영랑 씨의 경우와 통한다. 연전(年前) 《동아》, 《조선》양지의 윤전기가 멎던 날 〈아 슬프다〉 외마디로 전보를 쳤던 씨가 이제 그 「속박과 해방」에서

아 기쁘다
하늘아
더 높고 더 크고 더 푸르러라

고 외친 것도 당연한 일로

이십 세기의 파동 많은 산맥
높은 봉우리 위에
영원한 자유와 독립의 탑을 세우라

고 소리 질렀다.

순수 시인에서 애국 시인으로 화한 시인 가운데 질적으로나 양적으로나 한 해 동안 가장 활발하게 활동한 분으로 유치환 씨가 있다. 씨는 「식목제」, 「울릉도」, 「정의」, 「동백꽃」, 「눈초리를 씻고 보리라」, 「노한산」 등 다수의 명작을 발표하여 국토와 열사(烈士)를 노래부르되 그 애국적 정열은 씨 고유의 시혼 속에 충분히 융해되어 예술로서의 완성에 육박하였다.

　　금숙으로 굽이쳐 내리던
　　장백의 멧부리 방울 뛰어
　　애닮은 국토의 막내
　　너의 호젓한 모습이 되었으리니
　　(……)
　　동쪽 먼 심해선 밖의
　　한 점 섬 울릉도로 갈거나
　　　　　　　　　　　　　—「울릉도」에서

조그만 센티멘틀이라든가 무엇에 대한 불평을 노래 부르기란 지극히 쉬운 일이다. 이렇게 웅혼하고 건실하고 긍정적인 사상을 이렇게 살뜰히 시화시킨다는 것은 결코 용이한 일이 아닐 것이다.

유씨와 근사한 위치에 조지훈 씨가 있다. 씨의 본질은 순수 시인인데 해방 이후 애국 시단에 더 많이 정열을 기울였다. 「낙화」, 「완화삼(玩花衫)」, 「도라지꽃」은 전자의 계열이요 「겨레 사랑하는 가슴」, 「비가 나린다」, 「회오(悔悟)」, 「불타는 밤거리에」 등은 후자에 속한다. 이밖에도 오륙 편의 가작을 낸 씨는 그러나 유씨의 경우와는 달리 완전히 애국시에만 몰두하지 않고 전기 계열에 더 많은 예술적 진경이 있었다는 것은 흥미있는 일이다.

> 차가운 바위 우에 하늘은 멀어
> 산새가 구슬피 울음 운다
> ―「완화삼」에서

하는 한만하고 방랑적인 동양적 정서는 그의 인간에서처럼 은 쉽사리 애국 정열과 융화되지 않았다.

애국 시단에 또 하나 활약한 시인으로 임병철 씨가 있다.

> 지금 가시렵니까
> 험한 산길 다리도 쉴새없이
> 다시 못 오실 먼 길을
> (……)
> 철문보다 무거운 그 입
> 다시 말씀 없으시니
> 이 나라 일을 뉘게 물으오리까
> ―「곡 고하 선생(哭古下先生)」

전신에 핍박하는 애절한 정서는 넘치나 언어의 다채한 상징성을 충분히 파악하지 못한 감이 있다.

이밖에 애국 시단을 장식한 시인에 임학수 씨와 정지용 씨가 있다. 특히 정씨는 지금까지 이 땅 순수 시단에 의연한 지위를 확보하고 있던 이로 해방과 함께 「그대들 돌아오시니」, 「조국의 노래」 등 2편의 애국시를 썼다. 워낙 명장의 솜씨라 조사에나 구성에나 결정적 결함이 있는 것은 아니나 어딘지 박력이 희박하고 그 영롱을 자랑하던 반사적 감각에도 탄력이 결여해 있었다. 임씨의 「맹세」, 「새날 아침」에 대해서도 이와 비슷한 말을 하고 싶다.

이병기 씨의 「나오라」하는 시조는 씨 특유한 조사의 묘와 해방 민족의 정회(情懷)가 잘 조화되어 있었다. 이밖에도 이하윤, 양주동, 황석우, 신석정, 윤곤강, 오시영, 이해문 제씨들이 애국 시단을 특히 장식해 주었다.

프로 시단의 활약도 역시 은성하였다. 임화, 김기림 양씨를 필두로 김광균, 권한, 바세영, 바아지, 조벽안, 오장한, 이흡, 이용악, 김상월 제씨가 정열적 시들을 많이 썼다.

　　그대는 역시 분주한 게다 적이 또 머리를 드는 때문일 게다
　　다시 전투 준비를 시작해야 할 것이다

임화 씨의 「길」의 일 절이다. 씨의 시에서 〈적〉과 〈동지〉란 말이 빠질 때는 거의 없다. 여기 〈적〉이란 프로 혁명보다 민족 혁명을 완수시키려는 이승만, 김구, 김규식 혹은 송진우 씨를 대표로 하는 민족 진영의 독립 투사들을 상대로 〈다시 전투 준비를 시작해야〉 할 것이라고 씨는 생각하고 있는 것이다. 나는 씨의 그 목적을 여기서 비판하려고 하지 않는다. 다만

문학과 인간

그 불굴불휴하는 의용과 투지에 경의를 표한다.
 그 투지에 있어 임씨에 상부할 만한 시인으로 박세영, 권환 양씨가 있다.

> 파쇼 독재, 지배욕의, 화신인 벌레
> 히틀러 무솔리니
> 모조리 밟아버리라 쫓아버리라

 이것은 권환 씨의 「고궁에 보내는 글」의 일 절이다. 이것만을 통해서도 씨의 시풍을 엿볼 수는 있는 것이다.
 이상 삼씨와 시풍을 다소 달리하여 오던 오장환 씨는 「HMH」에서

> 우리들의 귀는 한 번에 두 가지 말을 들을 수 없다. 우리들의 마음은 한 번에 두 가지 일을 생각할 수 없다.

 이렇게 외치며 돌진하고 있다.
 이상의 애국시나 프로시에 못지않게 아니 그보다 더 활발했던 것이 순수 시단이다. 서정주, 박두진, 김달진, 신석초, 박목월, 이한직 제씨는 이러한 세기적 혼란 속에서 의연히 순수시의 존엄을 확보하였다. 씨들은 「해」, 「청산도」(박두진), 「석굴암 관세음의 노래」(서정주), 「사촌(寺村)」(김달진), 「나그네」(박목월), 「붕괴」(이한직), 석초 시집(신석초)등의 명편을 통하여 휴머니티의 주체적 구성에 응분의 성공을 거두었다. 진정한 문학

창조란 근본적으로 휴머니티의 주체적 구성을 떠나서 불가능한 것이며 민족 문학도 문학일진댄 더구나 민족 단위의 휴머니즘을 기조로 하는 문학일진대 전기 제씨들이 휴머니티의 주체적 구성을 통해서 순수시에 성공했다는 사실은 그만치 진정한 민족 문학의 초석을 닦기에 성공했다는 사실 이외에 아무것도 아닐 것이다.

  이 싸늘한 돌과 돌 새이에
  얼크러지는 읽넝출 밑에
  푸른 숨결은 내 것이로다
          —「석굴암」에서

「화사(花蛇)」 시대의 통곡과 저주를 극복하고 난 서정주 씨는 석굴암 석벽의 관세음보살상의 그 영원한 〈푸른 숨결〉을 노래하게 되었다. 누구나 다 부르짖고 있는 〈민족아 인민아 해방의 깃발아〉 하고만 외치면 시가 되는 줄 생각하는 사람들에게는 이 석굴암 관세음보살상에서 시인이 호흡한 〈푸른 숨결〉과 민족 문학과의 사이에 어떻게 유기적 관련이 성립되는가 이해되지 못할는지도 모른다. 박두진 씨는 한 해 동안 전기 2편 이외에도 「다사한 나라여」, 「산들을 보라」, 「바다」, 「해수(海愁)」, 「마을」 등 실로 십수 편의 명작을 쏟아 놓았다.

  산아. 푸른 산아. 네 가슴 향기로운 풀밭에 엎드리면 나는
 가슴이 울어라. 흐르는 골짜기 스며드는 물소리에 내사 줄줄

줄 가슴이 울어라.

—「청산도」에서

　이것은 신경으로나 입술로나 손끝으로 만들어진 시가 아니다. 이것은 조선 민족이라든가 이십 세기라든가 하는 제약에 부침할 시상이 아니다. 시간과 공간을 초월할 수 있는 언어란 이런 것을 의미하는 것이다. 왜 그러냐 하면 어느 세기 어느 사회의 인간을 막론하고 그들의 자연에 관한 증언에 우리는 항상 목말라해야 할 공통된 운명을 가졌기 때문이다.
　조지훈, 박두진 양씨와 함께 『청록집』을 낸 〈삼가시(三家詩)〉의 하나인 박목월 씨는 「나그네」로서 조선 서정시사에 완벽한 편을 플러스하였다.

구름에 달 가듯이
가는 나그네

—「나그네」에서

　지면 관계로 신석초, 이한직, 김달진 제씨에 대하여는 개인별로 급해(及海)할 기회를 다음으로 미루려 하거니와 나는 씨들이 걸어가고 있는 주체 구성의 노력에 대해서 무한한 희망과 경의를 갖는 것이다.
　김광균, 김상원 양씨는 〈문맹〉에 적을 둔 모양이나 그 예술에 있어서는 순수성을 다분히 발휘하였다는 것을 이 위치에서 부기하여 둔다.

신인으로서도 유능한 시인이 다수 배출되었다. 조연현(「혼자 가는 길」), 이병철(「소」), 김동석(「산」), 조인행(「무야행(舞夜行)」), 김수돈(「새로운 태양」), 김상훈(「말」), 이정용(「옥적(玉笛)」), 김철수(「눈나리는 거리에」) 이상로(「새벽」), 박산운(「노래」), 송돈식(「인동(忍冬)의 노래」), 김종길(「낙화부」), 서정태(「소년」), 김윤성(「시탑지(詩塔誌)」) 제씨에 대해서 좀더 상세히 언급하고 싶은 것이 있으나 지면 관계로 할애한다. 다만 한마디 일년에 한 편을 내더라도 양보다 질에 주력했으면 하는 것이다.

규수 시원엔 김오남 씨, 모윤숙 씨가 끝내 침묵일관, 노천명 씨 한 분이 잠시 양자(樣姿)를 나타내다 만 셈이다.

당(黨)의 문학과 인간의 문학

― 1947년도 상반기 창작 총평

1 대상의 규정

　1947년 상반기의 창작이라고 하면 1947년 정월에서 동년 유월 말까지에 생산된 작품들을 총칭하는 말이겠다. 그러나 계용묵 씨의 「별을 헨다」는 작품과 같이 그것이 신문(《동아일보》) 게재물로 전년 십이월 말일에 끝난 경우에는, 해당 작품의 전체적 발표는 역시 동년 십이월 말일로밖에 간주될 수 없으므로, 오인(吾人)의 감상의 대상으로서는 익년(1947년) 정월분 속으로 편입되지 않을 수 없는 것이다. 이와 반대로 최정희 씨의 「봉수와 그 가족」 같은 작품은 그것이 비록 오, 유월 합병호라 하고 월간지에 발표되었을지라도 해당 잡지(《민성》)

가 실제로 공개된 것이 칠월 말경일 때에는, 우리의 감상의 대상으로 이것을 상반기에 넣을 수는 없는 것이다. 요컨대 작품이 게재된 기관 자체의 발행년월일을 표준한다기보다는 실제로 우리의 감상의 대상으로서 제공된 기간을 표준할 수밖에 없었다는 것이다.

이러한 원칙에서 내가 계상(計上)할 수 있는 1947년 상반기의 작품 총수는 약 69편, 그 중 소설이 49편, 콩트가 16편, 희곡이 4편이다.

2 당의 문학과 인간의 문학

이 기간의 특징을 말하면 우리의 문학계에 있어 소위 〈두 가지 조류〉라는 것이 어느 정도 명확한 윤곽을 나타낸 것이다. 지금까지 막연히 〈계급 문학 대 민족 문학〉이니 혹은 〈경향 문학 대 순수 문학〉이니 하여 왔던 것이, 이 기간에 이르러 비교적 선명한 윤곽적 대비를 찾아보게 되었으니, 〈당의 문학〉과 〈인간의 문학〉이라 일컫는 것이 곧 그것이다.

지금까지 〈당의 문학〉 계열의 문학인들은 자기 자신들의 문학적 표어를 정면으로 〈계급 문학〉이니 〈경향 문학〉이니 하지를 않고, 슬그머니 〈민족 문학〉이란 잠칭(潛稱)을 사용하여 왔던 것이니 이는 정계에 있어 남로당 계열의 볼세비키 정치 단체들이 민주주의란 표어와 민족전선이란 기치를 내걸어온 것과 같은 구상에서 출발된 정치적 수법이었던 것이다. 이론에 들어가서는 처음부터 얼마든지 정치주의, 공리주의, 계급투쟁을 주장하고 이것이 유일한 문학적 가치 표준이라고 역설하면서도 표어를 바로 〈당의 문학〉이라 공개하게 된 것은 최근의 사실에 속하는 것이다. 이제 총선거를 앞두고 점차 정치적 압력이 가중됨에 따라 〈문학은 당의 문학이 되지 않으면 안 될 것이다〉(김남천), 〈문학은 인민에 복무하여야 할 것이다〉(백인준) 하고, 그들은 드디어 그들의 기관지 《문학》 제3호를 통하여 정면으로 그 본질을 선언하게 되었던 것이다. 〈문학은 당의 문학이 되지 않으면 안 될 것이다〉, 〈문학은 인민에 복무해야 할 것이다.〉—나는 이 두 개의 명제에 관하여 더 비평을 가하고 싶지는 않다. 모든 것은 진실로 명료히고 또 간명한 것이 아닌가.

그 다음 이 〈당의 문학〉에 항거하고 있는 본격 문학 계열을 특히 〈인간의 문학〉이라 지칭하는 까닭은 무엇인가. 물론 이 인간의 문학이란 총칭 가운데는 순수 문학, 민족 문학, 본격 문학 등등 여러 가지 세별적 해석이 있겠으나 그들이 다 함께 문학 정신의 본령을 옹호하려는 점에 있어서 〈인간 문학〉이란 표어 속에 일괄된 것이다. 왜 그러냐 하면 문학 정신 본령의 옹호는 곧 인간성 이상의 옹호에 입각되어 있기 때문이다.

문학이 〈신〉이나 〈당〉이나 〈인민〉이나 〈황금〉이나 일체 어떠한 우상의 예속물이 되어서는 안 된다고 하는 것은 곧 문학이 인간의 전적인 표현이 되기를 바라는 정신이다. 문학이 〈당의 문학〉이 되고, 〈인민에 복무하는 문학〉이 될 때는 당의 목적과 복무적 의식에서 그만큼 인간성을 제약하고 왜곡하고 경화함으로써 인간성의 전모가 그 문학적 대상이 될 수 없으며 따라서 인간의 전적인 표현이 될 수는 없는 것이다. 그러므로 오인(吾人)의 문학 정신의 본령을 옹호한다는 것은 문학이 〈인간의 전적인 표현〉이 되기를 바라는 정신이며 이에 문학 정신을 지키려는 본격 문학 계열을 총칭하여 〈인간의 문학〉이라 일괄한 것이다.

3 작가와 작품

이 기간에 있어 〈당의 문학〉에 동원된 작가로는 안회남, 정인택, 홍구, 엄흥섭, 박영준, 지봉문, 박승극, 김영수, 이봉구, 김영석, 김만선, 박찬모, 설정식, 황순원, 이주홍, 강형구, 김명선 등 제씨, 〈인간의 문학〉에 노력한 작가로는 계용묵, 장덕조, 김동인, 정비석, 김광주, 최태응, 김송, 최인욱, 임옥인, 홍구범 등 제씨다.

작품에 있어 〈당의 문학〉이 무엇인지를 가장 단적으로 예증해 준 작품으론 안회남 씨의 「폭풍의 역사」를 들 수 있다. 왜 그러냐 하면 안회남 씨는 〈당의 문학〉파의 대표적 작가요, 작품 「폭풍의 역사」는 당의 문학의 당 의식과 정치적 목적이 어떻게 여지 없이 인간성의 색맹과 문학에의 배신을 초래하는가를 오인의 눈앞에 너무도 역력히 보여주었기 때문이다. 지면 관계로 줄거리를 이야기할 수는 없으나 끝머리에 가서 대화 묘사에 〈불온하니 기념 행사를 중지하시오〉 하는 대목이 있다. 그 경우 그러한 조건의 면장의 입에서 이렇게 발언되었다는 것이 거짓말이란 것은 창작 초보를 이해하는 사람이면 즉석에서 곧 깨달을 것이다. 〈불온하니〉라는 의미의 말을 했다는 것과, 〈불온하니〉라고 했다는 것과는 동일하지 않다. 야담이나 강담에서는 이것이 통용되리라. 그러나 문학으로서는 용인될 수 없다. 〈불온하니〉란 의미로 그 무슨 말이 있었을 것이며, 〈그 무슨 말〉 이것을 찾는 것이 곧 작가의 진실이라는 것이다. 그것을 찾지 않고, 그냥 강담식으로 미끄러져 버린 데, 작가 안씨의 타락과 〈당의 문학〉의 허구가 기다리고 있는 것이다. 이 경우 안씨의 작가저 기질이, 인간저 생리가 〈당의 문학〉에 적합하지 않다고 내가 말한다면, 안씨는 우선 코웃음을 칠는지도 모른다. 그렇다. 만약 우리의 생리가 틀렸거든 생리를 고쳐서라도 진리를 향해서 가자. 그러나 유물변증법적 세계관 그 자체에 근본적 미망이 있고, 〈당의 문학〉이 되어야 한다는 명제 그 자체에 구제할 수 없는 오류가 있을 때 남는 것은, 생리를 속이고 양심을 버려서까지 시류와 세도에 아부했다는 후세의 정평뿐일 것이다.

「폭풍의 역사」에 많은 허위가 있다고 해서 작자 안씨가 유독 무슨 공식주의 작가 출신이어서 그런 것도 아니다. 오히려 그와는 정반대라고도 할 수 있다. 그러므로 이 작품에 나타난 많은 허위는 곧 이 작품의 제작 본거인 〈당의 문학〉 그 자체의 문학적 성격에 책임을 추궁하지 않을 수 없게 된 소이인 것이다.

〈인간의 문학〉 계열의 작가들이라고 해서 그들의 작품은 모두 〈인간의 전적인 표현〉이 성취되었다는 것은 물론 아니다. 다만 그러한 지향에서 생산된 작품이니만큼 이것을 전기 〈당의 문학〉에 비교할 때 그 문학적(가치의) 득실엔 상당한 거리의 차이가 있는 것도 사실이다. 가령 계용묵 씨의 「별을 헨다」라는 작품을 예로 들어볼 때, 이남서 이북(삼팔선)으로 돌아가려는 모자와 이북서 못살아 이남으로 넘어오는 부부가 서울역 대합실에서 우연히 만나 서로 교환하는 대화와 그 마지막 묘사를 읽을 때 우리는 이 울 수도 웃을 수도 없는 가열한 현실과 가차 없는 인생의 영원한 모습 앞에 다시금 문학의 위력에 경탄하지 않을 수 없게 된다. 행문(行文)의 정교, 구성의 조화, 테마의 깊이에 있어 금년도 상반기 작품의 백미편일 뿐 아니라 씨의 문학 반생에 있어서도 최고 기념탑이 되리라고 생각된다(졸문 「운무(雲霧) 변증법」 참조-《백민》 5월). 이 밖에 최태응 씨의 「독립 전」에서 건설형 〈사님〉이란 인물을 발견하게 된 것도 이 기간의 귀중한 수확의 하나일 것이다.

4 결론

「폭풍의 역사」와 「별을 헨다」에 있어, 전자의 허위와 후자의 진실은 어디서 오는 것일까. 물론 작가의 컨디션이란 것도 있을 것이다. 그러나 컨디션의 관계만은 아니다. 작가적 역량 문제는 더욱 아니리라. 근본적으로 〈문학하는 정신〉과 방법에 기인한 것이 아닐까. 단적으로 말하여 〈당의 문학〉과 〈인간의 문학〉의 차이인 것이다. 「폭풍의 역사」에 차 있는 허위는 첫째 〈포달〉이란 인물의 역사적 출발에 근본적으로 정치적 허구가 들어 있었기 때문이요, 둘째 무리한 당 의식이 인간성에의 신념을 봉쇄하였기 때문이다. 이와 반대로 「별을 헨다」에서 우리가 보다 더 많은 진실을 발견하게 된 것은 씨의 인간성에 관한 끊임없는 신념과 정열로 오늘날의 가혹한 민족적, 정치적, 사회적 현실을 어떠한 당 의식이나 정치적 목적성으로 왜곡 착색시키지 않고 그의 생명력의 전체적 체험 속에 정착시킬 수 있었기 때문이다.

혹은 일부의 독자가 왜 하필 전자의 예증으로는 실패작을 들고, 후자의 실례로는 백미편을 내세우느냐고 불만을 품을는지도 모른다. 그러나 상기 양작을 충분히 음미한 독자라면, 이것이 나의 불공평에 기인함이 아니란 것을 알 것이다. 왜 그러냐 하면 우연한(혹은 다른 조건의) 성패를, 결과적으로만 가지고 가서 실패작은 〈당의 문학〉에다, 성공작은 〈인간의 문학〉에다 각각 관련시킨 것이 아니라, 하나는 〈당의 문학〉을 하고 하나는 〈인간의 문학〉을 한 결과로 하나는 실패작을 내고 하나는 성공작을 내었다면 이 두 작품의 허위와 진실의 대비는 곧 〈당의 문학〉과 〈인간의 문학〉의 문학적 성격 내지 방법의 차이로 간주하지 않을 수 없다는 근거에서 그 실례로 상기 두 작품을 대비시킨 것뿐이다.

만약 〈당의 문학〉이 앞으로 이 〈당〉의 우상에서 벗어나지 못한다면 〈문맹〉계의 작가에게 장래(將來)할 민족 문학의 일익(一翼)을 다시 더 기대할 여지는 없을 것이다. 동시에 〈인간의 문학〉 계열에서도 계(桂)씨의 「별을 헨다」 일 편을 제외한다면 일반적으로 좀 수준이 옅지 않았나 하는 것을 솔직히 고백하여 둔다.

5부

- 월탄과 그의 「민족」
- 서정주의 「추천사(鞦韆詞)」
- 최정희의 삼부작
- 청마의 『생명의 서(書)』

월탄과 「민족」

　월탄 종화 씨에 대하여 우리가 경의를 가지지 않을 수 없는 점은 다음의 두 가지다. 첫째, 요절 혹은 조로에 떨어지지 않은 것, 둘째, 그의 작품 세계에 민족 의식이 일관되게 충일해 있는 것……. 십수 년 이래 현역 작가라 이를 만한 사람 중엔 시인이건 소설가이건 〈백조〉 무렵 혹은 그 이전의 사람으로는 월탄 한 사람이 있을 따름이다. 물론 김동인 씨나 전영택 씨 같은 이가 가끔 소설을 써오지 않은 바도 아니요 수주(樹州), 파인(巴人), 안서(岸曙) 같은 분들이 전혀 시작 발표가 없었다는 것은 아니나 그들의 주력은 이미 문학에 기울어지고 있지 않았으며 그들의 시와 소설은 벌써 그들의 극진한 생명의 부호가 되어 있지는 않았던 것이다. 이와같이 부업 전도의 문학 생활이라도 지속하여 온 이는 그래도 고마운 편이니 문학을 아주 포기해 버렸다든가 우리와는 아주 유명을 달리하게 된 이는 또한 이루 세일 수 없지 않은가. 도향, 서해, 상화, 고월, 소월, 빙허, 용철, 환태, 유정, 상, 효석 등 진실로 저승 쪽 성좌가 더 찬연할 정도로 허다한 얼굴들이 이미 이승에서 사라져버린 것이다. 그리고 이 많은 이름 가운데 향년 사십을 넘은 이가 과연 몇이나 되는가.

  한마디로 지금까지의 이 땅의 문학인들은 이렇게도 참혹하고 불행한 환경 속에 살아왔다고 하면 이에서 또 더 할 말이 없겠으나 그러나 이와 같이 참혹하고 불행한 속에서도 오히려 문학을 버리지 않고 그 오랜 욕된 세월을 견디어날 수 있었다면 이 또한 얼마나 장하고 놀라운 노릇이라 하겠는가. 월탄은 그의 처녀시집 『흑방비곡』에서 오늘날의 「민족」에 이르기까지 약 삼십 년 동안 시, 소설, 평론, 수필 등 모든 문학 분야에다 쉬임없이 그의 주력을 기울여온 유일한 작가이니 그가 이와 같이 홀로 요절과 조로를 극복하고 문학 생활에다 능히 그의 생명력을 집중할 수 있었던 것은 첫째 그 선천적 혜택과 돈후한 근기의 소치라고도 하겠거니와 또 한편 그의 작품 세계의 근간이 되는 〈민족 불멸〉에의 신념을 들지 않을 수 없는 것이다.

  〈민족은 영원히 멸하지 않는다.〉 그는 이번의 「민족」에서도 그 끝을 이렇게 맺었지만 이것은 비단 「민족」일 편의 결어에 그칠 뿐 아니라 진실로 그의 인생과 문학 전체의 결어로 볼 수도 있는 것이니 「다정불심」, 「대춘부(待春賦)」, 「금삼(錦衫)의 피」,

「전야」「여명」, 「민족」 등의 소설이나 「청자부」, 「백자부」, 「석굴암 대불」, 「영종(靈鐘)」, 「작로봉(作盧峯)」, 「유부탄(婦歎)」, 「회고」 등의 시나 혹은 「숭례문」, 「파초와 사유」 등의 수필이나 어느 한 편도 이 〈민족 불멸〉의 신념을 떠나 제작된 자가 없는 바이다.

> 동해 바다 물결이 드높아 허옇게 부서져 사나우니
> 미소하시어 누르시다
> ―「석굴암 대불 1」에서

> 동해 말랐다오
> 무엇을 지키시오
> 산 적적 으스름 달에
> 두견새를 지키시오
> ―「대불 2」에서

그는 그의 〈민족 불멸〉의 신념을 「석굴암 대불」의 부동불상(不動不傷)하고 태연자약한 자태에 우(寓)하여 일찍이 이렇게 노래 부른 일이 있었다. 처음 〈동해 바다 드높은 물결을 미소하시며 누르신〉 〈대불〉은 〈동해가 아주 말랐다〉고 해도 역시 태연자약하다는 것이니 해방 전 약 십 년간의 민족적 현실은 가위 〈동해가 마른〉 형편이어서 〈석굴암 대불〉에서나 보는 바 초연달관한 종교적 신념이 아니고는 생을 지지할 도리가 없었던 것이다. 대불이 동해가 말라도 역시 지키는 것을 지키듯이 씨에게 있어 〈민족 불멸〉의 신념은 씨의 생명의 근저를 흐르고 있는 가장 유구에의 본질이 되어 있었던 것을 알 수 있는 것이다.

근작 「민족」은 이상과 같은 〈민족 불멸〉의 신념을 가장 자유스럽게 본격적으로 표현할 수 있는 조건에서 씌어진 작품이다. 그만큼 작자의 의욕은 지면에 약동하는 바 있고 또 사실에 간곡(편중)하기가 이에 더할 수 없어 나 같은 역사 지식이 빈약한 자로서도 한말의 풍운을 손으로 겨우 잡을 수 있게 느끼게 하는 것이 있다.

그러면 이 작품에 나타난 작자의 〈적극적 의욕〉과 〈사실에의 간곡〉은 소설로서 어떠한 득실을 가지게 되는가. 쉽게 말하여 〈적극적 의욕〉으로써 독자에게 민족적 의식 내지 〈민족 불멸〉의 정신을 고취하게 된 것과 〈사실에의 간곡〉으로써 생명 있는 역사적 지식을 보급시킬 수 있는 것을 그 얻은 바라 하겠으며 진자로 하여 표현에의 추상성을 재래히게 한 것과 후자로 하여 문학적 구성력을 약화시킨 것은 모두 그 잃은 바라 할 것이다. 전자의 예로는 「다시 귀거래」 속에 나오는 동학 손철민의 민족의식 고취의 열변(熱辯)을 들 수 있으니 이로써 지면에 약동하는 작자의 의욕을 간취하기엔 어렵지 않으나 작중인물의 객관성이 거세된 것은 또한 부인할 수 없는 사실이며 후자의 예로는 〈대원군〉과 〈전녹두〉의 관계를 들 수 있으니 이 작품의 첫머리 십 분지 삼 가량과 끝머리 십 분지 이 가량은 조정을 중심으로 하여 대원군이 주인공으로 되어 있고 가운데 토막 십 분지 오 가량은 동학 봉기를 중심한 〈전녹두〉를 주인공으로 등장시켜 그리면서 이 두 인물 사이에 동시대라는 막연한 역사적 관련 이외의 소설이 요구하는바 일원적 유기성을 부여하지는 않은 점이라 할 것이다. 씨가 애초부터 이 점에 착안하지 못했을 리는 없겠지만 그만큼 이 작품이 소설보다 역사에 치중되었다는 것은 의심할 여지가 없는 바이다. 무진 칠월 이일 경복궁 이어(移御)에서 민비 시해까지 약 일 세대간의 조야(정부와 민간)를 통한 민족적 역사적 현실을 그림으로써 뒤늦게나마 눈뜨기 시작한 반봉건적 민족 의식이 외족의 침범으로 무참히 유린되는 원통한 운명과 그러나 이에 굴하지 않고 기어이 이를 박차고 나가려는 영원불멸의 민족혼을 주제로 한 이 작품의 성격으로서 민족 그 자체를 주인공으로 삼으려 한 작자의 의도는 마땅하다 하겠으나 이것이 어디까지나 역사가 아니고 소설인 이상 〈사실에의 편중〉이 소실로서의 형상의 초점을 흐리게 한 점을 지적하지 않을 수 없는 바이다. 형상의 초점이란 반드시 단일 인격의 주인공으로서만 가능하다는 것은 아니며 또 민족을 상징하는 자 대원군이나 전녹두 한 사람이어야만 한다는 것도 아니요 열 사람이라도 좋고 스무 사람이라도 무방하나 결구의 일원적 통일과 이에서만 빚어지는 형상의 초점이 요구된다는 소설적 원칙을 무시할 수는 없다는 것뿐이다.

   그만큼 이 작품은 실리적 성질을 가졌다고도 볼 수 있다. 소설을 한 개 정신적 사치로나 향락을 목적하는 공상물인 줄로만 생각하는 대다수의 사람들도 이 작품만은 중하게 생각하지 않을 수 없을 것이다. 그것은 술이나 담배를 경시할 수 있는 사람도 밥에 등한할 수는 없는 것과 비슷한 관계이기 때문이다. 특히 〈소설적 결구보다 사실에의 편중〉이 이 작품에 있어 일대 위력을 발휘하게 된 소이는 위에서도 지적한 바와 같이 작품의 전편에 횡일하고 있는 작자의 〈민족 불멸〉에의 적극적 신념과 혼연일치되어 있는 점을 우리는 또 한번 주의해 두지 않을 수 없는 것이라 하겠다.

이 글 초두에서 나는 월탄이 조로하지 않은 것과 민족 의식의 일관성을 들어 마땅히 경의를 표하지 않을 수 없는 점이라고 하였지만 「민족」은 이 양자가 기실 별개의 것이 아님을 다시금 명백히 보여준 점에 있어 더욱이 중요성을 가진 것이라 하겠다. 전편에 창일하는 강렬한 긍정과 왕성한 의욕은 오로지 〈민족 불멸〉에의 적극적 신념에 발원히는 것이며 이것이 문학적으로는 그의 작품 세계를 구성한 기본적 요소가 되며 인간적으로는 그로 하여금 족히 요절과 조로를 극복케 한 원동력이 된 것임을 의심할 수 없는 것이다.

일찍이 〈대불〉을 향하여 〈동해 말랐다오 무엇을 지키시오〉하고 자문자득하던 그의 유구에의 신념은 「민족」에 와서 대원군, 전녹두, 민비, 면암(勉庵) 등을 통하여 다시 구현되었다고 할지니 이들의 이름이 민족과 함께 진실로 멸하지 않을 것이라면 그의 신념 또한 이아 함께 유구함이 있을 것이라 하지 않을 수 없을 것이다.

서정주의 「추천사(鞦韆詞)」

《문화》지 제3호에 서정주의 「추천사」란 시가 게재되었다. 좋은 시(詩)다.

　　채색한 구름같이 나를 밀어 올려다오
　　이 울렁이는 가슴을
　　밀어 올려다오

　　몸짓도 발구름도 없는
　　서으로 가는 달같이는
　　나는 갈 수가 없다

〈춘향의 말(壹)〉이란 부제가 붙은 이 시에는 이러한 일 절이 있다. 속되게 말하면 현실 도피, 문자를 쓰면 우화등선(羽化登仙)…… 이즈음엔 이따위 견해가 유행되는데 얼핏 생각하면 그럴듯한 해석 같다. 그러나 틀린 생각들이다.

혼탁한 인간 의식은 항상 정화되기를 욕구하고 착잡한 사회 현실은 언제나 순화되기를 지향한다. 혼탁해서 정화, 착잡에서 순화, 이것이 시인의 임무요 특권이요 또 명예이기도 한 것이다.

시인에게 혼탁하고 착잡한 인간 현실을 있는 그대로 묘사하라고 하는 것은 리얼리즘의 조수를 잘못 들이킨 공식주의자들의 망단이다. 리얼리즘을 닮는다는 것과 시가 된다는 것과는 별개의 말이다. 가장 고조되고 압축된 언어란 언제나 정화와 순화에만 통하는 것이며 그러므로 태백이고 연명이고 〈단테〉고 〈릴케〉고 가장 고조되고 압축된 언어의 소유자들인 고금의 위대한 시인들은 예외없이 모두가 그 〈울렁이는 가슴을 채색한 구름〉에다 연결시켰던 것이다. 현명한 시인들은 어느 시대고 그들의 임무와 특권과 영예(榮譽)를 가지기에 게으르지 않을 것이다.

문학과 인간

최정희의 삼부작

 최정희 씨의 창작집 『천맥(天脈)』이 이제야 나타났다.
 작자 최정희 씨는 십여 년래 조선 문단의 유일한 여류 현역 작가요 또 희유하리만큼 왕성한 〈휴머니티〉의 소유자이기도 하였다. 그러한 씨의 문학적 연조로나 또 그 작품의 문학적 의의로 보아서 『천맥』의 상재가 때늦은 감이 없지 않으나 그 지질(紙質)과 장정에 있어 그래도 이만한 화장이라도 하고 나오느라면 오늘날의 형편으로선 결코 용이하지 않았으리란 생각도 든다.
 수록된 「지맥」, 「인맥」, 「천맥」 삼 편은 씨의 지금까지의 문학 생활에 있어 문학적으로 그의 최고 수준을 지키는 작품들일 뿐 아니라 일면 인간 최정희 씨를 아는 데도 가장 중요한 작품들이다. 소설로서의 구성으로나 문장으로 트집을 잡으려면 못잡을 것도 아니나 그러나 〈혈서〉를 두고는 필법의 교졸(巧拙)을 이르는 예(禮)가 아니다. 이 세 편이 두뇌로나 손끝으로 이루어진 것들이 아니고 심장으로 피로 씌어진 작품들이란 것을 깨달을 때 독자는 이 작품들이 가진 그 놀라운 박력과 진실 앞에 절로 눈물짓게 됨을 구태여 감추지 않아도 좋을 것이다. 〈연이〉의 운명이 반드시 남의 것으로만 생각되지 않는 여성들은 혹은 남성들은 이 세 편의 작품을 통하여 자기들의 쌓인 설움을 충분히 정화시켜도 좋을 것이다.

나는 물론 이 작품의 윤리를 만인에게 권장하려는 자가 아니다. 그러나 우리가 소학교 수신 교과서에서부터 쌓아온 모든 미풍양속도 항상 이러한 반발과 항거에서 자기 자신을 부단히 확충하며 성장시켜 왔다는 것을 말해 둔다. 문학에 있어서 사상성이란 것이 어떤 경제적 정치적 목적 의식에서 오는 사회성이니 현실성이니 하는 것이나 혹은 어떤 공식적인 〈이데올로기〉만이 아니라면 이 「지맥」, 「인맥」, 「천맥」 삼 부작이야말로 형식보다 내용에 있어 기술보다 사상에 있어 모든 독자를 속이지 않으리라고 단언한다. 일독을 권하는 바이다.

청마의 『생명의 서(書)』

청마 유치환 씨의 제2시집 『생명의 서』가 점두에 나왔다.

청마는 금년 조선시인상 제1회 수상자로 사십 세의 장년이다. 그는 과거 십오 년간 일제의 창궐이 그 극에 달하였던 사오 년간을 제외하고는 일관하여 묵묵히 시작에 정진하여 온 가장 건실한 중진 시인이다. 그의 제1시집 『청마시초』가 이미 그 웅혼, 심각, 비건(悲建) 등의 남성적 시풍으로 당시의 따분한 감각과 재담 시단에 일대 혁신을 일으킨 바 있거니와 특히 해방 이후 그 숭고한 조국애와 열렬한 민족혼의 결정으로서 된 일련의 민족시는 해방 민족의 환희와 환멸과 분노와 의욕을 그대로 우리에게 전해 줄 수 있었다. 그리고 이번의 『생명의 서』 가운데는 그의 제1시집 이후로부터 해방 전까지의 시

전부가 수록되었다.

> 이 적은 가성(街城) 네거리에
> 비적(匪賊)의 머리 두 개 높이 내걸려 있나니
> 그 검푸른 얼굴은 말라 소녀같이 적고 반쯤 뜬 눈은
> 먼 한천(寒天)에 모호히 저문 삭북(朔北)의 산하르 바라보고 있도다
> 너희 죽어 율(律)의 처단의 어떠함을 알았느뇨 이는 사악(四惡)이 아니라
> 질서를 보전하려면 인명도 잡구(雜枸)와 같을 수 있도다
> ―「수(首)」에서

「수」는 청마가 북만 일우(北萬一隅)에서 호인(胡人)들 틈에 섞이어 살 때 얻은 걸편이거니와 일 절을 통해서도 그의 침통하고 비건(悲建)한 생명의 곡조를 짐작할 수 있을 것이다.

> 아아 카인의 슬픈 후예 나의 혈연의 형제들이여
> 우리는 언제나 우리나라 우리 겨레를
> 반드시 다시 찾을 날이 있을 것을 나는 믿어 좋으랴
> ―「나는 믿어 좋으랴」에서

이와 같이 그의 침통 비건한 생명의 곡조는 근본적으로 민족에 대한 운명적인 통한에서 오는 듯하다 이 점 상세한 검토는 고(稿)를 달리하려 하거니와 그의 시는 시이면서 이미 시가 아니다. 시를 하나의 서정소곡이나 감각적 재담에서 만족할 수 없는 이 땅의 새 세대의 시인들은 먼저 이 책을 읽으라.

〈바이블〉을 시집 따위에 비할 것이 아니라면 청마의 시집이 야말로 시집이기보다 분명히 시경(詩經)이래야 할 것이다.

후기

해방 이후에 쓴 평론 중, 그것도 전부가 아니고 한 부분을 한데 묶어서 이 책에 넣기로 하였다.

순수 문학에 관한 논의는 특히 해방 이전부터 시작되었던 것으로 이후의 것과의 관련도 있고 하여 되도록 여기다 넣고 싶었으나 지면 관계로 부득이 남겨 두기로 하였다.

작가론의 대상에 되도록 작고한 이를 택하여 한 것은 이를 관망할 만한 시간적 거리를 가지고자 한 것이 그 첫째 이유요, 정파 의식과 정실 관계로 그들의 인간이나 예술에 포폄(褒貶)과 잡음을 가하지 않으려 한 것이 각각 그 둘째, 셋째 이유들이다.

이런 의미에 있어 「삼가시인론」은 우선 그 〈노트〉에 지나지 않는 것으로 앞으로는 각명 따로 논급할 기회를 가질 것이다.

제2부 「문학적 사사의 주체와 그 환경」은 문학이 가지는 바 사상성이란 것의 본질에 대한 근본적 고찰을 시험한 것으로 우리의 문학과 같이 전통이 빈약한 데서 책임 있는 학자에 의하여 이십 년 혹은 삼십 년 전에 이미 구명되었어야 할 것이 오늘날에 이르기까지 아무도 이에 언급하는 이가 없을 뿐만 아니라 상급하는 흔적조차 볼 수 없는데다 문학에 대한 본질적인 견해마저 논란을 극한 현상이라 나 같은 일개 작가로서 이를 십분 논구할 적임이 아님을 미리 알면서도 그 절박한 형편이 기어이 나로 하여금 이를 논급하게 한 것이다. 후일 투철하고 진지한 학자가 이 문제를 구명함에 한갓 참고가 되어지기를 바란다. 그리고 다음의 「문학하는 것에 대한 사고」는 그 「사고」란 제목이 가리키는 바대로 내 자신의 문학관의 일면적 기초를 말하려 한 것이다.

제3부의 여섯 편은 해방 이래 이 땅 문단에서 논의된 여러 가지 문제, 가령 순수 문학, 본격 문학, 민족 문학, 계급 문학 하는 것들의 의의와 사명과 귀추들에 관한 것들이다.

제4부 역시 문단에 관한 문장으로 여기서는 주로 작가와 작품에 대한 시평 두 편을 고른 것이다.

제5부는 단편.

책 이름을 〈문학과 인간〉이라 한 것은 이 책에 수록된 문장이 모두 문학과 인간에 관한 것이기 때문이다. 여기 〈문학과 인간에 관한 것〉이란 말의 뜻은 그중 어떤 것은 문학에 관한 문장이요 또 어떤 것은 인간에 관한 문장이란 뜻이 아니라, 그 모두가 문학에 관한 것인 동시에 또 인간에 관한 것이란 뜻이다. 나에게 있어 문학의 대상은 인간이요 인간을 떠나 문학은 존재할 수 없고 또 무의미한 것이라고 생각되기 때문이다. 그러므로 이 책 속에 수록된 모든 문장은 예외없이 〈인간〉의 범주에서 생각하고, 〈인간〉의 각도에서 관찰하고, 〈인간〉의 의욕에서 표현된 것들이다.

나는 지금까지 〈인간〉을 떠나 문학을 생각하고, 인간을 떠나 문학을 논의한 적은 없다. 비단 이 책 한 권에 한한 것이 아니다. 나에게 있어서는 시고 소설이고 평론이고 일체의 문학이란 다만 인간을 인식하고 인간을 정화하고 인간을 구제하기 위한 방법에 불과한 것이다.

무자(戊子) 구월
저자 기문(記文)

부록

- 지성적인 작품 : 손소희 평
- 본격작품의 풍작기
- 왕성한 시정신
- 오영수 형에 대하여
- 눈물의 의미
- 눌인 김환태
- 샤머니즘과 불교와
- 국어와 민족문학
- 좌표 이전과 모래알과
- 사라지지 않는 것들

지성적인 작풍

— 손소희(孫素熙) 저 『이라기(梨羅記)』를 읽고

   손 씨의 첫 창작집 『이라기』에 수록된 「맥(貘)에의 메별(袂別)」「도피」「그 전날」「숙원(宿怨)」「악수」「삼대(三代)의 곡(曲)」「회심(回心)」「이라기」「속 이라기」 등 아홉 편의 작품을 통하여 말한다면 씨의 작품(作風)엔 참신한 감각이나 청아한 정서보다 사변적(思辨的)인 지성(知性)이 느껴진다. 그리고 아홉 편에 일관된 작품세계의 기조는 정치의식에 서 있다. 「맥에의 메별」 한 편을 제외한 여덟 편은 제재(題材) 혹은 주제 자체가 이미 정치적 사건 혹은 정치적 의식에서 취해져 있고 작중 인물의 거의 전부가 8·15해방 전후의 조선적 현실에서 생활한 지식인들이다. 이건 또 당연한 일이기도 할 것이다. 그만큼 씨의 작품을 통하여 접할 수 있는 작중 인물들의 인간성은 현실적이요 행동적인 반면 본질적인 깊이와 넓이가 결(缺)해 있다.

이러한 의미에서 「삼대의 곡」은 이 작자의 대표작이라는 것은 아니나 재미있다. 이 작품의 여주인공 옥경은 할머니와 어머니를 기미운동으로 인하여 잃고 지금은 어느 〈철도연선에 있는 조그마한 도시 K읍〉에서 신문기자 노릇을 하는데 거기서는 해방되어 두 번째의 기미운동기념식을 맞이하게 된 것이다. 그런데 이 기념식이 기미측(己未側)과 삼일측(三一側)으로 나눠져 있고 게다가 옥경으로 말하면 그의 허혼(許婚) 상대자인 인수는 기미측이요 그의 애인인 동시 오빠의 동지인 영식이는 삼일측이라 그 중간에 한참 동안 심리적으로 옥신각신하다가 결국은 삼일측에 가담하게 되고, 뿐만 아니라 행렬의 선두에 ─이건 동무들의 강권(強勸)에 의하여─ 서게 되어 기미측과 충돌이 되려 할 때 기미측에서 날아온 돌멩이를 맞아 죽는다는 것이다. 이야기를 미루어서도 짐작할 수 있는 바와 같이 옥경은 소위 삼일측이고 기미측이고 한쪽이 절대적으로 자기편이요 한쪽은 절대적으로 적의 편이란 것은 아니다. 그러나 마지막에 어느 것을 취하느냐 하면 삼일측을 취한다는 정도이다. 이것으로 곧 작자 자신의 정치의식을 속단할 필요는 없겠으나, 「회심」이든 「이라기」를 통해서도 독자에게 느껴지는 것은 역시 「삼대의 곡」에서 보는 옥경이 비슷한 것이다.

「이라기」「속 이라기」는 같은 이야기의 줄거리를 쓴 것인데 여주인공 리라를 그리기에 여념이 없었던지 이영(李英)과 진성(陳成)을 알 수 없는 사람으로 만들어 놓았다. 만주에서 지하운동을 하고 혹은 탈옥하여 모스크바로 망명을 하고 알소전(戰)에 부상을 당하고 난 사람들로서는 너무나 극단 출신의 감상 청년들같이만 그려져 있다. 특히 진성이란 위인은 「이라기」에서와 「속 이라기」에서 딴사람같이 그려져 있다. 다만 여주인공 리라는 전편에서고 속편에서고 흥미있게 되어 있고 특히 속편에 와서 더욱 재미있게 되었다고 생각한다.

 이 땅에서와 같이 작가가 귀하고 더욱이 부인 작가가 드문데서 손 씨와 같이 지성적인 작가 한 사람을 더 얻게 되었다는 것은 여러 가지 의미로 다행하고 경하스런 일이라 하지 않을 수 없다.

1949년 2월 5일 〈경향신문〉

1959년 문단 전망

본격작품의 풍작기(豊作期)

– 불건전한 비평태도의 지양 가기(可期)

한국문단은 1959년으로 다섯 해째 풍작기를 맞는다. 이것은 《현대문학》, 《자유문학》, 《문학예술》(지금은 휴간 중이지만), 《신문예》 등 순수문예지의 기록적인 발행과 《사상계》, 《사조》, 《신태양》, 《자유공론》 등 종합잡지가 문예란에다 많은 지면을 제공하는 데 기인하는 것이다. 따라서 이런 순 문예지들과 종합지들이 계속 간행될 때까지 이 현상(문단적 풍작)은 앞으로도 계속되리라고 본다. 참고 삼아 작년(戊戌年)도의 문단 수확을 잠깐 살펴보면 소설이 약 250편, 시가 약 450편, 희곡이 약 15편, 평론이 약 300편이요 이에 동원된 작가(시인·평론가 포함)가 약 200명이나 된다. 위에서도 언급한 바와 같이 이러한 문단적 풍작기는 4, 5년 이래 계속되는 중이지만 그것이해마다 조금씩 더 증가되고 있는 것이다. 더구나 놀라운 점은 이 4, 5년 내에 등장한 신인이 약 7, 80명을 헤아리게 되었으며 그들의 대부분이 진지하고 견실한 작풍을 보여 주고 있는 것이다.

이 밖에 또 한 가지 괄목할 일은 청소년층의 문학열과 아울러 학생문단의 활약상이다. 무술년도의 각 신문의 현상문예에 있어 당선자의 대부분이 20전후의 청소년들이며 각 중고등학교와 각 대학의 문예활동 역시 해를 따라 활기와 약진(躍進)을 더하고 있다.

20세 전후의 청소년들이 이렇게 당당히 당선이 되어 문단사회에 진출하게 되는 데는 각 중고등학교에서와 각 대학에서의 적극적인 문예활동이 그 밑받침이 되고 있는 것으로 보여진다.

그러면 부문별로 몇 가지 구체적인 문제를 통하여 1959년도의 문학계를 전망해 보기로 하자.

소설문단의 전망

소설문단에 있어 가장 현실적인 문제는 본격소설과 통속소설의 문제다. 본격소설 또는 순수소설에 종사하는 작가들이나 이것을 상대하는 독자들에게 있어 통속소설(또는 대중소설)이란 음악에 있어 유행가(또는 경음악)와 같은 것으로 거기다 진지한 문학적 가치나 의의(意義)를 운위할 필요가 없는 것같이 알고 있으며, 그와 반면에 통속소설 또는 대중소설에 종사하는 작가들이나 이를 상대하는 독자들은 순수소설이라는 것을 또한 어떤 특수한 고고(孤高)취미 같은 것으로 알거나 그렇지 않으면 그 존재조차 모르는 사람이 허다하다.

근본적으로는 물론 이 두 가지 성질의 소설 사이에 가로놓여 있는 담장이 무너질 수 없는 것이라 하더라도 우리나라와 같이 현격한 위치에서 대치(對峙)되어 있는 것은 후진 문단의 불건전한 난상(難相)에 지나지 않는 것이며, 더욱이 장편이라고 하면 통속을 연상하리만큼 장편의 대부분이 통속적 경향에 놓여 있다는 사실과 아울러 생각할 때 우리가 이 문제를 소홀히 보고 있을 수 없는 것이다. 이에 대하여 내가 1959년도에 희망을 붙이는 일은 다음과 같은 몇 가지 점이다.

첫째는 세계문학전집이 활기를 띠고 간행되는 일이니 이것이 대중독자에게 보급(普及)된다면 그 결과에 있어 본격소설의 독자를 대폭적으로 증가시키는 역할을 하게 될 것이라는 점이요, 둘째는 《소설계》《소설공원》 같은 중간소설을 지향하는 월간지가 활기를 띠고 간행되는 일이니, 이 역시 통속소설의 독자를 본격소설 독자로 이끌어 올리는 매개 역할을 할 수 있으리라는 점이요, 셋째로는 순문예지 종합지들이 중편소설의 전재(全載)를 계획하고 있다 하니 이 또한 직접적인 방법의 하나가 될 수 있으리라고 믿어지기 때문인 것이다.

시단(詩壇)의 전망

우리의 시단도 대국적(大局的)으로 보아서는 대단히 활기를 띠고 있으나 질적 수준은 양적 번성에 비하여 많이 미치지 못하는 바 있다. 오늘날의 우리 시의 일반적인 결점은 언어의 세공성(細工性)에 흘러 있는 반면에 작품단위의 상(想)과 구성이 모호하고 희박한 점이다. 그리고 이것이 기성보다 신인의 시에 더욱 현저히 나타나고 있으며 이것은 자랑이 되기보다 1959년도에 있어서의 지양의 대상이 되어야할 것이다.

평단의 전망

위에서도 언급한 바와 같이 양에 있어서의 번성은 평단도 시나 소설에 결코 뒤떨어지지 않을 만하다. 그러나 질적 수준에 있어서는 시나 소설에 훨씬 미치지 못한 것이 또한 평단이 아닐까 생각된다. 원칙론에 있어 이렇다 할 문장이 없는 것은 별도로 하더라도 시평이나 작품평의 우열성은 독자들의 빈축을 금할 수 없게 하였으니 그 가장 현저한 몇 가지 예를 들면 다음과 같다.

첫째 월평(月評)이나 총평(總評)을 쓰는 경우 원칙적으로는 그달의 작품, 그해의 작품 전체가 비평의 대상이 되어야 하지만 지면관계로 그것이 불가능하다고 하더라도 그것의 취사선

택엔 어떤 원칙과 규준(規準)을 내세워야 할 터인데 아무런 전제도 없이 임의의 작품을 끌어내어 부당하게 깎기도 하고 추키기도 하니 이것은 완전히 깎기 위해서 끌어냈다거나 추키고 싶어서 끌어냈다는 말밖에 되지 않는 것이요, 둘째로 어떤 잡지가 월평이나 총평 같은 것을 위촉하면 그 위촉받은 당해지(當該誌)의 작품에만 절대적인 비중을 주어서 왈가왈부를 하니 이 또한 전자에 못지않은 비평의 타락이 아닐 수 없다.

가뜩이나 뒤떨어진 비평문학이, 더구나 내일의 문단을 담당해야 될 신인들이 스스로 평단의 권위와 신뢰성을 이렇게 여지없이 짓밟고 있으니 이맛살이 찌푸려지지 않을 수 없다.

1959년도에 있어서는 이러한 불건전한 비평태도도 지양되어야 할 것이다.

1959년 1월 9일 〈서울신문〉

왕성한 시 정신

– 박두진 시집 『해』를 읽고

박두진(朴斗鎭) 씨의 첫 시집 『해』가 김용준 화백의 고아한 장정으로 점두(店頭)에 나타났다.

34년 전에 조지훈, 박목월 양씨와 함께 『청록집』이란 3인 시집을 내어 그들의 탁월한 역량을 세상에 밝게 증명한 바 있었지만 그 뒤 세 사람이 다 각각 단독으로 한 권씩의 시집을 내어도 좋음 직한 시기가 되었음에도 세 사람이 더불어 약속이나 한 것처럼 그 아무도 소식이 없어 저으기 궁금해하던 차에 박두진 씨가 먼저 『해』를 내어놓은 것이다.

박두진 씨의 시인적 역량에 대해서는 지금 새삼스레 사족을 늘일 필요가 없다. 그는 우리나라 신문학사상에서 손을 꼽을 만한 시인의 한 사람이요 그의 시는 오늘의 우리 시단의 수준을 논의할 수 있는 가장 충실한 대상의 하나다.

이번 『해』에 수록된 33편의 주옥 가운데서도 「해」, 「묘지송(墓地頌)」, 「청산도(靑山道)」, 「도봉(道峰)」, 「향현(香峴)」, 「해수(海愁)」, 「장미의 노래」, 「청산에」 등은 특히 힘과 생기에 찬(충만한) 작품들이며 그 밖에 그 어느 것도 우리가 읽어서 실망할 작품은 하나도 없다. 이렇게 편편이 모두가 충실하고 건전한 데서도 그의 탁월한 역량은 잘 증명된다 할 것이다.

그의 시는 한마디로 말하면 고금의 모든 고귀한 시인들이 그러했듯이 역시 가장 고귀하고 중요하고 근본적인 것을 노래 부른 것이다. 이름 지어 이것을 신이라 하든지 자연이라 하든지 어쨌든 영원히 아름다울 수 있는 것을 노래 부른 것이다.

> 아스므레
> 저렇게
> 머얼리서도 청산은
> 팍팍한 가슴을
> 가슴속 목마름을 추겨 주는데
> ─「청산에」 일부

> 왜 이렇게 자꾸 나는 산만 찾아 나서는 걸까?
> 내 영원한 어머니…….
> ─「설악부(雪岳賦)」 일부

이렇게 그의 생명이 산림과 더불어 깊이 교류하여 자연의 맥박 속에 유구(悠久)하려 함은 동양의 위대한 전통적인 시인

들과 같이 선(禪)의 경지에 통하는 것이요, 거기서 다시

> 언제 무덤 속 화안히 비춰 줄
> 그런 태양만이 그리우리
>
> —「묘지송」일부

> 다섯 물과 여섯 바다에
> 일제히 인류가 합창을 부르는 날
>
> —「장미의 노래」일부

을 열구(熱求)하고 갈망하는 서양적인 이상성(理想性)은 분명히 기독교적 메시아적 이상(理想)이 아닐 수 없다. 여기에 그의 시(詩)의 세기적 과제와 스케일이 있다.

이와 같이 세기적 과제와 스케일을 지닌 그의 언어가 — 그렇기 때문에 그만치 관념적인 그의 언어가 — 그 관념에 해당하는 음악을 가졌다는 것은 그가 얼마나 풍부한 시 정신의 소유자란 것을 의미함과 별개의 것이 아니다.

시를 사랑하는 문학에 뜻을 둔 사람 세기적 과제에 관심을 가진 사람 현대와 미래와 사상에 유의(留意)하는 사람 그리고 자기의 생활을 좀 더 보람 있게 가지고 싶은 사람은 누구나 다 이 책 한 권을 자기의 것으로 하기 바란다.

1949. 7. 20 동아일보

오영수 형에 대하여
-「머루」무렵을 중심으로

　오영수(吳永壽) 형은 1943년이던가, 내가 일광(日光)에 갔을 때 처음 만났다. 일광면(日光面)이 당시 기장군(機張郡)에 속했는지 동래군이던가 잘 모르겠다.
　일광에는 내 백씨(伯氏) 범부 선생이 기전(耆田)이란 별호(別號)를 붙이고 은거하고 있었다. 당시 우리 집은 왜경의 박해로 여기저기 흩어져 숨어 살고 있을 때였다.
　내가 일광의 백씨를 찾은 것은 백씨의 안부를 살피려는 것이 주목적이었지만, 그 밖에 조카에 대하여 상의할 일도 조금 있었다.
　오영수 형이 내 백씨를 어떻게 알고 찾아왔었는지 그 일에 대해서는 나도 잘 모른다. 다만 백씨는 나에게,

"오군도 문학에 뜻이 있는 모양이야."
했을 따름이었다.

그때도 오형은 까만 테 안경에, 가무잡잡한 얼굴에, 곱슬머리에, 속소그레한 체수에, 어딘지 촌티가 나 뵈는 인상이었다. 나이는 나와 동갑일 것이라 했다.

"이런 데서 이렇게 만나 뵐 줄은 몰랐심더. 참 반갑심더."
오형이 나에게 건넨 첫 인사말이었다.

"글은 쓰는 지 오래됐습니까?"

"뭐요. 아동문학에 손을 좀 대 봤습니다만 그것도 신통찮고, 본래 그림을 좀 안 그랬심니꺼?"

"취미가 여러 가지로구먼요. 아동문학은 손댄 지 오래됐습니까?"

"햇수는 꽤 오래됐심더마는 시골에 혼자 있자니까 누구한테 뵈 볼 데도 없고…… 참 김형 작품은 발표될 때마다 애독하고 있심더."

"아동문학은 무슨 특별한 동기나 이유라도 있습니까?"

"그런 것도 없심더. 거저 장난삼아 손대 본 거지요."

"취미라면 아무거나 마찬가지지만, 직업으로 해 볼라면 이왕이면 소설을 써 보지요."

그때나 지금이나 나는 누가 문학에 뜻이 있다고 하면, 으레 이렇게 말하는 버릇이었다.

오형은 면구한 듯한 웃음을 입가에 띠며,

"사실은 그래서 어짜든지 김형을 한번 만나 뵀시면 했심더.

앞으로 부탁하겠심더."

했다.

그 당시에 문학을 해 보겠다는 사람은, 오늘과 또 다른 의미에서 귀한 존재일 수밖에 없었다.

"지금은 전쟁 중이고 발표기관도 없으니까 서두를 건 없습니다. 세계문학 전집이란 거 있지요? 그걸 정독하며 실력을 기르고 있으면 언젠가는 기회가 올 거 아닙니까?"

"고맙심더. 종종 자주 만나 뵈야 할 낀데……"

"지금은 전쟁 중이니까 내 주소도 일정치 않아서…… 언젠가는 기회가 오겠지요."

이것이 그때의 작별 인사이기도 했다.

내가 오형을 두 번째 만난 것은 해방 후 오형이 동래에 있을 때가 아닌가 한다. 오형은 무척 반가워하며 나를 초대하려 했으나 그때 나는 무슨 일인가 시간에 쫓기고 있었기 때문에 다음 기회로 미루고 그냥 헤어졌던 것으로 기억한다.

오형을 세 번째 만난 것은 1949년 늦은 봄이 아니던가 생각한다. 오형은 그 무렵 부산의 경남여고에서 미술교사로 재직하고 있었던 것으로 기억한다.

그때 나는 부산에 강연을 하러 갔었는데 강연을 마치고 내려오니 오형이 나타났던 것이다. 오형은 나더러 조용히 상의할 일이 있으니 저녁 시간을 자기에게 내어달라는 것이었다. 그러나 나는 강연을 마치는 대로 다른 강사(고 오종식 선생)와 함께 주최측이 준비한 자리로 나가야 하게 되어 있었고, 그 자리에서 일어나면 바로 서울로 돌아와야 할 스케줄에 묶여 있었다.

오형은 실망을 하며,

"너무 함더."

했다.

"여기서 간단히 얘기할 수 없어요?"

"……"

오형은 민망한 듯이 입술을 오무작거리고 나더니,

"사실은 작품을 좀 보여드릴라고 그럽니다."

했다.

"그럼, 우편으로 보내지요. 내 주소 알지. 보고 나서 내 곧 편지할게."

"그럼 그렇게 믿겠심더."

이러고 헤어졌다.

내가 서울로 돌아온 지 달포쯤 지났을 때 오형의 소설 「냄이와 엿장수」가 우송되어 왔다. 편지도 동봉되어 있었다.

    김형, 부끄럽습니다. 인제사 소설이랍시고 한 편 끄적거려서 우편에 부칩니다. 읽어 보시고 많이 지도해 주시면 고맙겠십니다. 가능하면 어디다 발표해 주시면 더 이상 영광이 없겠십니다.
    〈추신〉
    이번에는 부산에 오시면 저에게 꼭 하룻밤을 주셔야 합니다. 또 먼저같이 쌀쌀맞게 굴면 그때는 그냥 안 있겠십니데이.

나는 「냄이와 엿장수」를 읽고 혼자 미소를 지었다. 흡족하지는 않았지만 우선 이만하면 기대에 어긋나는 편은 아니라고 생각했다. 나는 몇 군데만 손을 대어서 내가 주재하던 월간지 《신천지》에 제목도 〈냄이〉를 〈남이〉로 고쳐서 내어보낸 것 같다. 당시만 해도 워낙 지면이 귀할 때라 이 잡지 정도에 발표만 되면 그대로 문단에 데뷔가 되었었다. 그런 만큼 기성 작가에게도 좀체 돌아가지 않는 지면을 신인에게 제공할 때는 편집자의 여간한 용단과 자신이 없이는 불가능한 일이었다.

나는 「남이와 엿장수」가 발표되자 내 자신이 문단의 심판이나 받을 사람처럼 반향을 살폈다. 제일 먼저 관심을 표시한 사람이 최정희(崔貞熙) 씨였다. 재미있게 읽었다고 했다. 그런 지 이틀인가 사난 뒤 백철(白鐵) 씨가 또한 관심을 보여 주었다.

"오영수 씨가 누구요?"

"부산 사람입니다."

"젊은 사람이오?"

"나이는 꽤 들었어요. 사십 가까이 될 거예요."

"해방 전부터 써 오던 사람이군?"

"그럼요. 습작이야 오래됐지요. 괜찮습디까?"

"하여간 재미있게 읽었수다. 촉망해 볼 만하던데…… 그러니까 김 선생하고 친구로군?"

"해방 전부터 안면은 있었지요. 별로 가깝지는 않았지만, 이번에도 우편으로 보내왔기에 문단의 심판은 내가 받기로 하고 내어보내 봤지요."

"그럼 잘됐구려."

"감사합니다. 점심하러 가실래요?"

"점심은 벌써 무슨……."

백철 씨는 픽 웃으며 합동통신사 쪽으로 가 버렸다. 서울시청 앞의 오전 열한 시쯤이었다.

나는 겨우 안도의 숨을 돌리고는 사무실(서울신문 출판국)로 향해 오다가, 이왕 내친김에 젊은 축의 의견도 들어 보자고 생각하고 발길을 돌려 《문예》사로 향했다.

《문예》사에는 조연현 씨가 외출한 채 홍구범(洪九範) 씨가 혼자 원고를 쓰고 있었다. 나는 편집관계 이야기를 하다가 「남이와 엿장수」에 대한 최 여사와 백철 씨의 이야기를 전한 뒤 그의 의견을 듣기로 했다. 홍구범 씨는 입을 헤벌리며,

"시골사람 아녜요?"

하고 물었다.

"왜요?"

"시골냄새가 나던데요."

"하기야 홍군 작품에도 시골냄새가 나잖우?"

"시골 이야기를 썼대서가 아니고……."

홍구범은 말끝을 흐리고 있었다. 그의 철저한 리얼리즘 정신으로서는 어딘지 석연치 않은 모양이었다.

그런 지 약 반년이나 지난 뒤 서울신문사에서는 50년도 신춘문예 모집광고를 내었다. 해방 후에도, 그러니까 47년이던가 48년에 경향신문에서 신춘문예를 현상모집한 일이 한 번

있었지만 그것을 제외하고는 이것이 처음이었다.

그래서 그랬는지 소설만 해도 200여 편이 들어왔던 것으로 기억한다. 그 당시로 봐서는 엄청난 숫자였다.

그 당시만 해도 이런 행사엔 경험들이 없어서 운영면에 많은 무리가 있다고 느껴졌다. 우선 사내의 부장급 이상은 자동적으로 자기의 전문분야 부문의 간사(幹事)가 되었고, 심사위원은 사내외를 묻지 않고 사계권위자(斯界權威者)로 한다는 요강이었다.

이에 따라 소설부문엔 김송(金松) 씨와 내가 간사로 되었고, 나중 박종화 선생과 나는 외부의 염상섭, 백철, 계용묵 제씨와 함께 심사위원도 겸하게 되었다. 초선(初選)은 간사들이 맡게 되었으므로 김송 씨와 나는 약 100편 내외씩 소설을 읽어야만 했다.

내가 약 30편가량 읽어 갔을 때 김성한(金聲翰) 씨의 「무명로(無明路)」가 나왔다. 나는 이 작품을 서너 장 읽다가 월간부장(月刊部長)인 이선구(李璇求) 씨를 돌아다보며,

"여기, 당선감 나왔는데."

했더니, 이선구 씨는 웃으며,

"오죽 따분하면 농담을 하실까?"

하고 진담으로 받지 않았다.

"글쎄 다 읽어 봐야 알겠지만 문장력은 두드러지게 정확해요."

이렇게 말한 뒤 나는 이 작품을 끝까지 읽어 내려갔다. 수준이 확실한 작품이었다. 그러나 주인공 〈이재신(李宰臣)〉을 전통

적인 한국인의 한 유형으로 설정해 놓고 여기다 신랄한 풍자와 조소를 퍼부어 놓아서 흡사 좌익계열 작가가 우익 내지 보수주의에 대한 조소를 이러한 형태로 표현한 것이 아닐까 하는 의심이 들었다. 더구나 순경을 긍정적으로 그린 것까지 작자의 그러한 의도를 카무플라주하기 위한 연막같이 느껴졌다. 그래서 나는 지하에 숨은 좌익 작가가 상금이나 따먹기 위한 장난으로 하는 것이 아닐까 하는 의심까지 일으키게 되었다.

나는 이 작품의 끝장에 적혀 있는 주소에다 엽서를 내었다.

"「무명로」에 대하여 상의코자 하니 사로 나와 주시기 바랍니다." 하는 내용이었다.

4, 5일이 지나 엽서는 수취인 부재란 부전(附箋)을 달고 돌아왔다. 이로써 좌익 작가의 징닌질이 아닐까 하는 의심은 너욱 굳어졌다. 그렇다고 이 작품을 그렇게만 단정할 근거도 없었다. 진짜 신인일 가능성도 얼마든지 있었기 때문이었다.

이보다 며칠 전이었다. 소설부문의 다른 간사로서 예선을 맡은 김송 씨로부터 전화가 왔다.

"먼젓번 《신천지》에 실린 「남이와 엿장수」의 작자가 오영수 씨지요? 그런데 똑같은 이름으로 응모작이 들왔는데…… 그 사람 주소가 어떻게 되죠?"

"부산."

"맞아요. 이것도 부산인데 그럼 같은 사람이군요."

"작품 이름은?"

"머루."

"좋아요?"

"젤 나은 것 같은데……."

"하여간 예선에 넣고 봅시다."

이렇게 되어 내가 「무명로」를 포함한 여섯 편, 김송 씨가 「머루」를 포함해서 열 편, 합계 열여섯 편이 본선으로 돌아왔다.

나는 심사위원을 겸하고 있었기 때문에 김송 씨가 뽑은 열 편을 마저 읽기로 했다. 역시 김송 씨가 말한 대로 그 열 편에서는 「머루」가 제일 우수했다. 내가 뽑은 여섯 편 가운데서는 물론 「무명로」가 제일 뛰어났다.

내가 위에서 말한 대로 운영면에 서툰 점이 많아 후보작품들을 사전에 심사위원들에게 돌리지 않은 채 심사위원회를 수집하고, 그 자리에서 당선작을 결정하라는 것이었다. 박종화 선생은 나와 함께 소설부문 심사위원에다 전체 부문 운영위원장이었기 때문에 사전에 작품을 읽을 겨를이 없기로는 외부의 세 사람과 다를 바 없었다.

나는 소설부문 심사위원이 다 나오셨다는 연락을 받자 후보작 16편을 안고 회의장으로 나갔다. 회의실은 사장실이자 심사위원장실인 박종화 선생 방이었다.

오후 2시에 회의는 시작되었지만, 위원들이 16편을 다 읽으려면 하룻밤을 꼬박 새워도 될지 말지 한 형편이었다. 한 시간 가까이 이 작품 저 작품 만지고 나서, 백철 씨가,

"이 가운데서 낫다고 생각되는 작품을 댓 편 골라 주구려."

나에게 말했다.

나는 위의 두 편에다 다른 세 편을 보태어 다섯 편을 내놓았다.

한 30분 뒤적거리고 나서 이번에는 계용묵 씨가 웃으며,

"이거 다섯 편 다 읽을래도 밤중이 되갔수다. 그러지 말고 김형이 이 다섯 편에 대한 감상을 먼저 이야기해 주구레. 그걸 듣고 읽으면 행결 쉽갔수다."

했다.

"그래."

백철 씨가 이내 찬동했다.

염상섭 선생은 그저 다른 사람들이 결정하는 대로 따르겠다는 듯 고개만 가볍게 끄덕여 보일 뿐이었다.

나는 다섯 편의 줄거리와 됨됨이와 격조와 주제에 대해서 비교적 자세히 설명을 했다. 한 시간이 넘어 걸리었다. 그때는 다섯 시에 가까워져 있었다.

"그럼 이럭하지요. 이 두 편이 제일 낫다니 두 편만 가지고 대강 돌려 가며 읽고 나서 다시 김형 의견을 듣기로……"

백철 씨의 제안에 염상섭 씨는 지겨운 듯 입맛을 쭉 다시고 나더니,

"읽긴 또 뭘 읽겠소? 김동리 씨가 자세히 읽었던데…… 문장이나 좀 들여다봤으면 됐지. 이제 그만 결정해 주고 일어납시다."

했다.

백철 씨와 계용묵 씨는 웃는 얼굴로 나를 돌아다보았다.

나는 난처했다.

"본디 작품을 미리 못 돌린 것이 저희 불찰입니다."

나는 기실 운영위원이 아니었기 때문에 요강 결정에 대한 책임은 없었지만 주최 측의 일원이란 뜻에서 이렇게 우선 사과를 하지 않을 수 없었다(그때 박종화 선생은 다른 일로 자리를 뜨고 있었다).

"시간이 다섯 시나 되었으니 어서 결정은 해야 될 줄 압니다만 아까 횡보 선생께서 말씀하신 대로 문장이나 좀 더 검토해 보신 뒤에 결정하도록 해 주셨으면 합니다. 아까 말씀드린 대로 「머루」의 문장은 정서적이고, 「무명로」의 문장은 지성적입니다. 「머루」에선 향토적인 시정이 있고, 「무명로」엔 움직이는 현실의 뒷골목이 있습니다. 여러 가지 면에서 대표적인 두 작품이기 때문에 졸연히 우열을 가리기 어려운 줄 압니다. 바쁘신 시간인 줄 압니다만 조금 더 두 작품을 검토해 보신 뒤에……."

나는 끝까지 당락을 결정하는 책임만은 회피하려 하였다.

백철 씨와 계용묵 씨는 하는 수 없다는 듯이 다시 두 작품을 나눠 들고 처음부터 읽기 시작했다. 두 사람이 다시 이삼십 장씩이나 읽어 내려갔을 때 염상섭 씨는 지겨움에 견딜 수 없다는 듯이,

"아니, 박종화 선생은 어디루 나갔에요?" 나를 보고 짜증스레 물었다.

"네, 다른 심사장을 돌아보시는 중입니다."

나의 대답에 염상섭 씨는 담뱃갑을 집어 들며 일어나려고 했다.

백철 씨가 읽던 원고를 테이블 위에 놓으며,

"일어나실려고 그래요?"

하고 물었다.

"날이 어두워지는데, 온……."

염상섭 씨는 혀를 차며 도로 자리에 앉았다.

계용묵 씨가 큰 입을 쩍 벌리고 누런 이를 드러내며,

"고만 인제 결정합시다레."

했다.

"그래, 결정하지. 월탄 선생은 안 계셔도 되나요?"

"이 대 이 동수일 때는 모셔 와야죠."

"월탄 선생도 안 읽었다는데 모셔 오면 뭘하갔소."

이 반문엔 나도 할 말이 없었다.

"자, 계 선생 의견은 어떻소?"

백철 씨가 계용묵 씨를 보고 물었다.

"나야 뭐, 고렇고 고렇구만. 아까 김형 이야기한 대로 두 작품이 워낙 성격이 대조적이니깐."

"글쎄 끝까지 읽어도 그 문제는 마찬가지야. 나도 먼젓번 오영수 씨 작품 재미있게 읽었고, 이 작품도 호감은 가지만, 이쪽 작품도 당선작으로 손색이 없을 것 같은데 김동리 씨 의견 말해 보시오."

"……."

나는 입 떼기가 난처해서 염상섭 씨를 건너다보았다.

염상섭 씨는 짜증스런 목소리로,

"아 진작 그럴 일이지, 아무리 듣고 있으면 별 신통수가 있에요?"

하고 나의 결의를 재촉하는 것이다.

이 자리에서 내가 만약 「무명로」에서 처음 느낀 대로 지하에 숨은 좌익 작가의 장난질일지 모른다고 이야기를 끌어낸다면 그대로 실격 내지 보류가 되고 「머루」가 당선작으로 결정될 터였다. 그러나 장난질이 아닐 경우, 나는 정확하고 격조 있는 문장력과 지성적인 작품의 신인 한 사람을 암장하고 만다는 죄를 범하게 될 것이다. 나의 문학적 소신대로 말하라면 나는 「무명로」쪽을 좀 더 높게 사고 있었던 것이다.

그렇다고 이쪽은, 내가 본디부터 알던 사람이요 작품으로서도 별로 손색이 없는 것이라면 인간적으로 또한 못할 노릇이 아닌가. 나는 괴롭고 안타까웠다.

"자 어서 말해 보시구레. 이 경우 어느 한쪽을 택일한다는 건 어려운 일이지만 예선에서부터 쭉 읽어 본 사람이 아무래도 전체적인 시야에서 결정하는 편이 쉽지 않갔소?"

백철 씨가 다시 재촉을 했다.

"제가 아침에 운영위원장께 물어 봤습니다. 당선작 둘을 밀 순 없느냐고. 그건 안 된대요. 그 대신 당선작 이외에 가작을 낼 순 있답니다."

"그럼 하나는 자동적으로 가작이 되겠구려."

"이건 제 소감입니다만, 「머루」 작자는 당선이 되든 안 되든 작가로 일할 사람입니다. 그러나 「무명로」 작가는 여기서 떨어지면 문학의 길에서 돌아설 것 같은 느낌이 들어요. 우리 문단의 일꾼을 얻고 싶은 생각에서도 이 작품을 취했으면 싶어요. 주인공 이재신의 성격도 단편에서 그만치 그려 냈으면 상당한 역량이고요."

나는 조심조심 이렇게 말했다. 그러자 백철 씨가 이내,

"나도 왠지 이쪽에 좀 기울어졌어요. 그렇지만 나는 김동리 씨와는 반대로 오영수 씨의 작품이 두 번째이기 때문에 이 사람이 좀 더 확실하지 않나 하는 것과, 또 김동리 씨와의 우정 관계가 어느 정도인지 그것도 전혀 무시할 수 없고 해서 망설였던 것뿐이오. 계 선생 의견 말씀하시구려."

"난들 뭐 별수 있갔소? 좋수다레. 그럽시다레. 내 구미에는 「머루」가 더 나긋나긋해서 맞지만 역량은 「무명로」 쪽이 낫지 않을까 했는데, 백형께서는 또 반대로 말씀을 하시니 똑똑히 모르갔수다."

"그럼 잘된 것 같군요. 나도 아까 좀 읽어 봤는데 첫 장부터 빈틈없습데다. 자, 그럼 그렇게 정하고 일어납시다."

염상섭 씨가 마무리를 짓는 말이었다.

나는 지금도 이때의 일을 생각하면 이마에 진땀이 난다.

나는 이때의 일을 오형에게 이야기해 주지 못했다.

심사위원이 다섯 사람이니까 나 혼자 힘으로는 어찌할 수 없었던 것이라고 오형은 믿고 있었을 것이다.

그래서 오형은 내가 부산에 피난 갔을 때나, 그 뒤 오형이 서울로 이사 온 뒤에나 우리는 비교적 가깝게 지냈다.

내가 이때의 이야기를 대강이나마 써서 어디다 발표했던 것은 60년경이 아니었던가 생각한다.

그러나 그 뒤에도 오형의 태도는 다른 것이 없었다. 나는 오형이 그것을 읽고도 내가 양심껏 행동한 것이거니 하고 이해해 준 것이라고 믿고 있었다.

그런데 근년에 와서 나는 몇몇 사람으로부터 오형이 나를 심히 원망하고 있더라는 말을 들었다.

"무슨 일인데?"

하고 물었으나 아무도 이유를 들었다는 사람은 없었다. 그중 단 한 사람(강용준 씨)만이, 내가 무슨 상을 심사하는데 자기를 떨어뜨렸다고 하더라는 것이다. 그러나 나는 「머루」 이후 오형이 후보로 되어 있는 무슨 상을 심사한 일이 없다.

예술원상의 경우엔 오형이 후보로 올랐기에 나는 가표(可票)를 던졌고, 오형은 상을 탔고, 그 이외에는 아무것도 아는 바가 없다.

오형이 때늦게 「무명로」와 「머루」에 대한 기록을 찾아 읽고 그처럼 섭섭하게 생각했다면 나도 할 말이 없다. 그러나 오형도 내 성격을 알고 있었을 것이다. 문학적 양심, 문학적 소신에 있어서는 친구 아니라 형제라도 어찌하지 못하는 나의 병적인 외곬수 성격을 오형은 처음부터 알고 있지 않았던가.

그 일 이외에 내가 오형의 인기를 샘내고 배 아파했다고 생각했다면 그것은 백 번 천 번 오해일 뿐이다. 저승에 간 친구의 혼을 앞에 두고 내가 무슨 딴말을 하겠는가.
 나는 오형의 문학이 많은 사람에 의하여 읽혀지고 사랑받기를 바라며 아울러 명복을 빈다.

눈물의 의미

상

해방 전이다. 내가 시골서 〈사설(私設) 학술강습회〉의 일을 하고 있을 때다. 이웃에 〈시마다〉라는 일인(日人)이 살고 있었다. 그 지방의 일인 사회에서는 〈숨은 문학자〉로 통해 있었다. 나는 강습소의 일로 이 사람과 알게 되었는데 그 뒤 이 사람과는 만나는 족족 논쟁을 하게 되었다.

한번은 『죄와 벌』이 톨스토이의 작품인가 도스토옙스키의 작품인가를 두고 다투게 되었다(지금 생각하면 모두가 고독했기 때문이지만). 시마다 씨의 주장에 의하면 그것이 톨스토이의 〈역작(力作)〉이라는 것이다. 내가 아무리 말해도 듣지 않는다. 톨스토이는 본래 도덕주의 작가이기 때문에 『죄와 벌』이라는 제목만 보더라도 톨스토이를 느낄 수 있다는 것이다. 그래서 내가 두 작가의 중요 작품 연보를 대강 비교해 보였더니 그때는 거기에 대해서 더 말하지 않고 그 대신 "당신이 언제 노서아(露西亞)에 다녀왔소." 하였다. 나는 노서아에 다녀온 일은 없고 다만 서적을 통해서 알고 있을 뿐이라고 했더니 이번에는 "실지로 노서아에 가서 보고 와야 알지 서적을 어떻게 믿느냐."는 것이다. 여기서부터 그는 점점 의기양양해서 밖에 있는 이웃 사람들까지 불러들여 놓고, "이분은 나쯔메(夏目漱石) 씨의 얼굴도 보지 못하고서 그의 문학을 안다고 하니 그럴 수가 있겠느냐."는 것이다. 여기서 내가 『죄와 벌』이 누구의 작품이냐 하는 문제와 나쯔메 씨의 얼굴이 무슨 상관이냐고 했더니 이 친구의 대답이 걸작이다. "그것은 앞문제요 이것은 뒷문제가 아니냐."는 것이다. 나는 담담히 웃을 수밖에 없었다.

이번 이어령(李御寧) 씨의 「희극(喜劇)을 원하는가」를 읽고 나는 문득 이 시마다 씨가 생각났다. 이번에는 초점이나 논리를 운위(云謂)할 여유도 없이 완전히 게릴라가 되어 나타난 것이다. 이 경우 나는 옛날의 시마다 씨를 상대하듯 담담히 웃고 있으면 충분하고, 따라서 내가 다시 이 글을 쓰는 목적은 게릴라의 소탕에 있는 것이 아님을 밝혀 두고자 한다.

씨의 「희극원(喜劇願)······」은 상·중·하로 분재(分載)되었다. 나는 상·중을 읽을 때까지 담담히 웃고 말려고 했다. 하를 읽으니 써 주고 싶어졌다. 그것은 씨가 〈눈시울이 뜨거워졌다〉고 고백했기 때문이다. 나는 언제나 〈눈물〉에는 약하다. 씨는 〈눈시울이 뜨거워〉졌을 뿐 눈물은 흘리지 않았다고 겸양을 할는지 모르나 그것은 마찬가지다. 어쩌면 씨 자신도 그것을 못 보았을 것이다. 그만치 씨의 〈눈물〉은 씨 자신에게 있어서도 의외의 것이며 이유 모를 것이기 때문이다.

씨는 그 이유로 〈고독〉과 〈상처〉를 들었으나 그것은 우연히 튀어나온 문자에 지나지 않는다. 그러한 우연이 조성된 의식의 밑바닥이 문제다. 잠재의식의 세계 말이다. 이것은 씨에게 있어 어쩌면 지극히 중요한 문제가 될 것이다. 씨는 그렇지만 이것은 이번 논쟁과 직접 관계가 없는 것이라고 생각할 것이다. 그래서 나도 씨의 눈물을 씨의 소론(所論)과 관련시켜서 설명하려는 것이다(그러나 이것은 어디까지나 위에서도 말한 바와 같이 〈게릴라〉 소탕전과는 취의(趣意)가 다르다는 것을 믿어 주기 바란다).

그렇다면 나는 어째서 씨로 하여금 〈눈시울이 뜨거워〉지게 만들었는가.

씨는 먼저 내가 독일어를 모르면서 아는 체했으며 그 증거로는 〈실존성(實存性)〉이란 원어(原語)를 남에게 물어서 자기에게 가르쳐 주었다는 것이다. 나는 감히 따지지 않겠다. 다만 이렇게 말하고 싶다. 나의 글을 다시 한 번 더 읽어 보라고. 내가 외국어를 잘 안다고 했던가. "나도 이어령 씨처럼 외국어를 잘 알지는 못하지만 술어(術語)를 잡아 쓸 때 사전이나 전문가에게 문의하는 것쯤은 알고 있다."고 이미 나의 태도를 명백히 하지 않았던가. 씨가 만약 나에게 어학으로서의 독일어를 물어 왔다면 나는 씨를 독일어 전문가에게 넘겼을 것이다. 그러나 내가 쓰는 술어나 인용 구절의 원문(原文)쯤은 내가 직접 사전을 찾기도 하고 전문가에게 물어서 노트도 하기 때문에 씨가 그것을 물어 왔을 때는 나는 그러한 방법으로 씨에게 제시했을 뿐 내가 독일어를 잘 안다고 한 일은 없지 않는가. 그보다 씨가 제의한 문제의 초점은 〈실존성〉이란 말이 성립되는가, 하는 것이 아니던가. 이에 대해서 그것은 실존철학(하이데거)에 있어 기본 술어의 하나이며, 원어로는 무엇이며, 그 원어가 어느 구절에 나온다는 것까지 밝혀 주지 않았던가. 그렇다면 씨는 그 한마디 용어에 운명을 걸다시피 하고 대어든 자기의 비평 태도에 근본적인 결함이 있음을 깨달아야 했을 것인데 그리지 않고, 당신은 누구한테 배워서 가르쳐 준 것 아니오, 당신이 언제 독일어를 알았단 말이오, 하고 나온다면 위에 말한 시마다 씨의 경우와 무엇이 다르단 말인가. 처음부터 내게 독일어 강의를 신청했던가. 이야기의 초점이 아주 엉뚱하지 않느냐 말이다.

중

　씨는 또 《문학》지가 〈교내 동인지〉라고 변명을 했지만 거기는 시인이며 동료 교수인 송욱 씨와 그때 이미 〈지성적인 작풍〉으로 알려져 있던 오상원(吳尙源) 씨의 작품들도 함께 발표되어 있지 않는가. 또 〈작품을 쓴 연대와 그것이 발표된 연대가 서로 다른 것〉이라고 엉뚱하게도 카프카의 유작을 들먹였지만 씨는 먼젓번 글에서 분명히 〈학생 시절에 발표한 소설〉이라고 하지 않았는가. 〈쓴 연대〉와 〈발표 연대〉를 구별하겠다는 사람이 어째서 먼젓번에는 〈학생 시절에 발표〉라고 해 놓고 이번에는 또 〈쓴〉이라고 하는가. 자가당착도 분수가 있지 이렇게 되면 거짓말도 이중이 되지 않는가. 또 어느 시절에 썼든지 사회적인 생산 연대는 〈발표〉로써 표준한다는 문단의 불문율을 잊었단 말인가.

그러나 이보다는 더 중요한 문제가 있다. 〈학생 시절〉 운운으로 거짓말도 할 수 없이 《문학예술》지에서 추천까지 받은 평론 문장 속에 〈억으로(やっと)〉, 〈공(共)히(ともに)〉가 나온 것은 어쩌냐 말이다. 씨가 만약 이 문제를 자꾸 고집한다면 모국어를 모독하는 일밖에 되지 않는다(나는 이것도 따지지 않겠다). 누구의 문장 속에서 〈생경한 직설적인〉 용어 한두 개를 찾아냈다고 해서 그것으로 〈지성적〉의 여부를 결정하려는 비평 태도가 근본적으로 틀렸다고 하지 않았던가.

씨는 또 내가 어째서 〈지성적〉과 〈실존성〉과 〈극한의식〉을 석극적으로 밝혀 주지 않느냐고 하였다. 이것은 이 논쟁의 출발이 무엇이었던가를 잊은 사람의 말이다. 전기(前記) 용어들은 나의 〈소설 천기(薦記)〉, 〈심사 소감〉 등 불과 두세 장의 지극히 짧은 글에 나온 것인데 씨가 그와 같은 〈자객 논법〉으로 반발하고 나오지 않았던가. 나의 대표적인 작품이나 평론에 대하여 정당한 방식으로 의견을 진술해 왔다면 내가 처음부터 〈좌표 이전〉이란 말을 썼을 리도 없지 않는가. 내가 처음부터 〈좌표 이전〉이라 하고 〈좌표 이전〉인 소이를 밝혔을 때 씨가 그것을 순순히 받아들이고 본론으로 들어가기를 원했다면 나도 이왕 붓을 들었으니까 생각을 달리했을지도 모를 일이나 씨는 자기가 택한 논법에 의하여 스스로 과오에 빠진 뒤에도 그것을 카무플라주하기 위해서 논리와 초점을 뭉개고 학생 시절을 위장하려 하지 않았던가. 이러고서도 도리어 나에게 〈논쟁의 도〉를 운위하니 적반하장이란 말이 무색하지 않은가.

씨는 첫 번 글에서 〈실존성〉이란 용어 하나에 운명을 걸고 달려들었다. 두 번째 글에서 〈깜박〉이란 낱말 하나에 피를 뿜고 달려들었다. 그리고 세 번째가 〈눈물〉이었다. 씨는 옷깃을 바로하고 이 일을 반성해 보라. 이 〈운명을 걸고〉와 〈피를 뿜고〉와 〈눈물을 흘리며〉의 의미를. 씨는 분명히 〈실존성〉이란 말이 성립도 안 되고 원어(原語)에도 없었으면 좋았을 것이다. 〈깜박〉이란 말도 우리말큰사전이나 중사전에 그렇게 나와 있지 않았으면 좋았을 것이다. 어째서 좋을까, 얼마나 좋을까, 이것이 문제다.

씨가 나에게 〈실존성〉이란 말이 있느냐 조작(造作)이 아니냐, 날조가 아니냐, 그러니까 이것도 틀리지 않았느냐, 그러니까 저것도 거짓말이 아니냐, 하고 나왔을 때 씨의 소원대로 그 말이 조작이나 날조가 되었다면 그 덕택으로 나는 26년간의 모든 노작(勞作)이 수포로 돌아간 것이 되고, 무식한 자가 되고, 거짓말쟁이가 되고, 씨는 한 치의 칼(한 개의 용어)로 적의 심장을 찔러서 넘어뜨린 영웅이 될 뻔했단 말인가. 씨의 이러한 자객 정신은 그 다음의 〈깜박〉 설에서도 역력이 나타났던 것이다.

하

그다음 씨는 자기의 〈깜박 눈을 뜨다〉 〈슬픈 마음을 울 눈도 없이 고독했다〉 〈야만(野蠻)한 원색(原色)〉 〈피들이 흘러가는 혈맥들〉 〈내장(內臟)한 유적(遺蹟)의 보도(補道)〉 〈서기하는 광채〉 〈사군자의 묵회를 그린〉 등에 대하여(그것도 고쳐 놓기) 설명을 하며 이것이 왜 말이 되지 않느냐고 하였다. 그러나 씨는 다음의 사실을 알아야 한다. 부적(符籍—呪符)도 그것을 그린 사람으로서는 설명을 할 수 있다. 사군자만이 묵화가 아니기 때문에 〈사군자의 묵화를 그린〉이 옳다면 밥만이 음식이 아니기 때문에 〈밥의 음식을 먹은〉이라야 옳단 말이냐고 묻지 않았던가.

씨는 어느 불완전한 사전에서 잘못된 말풀이 한 줄을 얻었다고 해서 자, 보라, 여기 있다, 너는 죽는다, 나는 유태인과 같이 잔인한 짓을 한 것이다, 20년이나 모국어를 지켜 왔다는 자가 우리말도 모르는 꼴을 증명해 보이마— 큰사전과 중사전마저 〈깜박〉에서 〈깜박거리다〉를 착각하고 말풀이를 틀리게 해 놓았던들 〈20년의 모국어〉는 그만 이 〈깜박〉이라는 자객에게 찔려 죽고 말 뻔한 셈이 되는 것이다. 어째서 남의 용어 하나에 운명을 걸다시피 하고 달려드느냐 말이다. 그러다가 다행히도 그 용어에 결함이 있어서 상대자의 26년간의 노작과 적공(積功)이 휴지로 돌아가고 씨는 일조(一朝)에 문단의 영웅이 되어서 남의 26년 위에 올라앉았으면 좋겠지만 만약 그렇지 못할 때 씨는 이 자객의 목에다 무엇을 걸어 두었단 말인가. 씨가 만약 정직한 사람이라면 자살밖에 할 길이 없지 않은가. 왜 그러냐 하면 씨에게서 26년에 해당하는 것은 생명의 전부이니까.

나의 하루는 당신의 10년과 같소, 한다든가 나의 콤마 하나는 당신의 시 100편과도 바꾸지 않소, 하는 따위는 사형수의 자포자기에 지나지 않는다. 〈역으로〉 〈공히〉는 콤마 하나보다 큰 것인가 작은 것인가. 그렇다. 〈역으로〉 〈공히〉 〈내장한 유적의 보도〉 〈서기한 광채〉 등등 아무도 탐낼 사람은 없을 터이니까 영원히 씨의 것으로 잘 보관해 두기 바란다.

나는 물론 씨에게서 자살이나 자포자기를 요구하지는 않는다. 그 대신 그러한 자객 논법을 앞으로는 쓰지 말도록 권하고 싶다. 〈실존성〉이니 〈깜박〉이니 하는 용어 하나로 〈20년의 모국어〉를 자살하려는 비평 태도에 씨의 너무나 조급한 성격이 있으며, 그러한 조급한 성격이 그러한 조급한 운명을 의미하는 것이라면 씨의 〈눈물〉이야말로 이 예고도 이유도 없이 찾아온 손님이야말로 그 조급한 운명과 관련된 것이 아닐까.

나의 이 글이 문운(文運)과 건강에 도움이 되기를 빌며, 앞으로의 비평 태도에 근본적인 성찰이 있기를 바란다.

1959년 3월 20일~22일 〈경향신문〉

눌인(訥人) 김환태
– 그의 문학기념비 건립에 즈음하여

■ 신세대 문학 꽃피운 핵심적 동력으로 경향문학 판치는 문단에 본격문학 이론 정립

눌인 김환태(金煥泰) 씨는 나보다 네 살 연상이었으나 문단 관계는 같은 해에 시작되었다. 씨가 프란시스 그리슨의 「예술과 과학과 미(美)」라는 짧은 글을 번역하여 〈조선일보〉에 발표한 것이 1934년 3월 10일로, 이것이 씨의 문장으로서는 활자화의 처음이라고 되어 있는데 나도 그해 신춘문예에 「백노」라는 시가 같은 〈조선일보〉에 입선되었던 것이다(나의 경우 그것이 활자화의 처음은 아니었다).

그러나 나의 「백노」는 당선이 아닌 입선인 관계도 있고 해

서, 그해에 별로 활약이라고 할 것이 없었으나, 씨는 계속 「문예비평가의 태도에 대하여」(《조선일보》), 「매슈 아놀드의 문예사상 일고(一考)」(《조선중앙일보》), 「올더스 헉슬리의 예술과 자명(自明)한 것」(《조선일보》), 「예술의 순수성」(《조선중앙일보》), 「나의 비평의 태도」(《조선일보》), 「상허(尙虛)의 작품과 그 예술관」(《개벽》) 등 6, 7편의 평론 및 번역을 발표하였다.

그 당시의 우리 문단은 소위 〈카프 문학의 퇴조기〉에 놓여져 있었으나 이를 대타(代打)할 이론이 뚜렷하지 않아 허둥거릴 즈음이라 씨의 순수예술주의라고 할까, 그러한 일종의 순수문학론은 문단의 많은 관심 내지 공감을 불러일으키게 되었다. 평론으로 처음 발표한 「문예비평가의 태도에 대하여」라는 일문에서 씨는 "작품의 구조와 문체와 생명은 작자의 영감에 의하여 생명이 흡입된 유기체입니다."라고 자기류의 규정을 제시하였고, 뒤이어 발표한 「예술의 순수성」에서는 "목적의식이란 다시 말하면 공리적(公利的) 의식이며, 공리적 의식에는 언제나 이성과 의지가 달려, 이성으로써 계몽하고 의지로써 직접 행위를 자극하려고 한다."라고 지적하였다.

이 몇 센텐스로도 그의 문학관 내지 비평자세를 대강 엿볼 수 있는데, 씨는 다시 「나의 비평의 태도」란 글에서 스스로 이에 대해 다음같이 부완 해명을 했다.

"비평이란 감상의 좀 더 세련된 것, 다시 말하면 비평이란 감상에 반성이 더하여 그보다 좀 더 객관성과 보편성을 첨부하고 있는 것이라고 생각한다. 그러면, 감상이 어떻게 객관성과 보편성을 획득하여 비평이 될 수 있는가. 그것은 주관에 철저함으로써이다. 감상하는 주관이 그 자신에 철저할진대, 그 감상은 객관성과 보편성을 획득하여 비평이 될 것이다. 순수한 주관은 순수한 객관인 까닭이다."

이리하여 그는 당시의 카프 문학이니 프로 문학이니 하는 계통의 평론가들이 계급주의라는 공리성을 무기로 삼는 소위 재단비평(裁斷批評)에 대하여 감상적 비평으로써 맞서게 되었던 것이다.

물론 비평의 유형이 재단이냐 감상이냐도 중요하지만, 그러나 그의 비평이 탁월했던 것은 그냥 감상(鑑賞) 쪽을 택했기 때문만은 아니었다. 그의 문학에 대한 순수무구한 정열과 신념과 직관력(直觀力)과 그리고 해박한 지식은 재단비평의 기계적이며 폭력적이며 피상적인 공리주의를 과감하게 공격하고 소탕하는 데 성공했을 뿐 아니라 나아가서는 소위 30년대의 순수문학 내지 신세대문학을 그 정도나마 꽃피우는 데 핵심적인 동력(動力)이 되었던 것도 사실이다.

이상은 그가 등단하던 1934년도 한 해 동안에 발표되었던 문장들을 중심하여 개괄적으로 언급한 것에 지나지 않는다. 그러나 나는 그의 비평문학의 성격이나 그가 차지해야 할 문학사 내지 문단사적 평가 내지 업적에 대해서 좀 더 자세히 연구하거나 검토한 일이 없다. 따라서 나는 처음부터 그의 문학을 학구적으로 소개하기로 약속된 것도 아니다. 나는 다만 그의 인간과 문학에 대해서 내가 느낀 바 또는 아는 바와, 그리고 그와의 관계에 대해서 자유스럽게 쓰기로 했던 것이다.

■ 문학에의 순수무구한 정열과 신념
— 그와의 만남에서 본격문학 지향에 공감

내가 눌인 김환태 씨를 처음 만났던 것은 1934년 용아(龍兒) 박용철(朴龍喆) 씨 댁에서였다. 그 자리에는 주인 박용철 씨와 정지용 씨와 그리고 또 한 사람의 선객(先客)이 있었다. 그런데 정지용 씨와는 이미 한 해 전에 씨의 자택에서 식사까지 대접받은 일이 있는 터였지만 그날 거기서는 그도 한 사람의 손님으로 있었던 만큼 시둘러 나를 그들에게 소개하려고 하지 않았다. 박용철 씨와도 그전에 이미 인사는 있었던 것 같은데 똑똑히 기억나지 않는다. 하여간 낯선 사람 한 분을 박용철 씨가 소개해 주었다. 그가 김환태 씨였다. 그러나 나와 나의 동행이었던 S군은 그들 세 사람 사이만큼 그들과 친한 사이가 아니었고, 또 명분 없이 방문한 불청객이기도 해서, 자리의 분위기에 어울리지 않음을 깨달았다. 우리는 커피든가 과일이든가를 잠깐 입댄 채 이내 일어나고 말았다.

그러고 나서 두 해 뒤, 그러니까 1936년 5월경, 옛날의 그 S군과 함께 《시원(詩苑)》사를 방문했다. 그동안 나는 1935, 1936 양년에 걸쳐 연거푸 소설이 신춘문예에 당선되었고, 1934년의 「백노」까지 하면 3년 연속으로 당시의 소위 3대 민간지의 신춘문예를 다 거친 셈이었고, S군도 그해 시가 당선되었으므로 우리는 옛날 같은 무명문청(無名文靑)들은 아닌 셈이었다.

《시원》사의 발행인이자 주간인 오희병(吳熙秉) 씨와는 전에 무슨 일로 인사가 잠깐 있었고, 또 전년도(1935년도)에 내가 발표한 3, 4편의 시 가운데 한 편인 「거미」가 《시원》사 판으로 나온 전년도 연간시집 속에 수록이 되었으므로, 책도 한 권 얻을 겸 들렀던 것 같다.

그런데 《시원》사에는 우리보다 선객 두 사람이 있었는데 한 분은 전날 인사가 있었던 김환태 씨요, 다른 한 분이 시인 김달진 씨였다. 이분들은 모두 우리보다 연장자들이었지만 우리를 기꺼이 맞아 주었고, 술까지 시켜 와서 다섯 사람이 함께 낮술을 마시게 되었다.

그때 우리가 가졌던 대화는 그야말로 자유여서 생각나는 대로 마구 지껄였던 것 같은데 아무도 서로를 거북해하지 않고 호의와 사랑에 찬 눈길과 목소리들로 어울릴 수 있었다. 나와 S군과 오희병 씨가 주로 많이 지껄였고, 김환태 씨가 제일 과묵한 편이었다. 그러면서도 그의 정직하고 성실한 성격이 잘 드러나고 있었다.

그러나 이날의 이야기를 여기서 자세히 쓸 수는 없다. 그리고 그 뒤엔 김환태 씨와 다시 만날 기회가 없었다. 그러니까 인간적인 관계라면 이것이 전부다. 문학적인 면에서는 공리주의 내지 목적주의 문학과 재단비평을 부정하고 순수문학 내지 본격문학을 지향하는 점에서 서로 통하는 점이 많았다. 굳이

차이를 말한다면 그가 나보다 좀 더 예술주의 쪽이요 내가 그
보다 좀 더 인간주의 또는 인생주의 쪽이 아닐까 생각한다.

■ **나를 고무케 하고 옹호한 그의 비평**
― 강렬한 예술가적 양심과 진지한 창작 태도 격찬

끝으로 나의 작품에 대해서 언급된 그의 평론들을 대강 발췌
해 온 것이 있어 이를 잠깐 소개할까 한다. 이 발췌는 나의 문학
에 대한 논문을 쓰려는 사람이 그 자료의 일부로서 『김환태 문
학집』에서 뽑아 보았다기에 잠깐 복사를 빌리기로 한 것이다.

"우리에게는, 금년의 우리 창작계를 회고하여 볼 때, 우리
의 기쁨을 크게 하여 주고 더 나아가서는 명년도의 창작계에
큰 기대를 가지게 하는 사실이 있다. 그것은 「비 오는 길」의
작자 최명익 씨와 「날개」의 작자 이상 씨와 「바위」, 「무녀도」
의 작자 김동리 씨와 「탁류」의 작자 허준 씨, 이 네 역량 있는
신진 작가의 출현이다. 그런데 나의 기쁨은 「비 오는 길」, 「날
개」, 「바위」, 「무녀도」, 「탁류」이 작품들이 기성작가의 어느
작품에 비겨도 손색이 없다는 그 점에만, 그리고 그들이 신진
이라는 다만 그 점에만 있는 것이 아니라 그들이 강렬한 예술
가저 양심과 진지한 창작태도를 가지고 있는 점에 또한 있
다."(《조광》, 1936. 12)

"한 작가의 실력이란 그의 작품의 양에 의해서 결정되는
것이 아니라 질에 의해서 결정되는 것이라는 생각이 나네. 위

에서 말한 사람들의 작품이 몇 편씩이나 되나를 생각해 보게. 허준 씨는 단 두 편의 작품을 발표하였을 뿐이네. 최명익 씨도, 현덕 씨도 5, 6편을 넘지 못하네. 김시종(金始鍾) 씨도 열 편을 넘지 못하네."(「신진작가 A군에게」, 《조광》, 1939. 5)

"이리하여 최명익·김동리·허준 제씨에게 보는 바와 같이 벌써 그들은 일찍이 우리가 우리 문단에서 볼 수 없었던 왕성한 문학 정신을 각각 파악하고 있어, 김동리 씨의 '우수한 신진들은 각기 제 개성에서 발아(發芽)한 확호한 문학적 세계(인생) 하나씩을 그 작품 속에 건설하고 있다.'는 자긍이 조금도 과한 자기선전으로는 들리지 않는다. 그런데 이곳에서 우리가 주의할 것은 〈제 개성에서 발아한 확호한 문학적 세계〉라는 말이다. 이 말은 무슨 문학상의 주의(主義)에서 배운 것이 아니라 제 스스로 제 마음속에서 길러 낸 문학적 세계라는 말일 것이다. 그리하여 그들의 문학의 순수성과 그리고 그들의 작품에서 볼 수 있는 심각한 표정은 오로지 그들의 개성에서 발아한 문학적 인생의 표출에 지나지 않는다."(「순수시비」, 《문장》, 1939. 11)

위의 발췌문에서 그가 나의 필명 동리 대신 김시종이라고 쓴 것은 이것을 나의 본명으로 알았기 때문이다. 1935년의 「화랑의 후예」가 당선될 때 나는 이 이름을 썼고 그 뒤 《시원》사에서 자리를 같이했을 때도 S군이 줄곧 나를 그렇게 불러서 그렇게 통해 있었던 것이다. 그리고 위의 발췌문은 그것이 전부가 아니지만 지면관계로 이에 그친다.

1986. 5. 《문학사상》

대표작 자선 · 자평/무녀도

샤머니즘과 불교와

– 젊은 평론가 A · B와의 대화

A   선생님은 녹음(綠陰)을 특히 좋아하신다고, 《수필문학》인가 하는 잡지에 쓰인 것을 보았는데, 어떻습니까? 이 느티나무는 한 오백 년이나 되는 거목(巨木)이랍니다.

동리   응, 나무도 좋고, 저쪽에 강물도 번쩍이며 흐르는 것이 보이는군.

A   (B군을 가리키며) B군이 마침 마실 것도 좀 준비를 해 온 모양입니다. 시원한 걸 한잔 드시고 얘기나 좀 들려주십시오.

동리   무슨 얘기를 하지?

B   선생님, 저희들이 학교에 다닐 때와 똑같으시군요.

동리 무엇이?

B 무엇이든지 저희들이 질문을 하면 꼭 한 번쯤 먼저 반문(反問)을 하시거든요.

동리 그랬던가?

A 또 반문을 하시네요. 그런 걸 저희들은 선생님의 대화 스타일로 특징짓고 있어요.

동리 자네들도 평론을 쓰는 사람들이 왜 그렇게 비논리적인가. 덮어놓고 얘기를 하라니 그래 무슨 얘기를 하느냐고 묻지 않고 어떡하나?

A 그건 그래요. 그렇지만 선생님은 언제나 그런 식이란 거예요.

동리 그렇다면 그렇겠군. 그건 그렇다 하고 요즘 자네들 사이에 논의되는 화제는 무엇인가?

B (A를 쿡 찌르며) 이러다간 주객이 전도될 판 아니야?

A (B에게) 염려 말어. 내가 돌릴게. (동리를 향해) 저희들 사이에 논의되는 특별한 화제란 것은 따로 없지만 엊그저께 시(詩) 쓰는 C와 소설 쓰는 D와 저희들 옛 동창들만 넷이 한자리에 모여 막걸리를 마셨어요. 거기서 선생님 얘기가 났는데, 선생님 문학의 본질은 샤머니즘이다, 아니다 불교다, 아니다 휴머니즘이다, 아니다 기독교다, 민족주의다, 허무주의다 하고 상당히 떠들어 댔어요.

동리 그래서 결론이 났는가?

B   술자리에서 떠든 거니까 뚜렷한 결론이 나올 수도 없었지요.

A   그런대로 결론 비슷한 것이 있었다면 역시 선생님 문학에서 샤머니즘을 도외시할 수 없다는 정도였지요. 그래서 선생님의 의견을 직접 한번 들어 봤으면 하고……

동리   B군이 나더러 나무를 좋아하느냐고 하기에 그렇다고 했더니, 저기 굉장한 나무가 있으니 가 보지 않겠냐고 그래서 따라온 것이, 결국 자네들의 주석 논쟁을 연장시키자는 속셈이었군.

B   아니지요. 어디까지나 이 나무 구경을 시켜드리는 것이 주목적이지요. 게다가 시원한 바람에, 아까 선생님이 지적하신 대로, 저쪽에 번쩍거리며 흐르는 강물도 보이고……

A   선생님, B군은 본디 시를 썼지요. 나중 평론으로 전향을 했지만.

동리   그랬지.

A   그래서 그런지 지금도 저렇게 시적(詩的)이에요. 그건 그렇고 아까 말씀드린 그 샤머니즘과 불교와 그 문제는 어떻게 됐어요?

동리   아까 자네가 그랬나? 샤머니즘이다, 불교다, 기독교다, 휴머니즘이다, 민족주의다, 허무주의다 하고 의견이 분분했다는 거 말일세.

B   저희들은 대학에서 선생님께 직접 지도를 받느라고 선생님의 작품은 비교적 많이 읽은 셈이거든요. 그래서 이런 면 저런 면을 들추어 본 거지요.

동리   샤머니즘 운운하는 것은 주로 해방(8·15) 이후에 논의된 문제야. 해방 전에는 「무녀도」「황토기」 계열을 한데 묶어서 토속적(土俗的)이라고들 하더군. 그리고 「불화(佛畫)」(원제「솔거(率居)」)「정원(庭園)」(원제「잉여설(剩餘說)」)「완미설(玩味說)」, 그리고 「황토기」를 따로 묶어서 허무주의 운운은 해 왔었지. 최근에도 건국대학에서 발행한 어느 논문집을 보니 그 속에 역시 〈동리문학과 허무주의〉란 논문이 들어 있더군.

A   그러면 우선 허무주의 운운부터 정리해 들어가는 것이 편리하지 않겠어요?

동리   가만있자, 정리를 한다. 그것도 그리 간단하지 않겠는걸. 자네 의견대로 샤머니즘이나 불교를 중심으로 논의할 성질이라면 그 이외의 것은 간단히 정리를 하거나 처리를 해야 하겠지만, 내 자신으로 볼 때는 그것들이 그리 간단하지 않고, 또 밑바닥에 있어서는 서로 얽혀 있기 때문에 반드시 정리를 해야 할 것인지도 의문이야.

B   밑바닥에 있어서 얽혔다는 건 어떤 점을 가리키는지 좀 구체적으로 말씀해 주세요.

동리   자네는 대화에 경험과 역량을 가지고 있군. 그런 거야, 그렇게 해야 자주 얘기를 하게 되지. 아무리 정리를 해서 얘기한대야 그것이 그대로 무슨 논문이나 평론이 될 수는 없잖아? 재료에 불과하지. 아무렇게나 건드려서 자꾸 쏟아 놓게 해서 재료를 풍부하게 만들자 이거지. 그리고 또 한 가지, 자기 자신이 자기 문학에 대해 얘기한다는 것은 근본적으로 재료에 불과한 거야. 주관에도 주관이거든. 모든 의견은 다 주관이게 된다고 봐야 하겠지. 따라서 좀 특이하고 깊은 데도 있겠지만 그만큼 객관성과 보편성을 상실할 우려가 있다고 전제해야지.

B   그것을 선생님 자신이 미리 걱정하실 필요는 없어요. 더구나 선생님은 작품뿐 아니라 평론도 많이 쓰셨다고 들었는데.

동리   자네는 내 평론을 못 읽었는가?

B   왜요? 꽤 여러 편 읽었는걸요.

동리   그래도 역시 〈들었다〉고만 표현하고 싶은가?

B   네? (A와 서로 마주 보며 어물어물한다.)

동리   알았어. 그건 아무래도 좋아. 들었든지 읽었든지 표현의 델리커시에 대해서는 따지지 않겠어. 그리고 아까 A군이 말한 대로 부담 없이 얘기를 해 보지. 지금까지 내가 써 온 작품 가운데, 시와 평론 수필 따위를 별도로 한다면 소설작품만 약 2만 5천 장(2백 자 원고지) 내지 3만 장가량 되지만 샤머니즘이니 불교니 하는 계열의 작품은 장수로 계산해서 지극히 일부밖에 되지 않아. 그런데 자네들은 내 작품을 말하려고 할 때 왜 샤머니즘이니 불교니 하는 것을 먼저 생각하게 되는가, 이런 것도 문제의 하나가 될 줄 아네. 그러나 지금 내가 이런 따위를 문제 삼으려는 것은 아니야. 아까 나는 샤머니즘, 불교, 기독교, 휴머니즘, 민족주의, 허무주의 하는 따위가 그 밑바닥에 있어서는 서로 얽혀 있다고 했는데, 그 〈서로 얽혀 있는 것〉을 밝히기 위해서도 일단은 전체적인 검토에서 출발해야 되지 않을까. 이렇게 볼 때 이런 문제를 얘기할 수 있는 사람은, 적어도 오늘날까지는 내 자신밖에 없을 줄 아네. 왜 그러냐 하면 내 작품(소설)을 그렇게 전체적으로 검토해 본 사람은 없을 테니까. 아마 자네들은 대학에서 직접 나의 지도를 받고 있었던 관계로 나의 작품을 비교적 많이 읽었다고 했지만, 그러기에, 내 작품 세계에서 위에 말한 바와 같은 그러한 잡다한 요소랄까 특징 같은 것을 들추어 낼 수도 있었다고 보지만, 그렇다고 해도 아마 약 3만 장의 3분의 1인 1만 장을 읽은 사람이 없을 걸세. 이런 일이 있어. 어떤 청년이 와서 내 작품은 거의 다 읽었다고 자신 있게 얘기를 하길래, 대뜸 「늪」을 읽었느냐고 하니까 못 읽었다고 그래. 그건 그럴 거야, 그 작품이 나에게 있어서는 지극히 중요한 작품의 하나지만 일반적으로는 별로 알려져 있지 않을 테니까. 그러면서 다시 다른 작품을 몇 편 들먹였더니 거의 하나도 못 읽었다는 거야. 그때부터 나는 이런 문제에 대해서는 전혀 생각을 달리하고 있어.

A 저희들의 경우는 그 청년과 전혀 다를 거예요. 그러나 전체 작품을 얘기할 자격이 없다는 것은 저희들도 마찬가지라고 시인합니다.

동리 물론 그렇겠지. 나도 그것을 기대하고 있는 것은 아니야. 일단 전체 작품을 크게 셋으로 나눈다면, 첫째 사랑과 운명의 문제를 다룬 작품들인데, 작품의 양에 있어서는 이 계열이 제일 많을 줄 아네. 다음이 민족과 사회의 문제를 다룬 작품들, 그리고 세 번째가 신(神)과 인간의 문제를 다룬 작품들, 이렇게 세 가지로 나눌 수 있을 거야. 그리고 샤머니즘이니 불교니 기독교니 하는 계열의 작품들이 바로 이 세 번째의〈신과 인간의 문제〉에 속하는 걸세. 그러니까 물론 기독교적인 의미의 신만을 가리키는 것은 아니지.

A 선생님이 쓰시는 신이란 말의 개념을 이 자리에서 좀 더 확정지어 놓고 나갔으면 좋겠지만 그렇게 하려면 너무 장황해질 터이니까 그 문제는 잠깐 젖혀 두고, 얘기를 계속해 주셨으면 합니다.

동리 아까도 말한 대로 샤머니즘, 기독교, 불교 관계의 작품들이 모두 이 계열에 속하는데, 예를 들면 「무녀도」·「달」·「당고개 무당」·「허덜풀네」 따위가 소위 샤머니즘 계열의 작품(모두가 단편소설)들이요, 초기의 「불화(佛畵)」를 비롯하여 「등신불」·「극락조」(중편)·「눈 오는 오후」·「까치 소리」 따위가 불교 계열이요, 「마리아의 회태(懷胎)」·「목공 요셉」·「부활」·『사반의 십자가』 따위가 기독교 계열의 작품이라 볼 수 있겠지.

B   그러고 보니 이야기의 초점이 이상해지는데.

동리 어떤 점에서?

B   지금 선생님이 분류하신 대로 하면 샤머니즘과 불교와 그리고 기독교의 비중이 각각 비슷하다고 할까, 어떤 점에서는 기독교의 비중이 제일 많다고 할까 그런데(『사반의 십자가』는 장편이니까) 저희들이 생각하는 것은 샤머니즘이 중심이거든요. 선생님의 문학에서 가장 특징적인 것은 샤머니즘이다, 그다음으로 불교를 들 수 있지만 이것은 어디까지나 샤머니즘과 상통하는 점이 있다. 그래서 샤머니즘을 중심을 불교를 곁들여서 생각하게 된다 이겁니다. 그렇다면 기독교의 문제는 어떻게 처리해야 될지, 기독교 계열의 작품을 무시하고 샤머니즘 중심으로 보아도 상관없을지 이런 문제가 제기되잖아요?

A   그거야 사람에 따라서 샤머니즘을 특질로 보든지, 혹은 아까 〈건대논문집〉에 수록되었다는 경우와 같이

니힐리즘의 각도에서 보든지, 보는 사람의 관점에 따라 택해질 수 있겠지. 문제는 어떤 각도에서든지 볼 수 있다는 점과, 그것이 좀 더 본질적이냐 아니냐 하는 문제와는 별도가 아니냐 이거겠지. B군의 말은 샤머니즘을 선생님 문학의 본질적인 특징으로 보고 싶은데 선생님 자신은 그것을 그냥 어떤 일면으로 간주하고 나가시니 핀트가 덜 맞는다 이거겠지.

B   그렇게 표현하는 것이 좋겠군.

동리   그거야 자네들의 자유지. 내가 〈그냥 어떤 일면으로 간주〉하는 것은 반드시 그것(샤머니즘)이 본질과는 별도라는 뜻도 아니야. 자네들의 견해를 뒤집거나 반대하려는 의도가 아니야. 나만 나로서는 일단 그렇게 보고 나가는 거야.

A   선생님 말씀 알아듣겠는데, B군이 너무 성급하게 개입한 거 같아요. 여기서 선생님 말씀처럼 〈일단 그렇게 보고〉 좀 더 〈나가〉 보세요. 그다음에 저희들이 의견을 진술하겠어요.

동리   됐어. 자네들은 현명하고 대화에 능해서 얘기할 흥미가 나는군. 그럼 그렇게 보고 나가 보도록 하지. 먼저 왜 나는 샤머니즘과 불교와 기독교와 또 그 밖에도 있을 거야…… 이런 따위, 신과 인간의 문제라고 할까, 종교적인 문제라고 할까, 이런 방면에 손을 대게 됐는가 하는 데서부터 시작하는 것이 좋겠어. 이것은 근본적으로 나의 인생관 및 문학관과 결부되어 있는 문제라고 보네. 그러면 나의 인생관 및 문학관은 무엇인가? 이것을 내 자신이 추상적으로 설명하고 있다면 그야말로 무의미한 일이겠지. 내가 생각하기엔, 이 문제의 가장 핵심이 되는 것은 다음과 같은 사실일 거야…… 나는 어려서부터 내 자신의 죽음에 대하여 이루 형언할 수 없는 공포와 전율을 느껴 왔어. 이 공포와 전율은 내 자신의 그림자와 같이 집요하게 지금도 내 뒤를 쫓고 있다네. 이 사실은 나로 하여금 진작부터 사람의 사는 일과 죽는 일에 대해서 많이 생각하게 만들었어. 생각은 물론 여기에 그치지 않고, 천지(天地)의 시작과 끝이라든가, 존재의 근본이라든가 하는 따위로 번지게 됐지만. 이러한 관심과 습성은 자연히 철학 쪽으로 기울게 하여, 처음엔 내 백씨의 철학서적을 꽤 많이 훔쳐 읽게 만들었지만, 너무 일찍부터 내 손으로 글을 쓰기 시작한 것이 결국은 철학 아닌 문학 쪽으로 흐르게 만들었다고 보네.

A 독서와 사색은 철학 쪽인데 직접 붓을 들어 글을 쓰게 되면 그것이 문학 쪽으로 흐르게 된다, 이것은 물론 선생님의 경우가 그랬다는 거지만 좀 이해하기에 곤란합니다.

동리 생각해 보게. 17, 8세에서 20세 사이의 소년이 철학 서적을 읽고, 철학적 사색을 가졌다고 한들, 얼마만한 자기의 철학을 가질 수 있겠는가? 문장으로 표현할 수 있는 자기의 철학이 말일세. 그런 나이에 붓을 들어 글을 쓰면, 학문(철학) 쪽보다는 역시 시적인 것이 되잖아? 아무래도 다감다정한 시기니까 말일세.

그건 그쯤 해 두고, 하여간 이 죽음에 대한 공포와 전율은 사람의 생명이 오는 곳과 가는 곳, 천리의 근원 따위 형이상학적 관심을 갖게 만들었거든. 이러한 형이상학적 관심으로써 나는 문학 속으로 뛰어들게 되었다네. 그 결과 유럽 사람들의 근대문학 속에 흐르고 있는 신과 인간의 문제와 세기말(世紀末)이란 것이 내 마음에 깊이 와 박히게 되었어.

그때 나는 이런 생각을 했나네. 서양 사람들의 기계문명 내지 과학은 그들이 수천 년간 정신적 지주로 삼아 오던 기독교의 신(神)과 함께 막다른 골목에 다다르게 되었다. 그들의 신만이 니체의 선언대로 사망한 것이 아니고, 그들의 과학과 기계문명도 인간의 구경(究竟)을 해결하지 못한 채 인간을 불행한 기계의 일부로 타락시켰다는 걸세.

그래서 앞으로의 문학은 이러한 막다른 골목에 다다른 기계문명을 딛고 일어날 수 있는, 새로운 성격의 신을 찾아냄으로써 인간의 구경에도 새로운 해결의 서광을 비쳐 주는 것이라야 한다. 그러기 위해서는 서양 사람들의 잔재를 긁거나 모방을 일삼는 문학을 지양하지 않으면 안 된다. 내가 샤머니즘이다 토속이다 하는 세계로 눈을 돌리게 된 정신적 과정이랄까 경위는 대체로 이런 것일세. 그러니까 일제 시대나 해방 이후나 일부 평론가들이 나의 「무녀도」「황토기」 따위의 작품을 두고, 일제의 식민정책에 반항하기 위하여 민족을 찾는다, 민족의 고유한 것을 찾는다 하여 그 방법으로 그러한 샤머니즘이나 토속세계를 파헤치게 되었다고 본다면 그것은 너무나 단순하고 피상적인 관찰이 아닐까. 물론 나의 다른 작품들과의 관계에서 볼 때 이러한 샤머니즘이나 토속이 그러한 일면의 의의를 띠고 있는 것도 사실이지만 그것은 어디까지나 부차적인 것이라고 보네. 나는 나대로 서양 사람들의 근대문학 내지 현대문학의 결론에서 출발하여 미래의 문학을 시도한 셈일세. 새로운 신의 성격을 찾고, 새로운 인간의 구경을 탐구하는 문학으로서, 시각을 동양 샤머니즘과 토속과 불교와 그런 것이 되었다네.

B 샤머니즘과 토속은 서로 얽혀 있는 것이 많으니까 같은 카테고리에서 고찰할 수 있겠지만, 이 경우 불교까지를 샤머니즘의 연장같이 볼 수는 없잖겠어요?

동리 좋은 질문이군. 물론 그렇지. 그렇지만 불교도 오랜 역사, 오랜 생활 속에서 토착화 과정을 거치면서 토속화된 일면이 있다는 것도 부인할 수 없는 사실이지. 그러나 그렇다고 불교를 샤머니즘의 연장선에서 생각한다는 것은 잘못이겠지. 나의 작품의 경우에 있어서도 그렇다네. 「등신불」이나 「눈 오는 오후」나 「까치 소리」나 불교정신 속에서 인간의 새로운 구경을 찾아보려고 한 것이지 샤머니즘이나 토속주의의 연장으로서 다룬 것은 아니네.

A 선생님이 샤머니즘으로 시각을 돌리신 것은 확실히 일리가 있다고 봅니다. 그렇지만 샤머니즘을 다룬다고 새로운 신의 성격을 찾는 미래의 문학이 된다고 보시는 견해에는 상당한 논리적 비약이 있는 것 같은데.

동리 어, 그것도 좋은 지적이야. 그렇게 보이야 하겠지. 나도 「무녀도」「달」 하는 몇 편으로 뭐 그렇게 성과를 거두었다고 보지는 않아. 「무녀도」는 중편으로 개작을 할 작정이야. 내가 그리려는 것이 지금의 그 정도로는 충분히 형상화(形象化)되었다고 보지 않아. 위에서 내가 미래의 문학 운운 한 것은 나의 의도를 말한 거야. 나는 그러한 동기와 의도에서 그런 세계에 손을 대었다는 이야기야. 나도 잘 알고 있어. 내가 오래 산다면 내 의도가 어느 정도 성과를 가져오게 될 거야.

A 그다음 또 한 가지, 아까 선생님은 서양 사람들의 신(기독교의)과 과학은 다 함께 막다른 골목에 다다랐다고, 인간을 구원할 수 없다고 말씀하셨는데, 거기서

새로운 신과 새로운 인간의 구경을 탐구하기 위하여 샤머니즘이다 불교다 하는 동양적인 세계로 눈을 돌렸다고 하셨는데, 그렇게 볼 때 선생님의 『사반의 십자가』 『마리아의 회태』 『부활』 하는 따위, 소위 기독교 계열의 작품들은 어떻게 된 겁니까? 논리적으로 모순이 된다고 보시지 않습니까?

동리 피상적으로 보면 다소 모순이 되겠지. 그러나 근본적으로 보면 그렇지도 않아. 가령 『사반의 십자가』의 경우를 보더라도, 나는 그 작품에서 지금까지 유럽 사람들이 찾아온 기독교나 기독교의 신을 그리지는 않았어. 그렇기 때문에 예수보다도 사반이 주인공으로 되는 거야. 그리고 여주인공 실바나 실바의 아버지요 점성가(占星家)인 하닷 노인은 우리의 샤머니즘의 변형이라고 보는 편이 옳을 거야.

B 이것은 조금 이야기가 비약됩니다마는, 아마 선생님께서 인간의 구경을 탐구한다고 하셨는데, 이 문제와 선생님의 「눈 오는 오후」와의 관계는 어떻게 됩니까? 다시 말해서, 불교에서 말하는 전생(轉生)이니 환생(還生)이니 하는 것과 인간의 구경 문제를 결부시켜서 생각하십니까?

동리 나는 불교의 인과업보(因果業報)라든가 윤회전생(輪廻轉生)이라든가 하는 것에 약간의 신앙을 갖고 있다네. 나의 「극락조」 「눈 오는 오후」 따위가 그러한 일면을 시도하려고 했던 것은 사실이지. 그렇지만 그것도 어디까지나 한 개 트라이(試圖)에 불과한 거야. 앞으로 좀 더 구체적으로 그려 봐야지.

A   선생님의 다른 계열의 작품들에 대해서도 한 말씀 들려주십시오. 가령 니힐리즘이나 휴머니즘이라 하는 계열의 작품들 말입니다.

동리   아까 나는 나의 인생관 및 문학관의 핵심은 죽음에 대한 공포에서 비롯되었다고 말했네. 그것이 형이상학적 관심을 낳게 되고, 거기서 신과 인간과 그리고 샤머니즘 불교 따위로 발전하게 되었다고 했는데, 이 죽음에 대한 공포가 나의 모든 문학의 밑바닥에 어느 정도는 깔려 있으리라고 보네. 그것이 좀 더 짙게 표현되면 니히리즘으로 보일 수도 있다고 보네. 「불화(佛畵)」「정위(庭園)」「완미설(玩味說)」「황토기」「등신불」「밀다원 시대」 따위에서 군데군데 비치는 것이 그거지. 그리고 휴머니즘의 문제는 제일 복잡하게 얽혔을 거야. 이 문제는 내가 따로 논문을 쓰려고 벼르고 있는데 언제 실현이 될지 아득한 일이야. 휴머니즘을 근본적으로 달리 재건해 보려는 거야. 동양적인 자연주의와 결부시켜서. 나에게 있어서는 굉장히 포부적이고 야망적인 제목이지만 과연 언제나 햇빛을 보게 될지 이 자리에서 장담할 수는 없고. 우선 이만해 두지.

A   결론적으로 말해서 샤머니즘이나 불교가 현대 세계에 어떠한 의의를 가진다고 보십니까?

동리   이 사람은 굉장히 현명하면서 아둔한 데가 있거든. 현대 세계를 초극이라고 할까, 딛고, 앞으로의 새로운 문학을 개척하려는 의도에서 샤머니즘과 불교를 다루어 보았다고 하잖았어? 그것으로 결론이 안 된다면 안 되는 대로 내버려 두게. 왜냐하면 처음부터 이것은 재료지 한 편의 논문이나 평론은 아니라고 말했으니까.

B   선생님은 묘하게 논리적인 데가 있어요.

동리   어디까지나 비논리적이란 전제에서 하는 말이군.

제5회 문협 심포지움 / 국어의 발전과 문학의 기능

국어와 민족문학
- 그 개성과 그 취약점

　〈국어와 민족문학〉이란 제목이 나에게 돌아왔다. 한국어와 한국문학의 관계, 그리고 그것을 통하여 민족 정신의 본질 같은 것을 찾아보자는 데 주의(主意)가 있는 것이 아닌가 생각한다.

　이 경우 그것은 통틀어 긍정적인 측면에서만 생각하게 되고, 또 그렇기를 원하는 것이 우리의 솔직한 심정이다.

　따라서 거의 그렇기만 했던 것도 사실이다. 그렇게 될 수밖에 없었던 여러 가지 이유 가운데서도 그것이 논의된 시기를 들 수 있다. 나라가 쓰러져 가는 한말(韓末), 나라가 쓰러지고 일제의 질곡(桎梏) 속에 허덕일 때, 8·15 이후라고 해도 좌우 투쟁 및 6·25동란으로 민족이 도탄에 들었을 때—이러한 환경 속에 있었기 때문에 그것(민족·국가)을 지키려는 의지와 사명감으로 뭉칠 수밖에 없었다.

지키고자 하는 의지는 절로, 당연히 긍정적 측면을 찾게 될 수밖에 없었던 것이다.

지금도 공산침략의 위협은 그대로이지만, 어느 정도까지는 그것(민족·국가)을 찾았다고 보겠고, 지킬 기반도 잡혔다고 보겠다.

그래서 나는 반드시 종전과 같이 긍정적인 측면만을 고수하지 않고 사실에 비추어 취약점에까지 언급할까 한다.

이러한 언어와 문학관계는 민족성의 근본문제에 해당되는 만큼 민족의 연원(淵源) 문제에까지 소급되지 않을 수 없다.

한민족은 어떠한 민족인가. 학자들의 소론(所論)은 대체로 둘로 구별되는 줄 안다.

하나는 대륙 오부(奧部)에서 만주를 거쳐 지금의 한반도로 진출 정착하게 된 맥족(貊族)이라는 설이요, 다른 하나는 대륙의 동부, 지금의 산둥성 일대에 거주하다가 해로(서해) 또는 육로(만주)로 지금의 반도에 이주 정착하게 된 동이족(東夷族)이 중심이라는 설이다.

이 문제에 대해서는 나도 내 나름대로의 의견을 가졌지만 이야기가 너무 엇길로 들어갈 우려가 있으므로 더 범위를 확대시키지 않고, 여기서는 다만, 맥족과 동이족이, 그 진출경위와 연대는 별도로 하더라도 결과적으로 한반도에 들어와 오늘의 한민족(韓民族)을 구성시킨 주체라고 보아 두고 다만 그들에게 광명(태양)을 숭상하고 백의 결발(상투), 제천(祭天) 등의 풍습이 공통되어 있었다고 하는 데 그치고자 한다.

이로써 볼 때, 한민족은 다음과 같은 특성들을 지녔음을 짐작할 수 있다.

첫째, 이상을 존중한다(태양·광명의 숭배 등).
둘째, 개성적이다. 백의 결발 등 아시아의 수많은 민족 중에서 자기네 고유의 특성을 강력히 지켜 나왔다.
셋째, 의지적(意志的)이며 신념에 강하다.
넷째, 신비적이다. 샤머니즘과 제천 등을 통하여 엿볼 수 있다. 특히 자연과 신을 직관적으로 동일한 기능에서 파악하는 능력을 가졌다.
다섯째, 문화예술에 뛰어난 소질을 가졌다. 역(易-주역)과 공자(孔子)도 동이족의 소산(所産)이란 말이 있다. 오늘에 이르기까지 그 편린을 엿볼 수 있다.

이상과 같은 전제에서 한국어와 한국문학을 살펴보자.
한민족은 상고시대부터 고유언어를 가졌고, 문학적인 소질이 풍부했음에도 불구하고 이에 정적(正適)한 문학을 낳지 못했다.
그 첫째 이유는 자기의 문자(文字)를 가지기 이전에 한자를 받아들였을 뿐 아니라 한자 전용(專用)의 기간이 너무나 길었다. 그 결과 자기 언어를 문장으로 승화시키는 일이 너무나 부진했다. 자기 언어를 차자(借字-한자)로 표현한 향가(鄕歌-현재 25수)를 제외한다면 상고시대부터 훈민정음까지 자기 언어로서의 문장은 없었으며 훈민정음 이후도 한자의 그늘에 눌려 정상적인 성장을 볼 수 없었다. 따라서 장구한 역사와 언어와 소질을 가진 민족이면서 문학적 전통은 무척 빈약했다.

둘째, 경제적으로 윤택하지 못했다.

셋째, 이조 말엽에서 현대에 이르기까지 실국(失國)의 비운을 포함한 수많은 정치적 군사적 격동에 휩쓸려 한글 전용의 신문학이 대두한 뒤에도 올바른 성장을 가져올 수 없었다.

이상이 대체적인 환경적인 취약점이다.

다음으로는 언어 자체의 문학적 적성(適性)이 일부 국학자(國學者)들이 생각하는 것처럼 그렇게 우수하지 못하다.

그것은 첫째, 토씨(조사)가 너무 모나고 기계적이다.

둘째, 〈것〉의 뜻이 애매하고 막연한 채 우리 언어는 여기다 너무나 과중한 부담을 지우고 있다.

셋째, 한문 사용의 역사가 너무나 길어서 우리의 언어 속에는 한자에서 유래한 용어가 너무나 많은 비중을 차지하고 있다.

넷째, 우리 문장은 한자 유래의 언어를 지나치게 제거하는 경우나 너무 안이하게 편승하는 경우나 다 같이 손해를 보고 있다.

이러한 사항들의 설명과 열거는 지면관계로 생략한다.

좌표 이전과 모래알과

– 이어령 씨에 답한다

2월 9일자 본지 소재(所載) 이어령(李御寧) 씨의 〈영원한 모순〉에 답한다. 이는 2월 1일자 조선일보지 소재의 졸론(拙論) 〈논쟁 조건과 좌표 문제〉(결참조)의 한 부분에 대한 질문 형식을 취한 글이다.

전기(前記) 졸론 속에서 "나는 앞으로도 나에게 불만이나 비난을 표시하는 신인(評家)의 문장으로써 논쟁의 좌표가 성립되거나 모래알만큼이라도 근거나 이치가 있다고 볼 때는 흔연히 응답의 붓을 들 것이다. 그러나 나의 논지(論旨)를 자의적으로 왜곡시켜 놓고 거기다 근거 없는 자기류의 부정견(不定見)을 함부로 갖다 붙이고는 횡설수설하는 자에 대해서는 나는 그를 출세욕에 성급한 명예욕의 기갈자(飢渴者)로 보고 종전과 같이 묵살을 계속할 것이다. 좌표도 성립 안 되는 가십이나 부정견에 —일일이 응수하기엔 나의 시간이 너무나 귀하기 때문이다."라고 한 말이 있다.

이에 대하여 이씨는 "씨가 나의 이 우견(愚見)에서 〈모래알만 한 근거와 이치〉라도 발견해 준다면 다행이겠다." 하고 나의 해명을 간곡히 요청했다.

이에 대한 나의 개괄적인 답변을 먼저 내린다면, 좌표가 성립되기에는 거리가 머나 어느 부분에 모래알만 한 근거와 이치는 없지 않다 할 것이다. 씨는 과거 수삼 년간 집회나 지상(紙上)을 통하여 쉴 사이 없이 필자에 대한 비난과 반발을 일삼아 왔으나 내가 전적으로 이를 묵살해 온 것은 그것이 모래알만 한 근거와 이치도 없는 좌표 이전의 가십이요 부정견이라 보았기 때문이다.

그러면 이번의 씨의 소론(所論)을 두고 나는 어째서 〈좌표는 성립되지 않으나 모래알만 한 근거와 이치는 없지 않다〉고 하는가. 좌표 이전은 무엇이며 모래알은 무엇인가. 좌표가 성립 안 되는 조건부터 밝히자.

씨는 먼저 〈나의 시간〉에 대하여 언급하였다. 아마 이것이 씨의 이번 글 가운데서는 제일 졸렬한 부분일 것이다. 그리고 씨 자신이 이미 후회하고 있을 것이다. 좌표 이전의 이전이기 때문에 지면을 아끼겠다.

그 다음 〈동리 씨의 독자는 나의 독자〉 운운이 있다. 이것은 내가 "이에 대해서는 내가 구태여 증거를 제시할 여지도 없이 문단에 관심을 가져온 사람이면 이미 다 알고 있는 사실이기도 한 것이다."라고 한 말에 대한 이의(異議)다. 그러나 이것은 알을 빼어내고 난 껍질에 대한 이의다. 나는 모든 독자가 내 말이면 무조건 믿을 것이라고 말한 것이 아니다. 조건부(條件附)다. 엄연한 사실을 전제하고, 이 사실을 아는 독자라면 구태여 말할 필요도 없을 것이라고 말한 것이다. 이 말의 유래(由來)를 밝히려면 세 번이나 뒷걸음 쳐야 한다. 내가 금년 신춘에 모지에서 〈기해 문단 전망(己亥文壇展望)〉을 말하면서 일부 신인 평가(評家)들의 비평 행위가 불건전함을 지적하는 가운데, "어느 잡지가 월평이나 총평을 위촉하면 그 위촉받은 당해지의 소재 작품에만 중점을 두는 경향이 있다."고 한 말에 대해서 김우종(金宇鍾) 씨가 그것을 가리켜 〈근거 없는 비난〉이라고 하기에 "그 근거를 제시할 재료는 나의 좌우에 산적(山積)해 있다."고 하고 이 〈산적된 자료〉를 조건으로 전제한 뒤 위의 말을 했던 것이다. 이에 대하여 씨가 만약 정당히 항의하려면 나의 〈산적된 자료〉를 대상으로 삼아야 했을 것이다. 그래서 반증(反證)이 성립된다면 나는 근거 없이 일부 신인 평가를 비난한 것이 될 터이니 그때는 이에 해당하는 책임을 내가 져야 할 것이다. 그런데 씨는 왜 나의 증거자료 운운에 언급하지 않고 그 껍질의 껍질인 독자 운운을 들고 나오는가. 독자야 우리 두 사람만의 독자이기나 한가. 천하 사람의 독자 아닌가.

그 다음엔 〈지성적〉에 관한 것.

나는 오상원(吳尙源) 씨의 작품(作風)이 〈지성적〉이라고 말했다. 이에 대하여 씨는 오상원 씨의 작품 속에서 생경한(직역적인) 용어 몇 개를 찾아내 놓고 〈우리말도 모르는 문장〉을 어떻게 지성적이라고 하느냐고 나왔다. 그러나 씨가 정당한 평론을 하려면 이렇게 나와서는 안 된다. 그것은 일단 그것대로 두고 상원 씨의 작풍이(또는 문장이) 〈지성적〉이냐 아니냐 하는 문제를 별도로 검토해 봐야 하는 것이다. 왜 그러냐 하면 내가 논급(論及)한 문제가 거기 있었기 때문이다. 만약 씨의 말대로 직역적인 용어 몇 개가 섞였기 때문에 〈지성적〉이 아니라면 정서적일 수는 있는가, 또는 감각적일 수는 있는가. 그렇지도 못하다면 아무것도 아닌가. 그렇다면 좋다. 나는 씨에게서 씨가 만족할 만한 〈우리말도 모르는〉 〈외국인의 부적(符籍)〉을 보여 줄 것이다.

〈깜박 눈을 뜬다〉〈슬픈 마음을 울 눈도 없이 고독했다〉〈피들이 흘러가는 혈맥(血脈)들〉〈내장(內臟)한 유적(遺跡)의 보도(補道)〉〈야만(野蠻)한 원색(原色)〉〈서기한 광채〉〈사군자의 묵화를 그린〉 등등은 씨의 「사반나의 풍경」과 「녹색 우화집」이란 두 편에서 뽑아낸 것이다.

도대체 〈깜박〉은 눈을 뜨는 데 쓰는 말인가. 우리말의 〈깜박〉은 불이 꺼지는 데나 사물을 망각한 데 쓰는 부사(副詞)로 되어 있고 〈깜박거린다〉는 말은 있지만 이것은 〈명멸〉이 계속되는 상태를 가리키는 말이다. 그것을 무리(無理)하게 붙인다고 하더라도 차라리 눈을 감는 쪽이지 뜨는 쪽은 아니다.

〈피들이 흘러가는 혈맥들〉의 〈들〉은 영어복수법(英語複數法)의 직역인 모양인데 우리말은 이와 달라서 〈피가 흘러가는 혈맥들〉이라고 한다.

〈야만한 원색〉은 어디 나라 말인지 모르겠고, 〈서기한 광채〉는 아마 〈서기(瑞氣)한 광채(光彩)〉인 모양인데 〈서기(瑞氣)〉는 명사다. 명사 밑에 〈한〉이 붙어도 좋다면 〈인간(人間)한〉〈지구(地球)한〉〈적색(赤色)한〉〈청색(靑色)한〉도 다 말이 되어야 할 것이다.

또 〈사군자의 묵화를 그린〉이란 말이 있는데 이것도 그냥 〈사군자를 그린〉 하지 〈사군자의 묵화〉라고는 하지 않는다. 그것은 흡사 〈밥을 먹은〉 할 것을 〈밥의 음식을 먹은〉 하는 것과 같은 어법(語法)이다.

끝으로 〈슬픈 마음을 울 눈도 없이 고독했다〉와 〈내장한 유적의 보도〉는 어느 외국어의 사투린지 우리나라 계룡산 속에 있다는 어느 사교단체(邪敎團體)의 주부(呪符)인지 역시 짐작할 길이 없다. 〈보도(補道)〉를 〈포도(鋪道)〉로 고쳐 놓고 보아도 마찬가지다.

씨는 씨의 이러한 어법들이 오상원 씨의 〈무기미〉〈눈 준다〉보다 우리말에 가깝다고 생각하는가. 그렇다면 그야말로 자기 눈 속의 들보는 모르고 남의 눈의 띠끌만 아는 사람이다. 어째서 자기는 오상원 씨보다 더 〈우리말도 모르〉면서 〈지성적〉이 될 수 있고 자기보다 덜 〈모르는〉 오상원 씨는 〈지성적〉이 되어서 안 된단 말인가. 그렇지도 않다면 평론이란 도대체 〈지성적〉과는 인연도 없는 문학이란 말인가. 평가(評家)의 자격이란 작가를 아낄 줄 아는 데서부터 출발되는 것이라면 오상원 씨에 관한 씨의 문장엔 분명히 비평적인 것보다 중상적(中傷的)인 것이 농후하다.

다음엔 〈실존성〉에 관한 것.
"한말숙(韓末淑) 씨의 〈신화(神話)의 단애(斷崖)〉에서 씨는 실존성을 인정한다고 하였다……." 하고 이 씨는 시작한다. 씨는 계속한다. "먼저 동리 씨의 〈실존성〉이란 말부터 물어 보지 않으면 안 된다. 나는 아직 〈실재성(實在性)〉이라는 철학용어를 들어 본 일은 있어도 〈실존성〉이라는 용어는 동리 씨로부터 처음 들었기 때문이다. (중략) 〈실존성〉이라는 모호한 말을 쓴 것 이것이 바로 언어 사용에 있어 비지성적 태도의 예가 될 것이다. (중략) 〈실존〉 밑에 〈성(性)〉을 붙일 수 있는가. 붙일 수 있다면 원어(原語)로는 어떻게 되느냐. 〈실존이라는 개념을 명확히 이해하지 못하고 있기 때문에 실존성이라는 조작어(造作語)를 만들 수 있다."
고 나를 비난하였다. 그러나 이것도 또한 씨의 불찰이다.
〈실존성〉이란 말은 나의 조작어가 아니고 하이데거의 주저(主著) 『존재와 시간』에 나오는 철학술어(哲學術語)이다. 독일어 원어로는 〈Existenzialitat〉(Den Zusammhangdieser Strukturen nennen Wrdie Existenzialitat. ls, 12, 1935년판)라 하며, 실존철학을 입에 담는 사람으로서 이 말이 있느니 없느니 한다면 어이가 없어서 그 사람의 얼굴을 뻔히 쳐다보게 된다. 이 말이 있는 것도 모르고서 실존의 구조를 안다는 것은 거짓말이며, 실존의 구조를 모르면서 실존을 운위한다는 것은 감나무에 올라가서 오징어를 잡아왔다는 격이 될 수밖에 없기 때문이다.

"인간의 존재 의미를 해석하려는 하이데거의 실존론적(實存論的) 존재론은 인간 존재의 적극적인 특징으로서 사실성과 실존성을 들고 이것이 생기(生起)하는 방식을 캐어물었다."

이것은 사계(斯界)의 권위자의 한 사람인 조가경(曺街京) 교수의 일절(一節)을 빌린 것이다. 나도 어령 씨처럼 외국어를 잘 알지는 못하지만 술어(術語)를 잡아 쓸 때 사전이나 전문가에게 문의하는 것쯤은 알고 있다. 사람이 아는 것도 한도가 있고 모르는 것도 배우면 알게 되지만 공부하는 태도만은 착실해야 되겠다. 알 만한 사람은 다 알고 있는 지극히 중요한 술어를 자기가 모른다고 해서 〈조작〉이니 〈날조〉니 하는 불온한 어조(語調)로 요란스럽게 지상(紙上)을 통하여 문의를 하니 한국의 문인들은 저렇게 공부하는 방법조차 들떠 있는가고 외부 사람들이 이맛살을 찌푸릴 것 같아서 내가 도리어 땀이 난다. 그리고 이 문제도 씨가 정당히 논의하려면 이렇게 낱말을 가지고 법석을 떨지 말고 그 작품의 내용에서 자기는 어째서 실존성이 인정되지 않는다는 것을 구체적으로 제시하고 이에 대한 나의 견해를 물었어야 했을 것이다.

이상은 모두 좌표 이전의 것들이요 그 좌표 이전인 소이를 대강 밝히고 나니 지면이 다 됐다.

이제부터 〈모래알〉을 이야기하자. 내가 씨의 이번 글에서 〈모래알만 한 근거나 이치라도 인정할 점이 있었다는 것은 추식(秋湜) 씨의 『인간 제대』(창작집)와 극한의식(極限意識)에 관한 문제다. 씨는 추식 씨의 「부랑아」 「인간 제대」에서 〈사회의 벽〉과 〈사회의 어둠〉은 인정할 수 있으나 그것이 극한의식의 산물은 아니라는 것이다. (나는 일찍이 그것을 극한의식의 산물이라고 지적했던 것이다.)

미리 한마디 일러둘 것은, 나는 추식 씨와 유주현(柳周鉉) 씨(「언덕을 향하여」)에 대하여 극한의식이 있다고 함께 말했는데, 씨가 유 씨에 대하여 침묵을 지킨 것을 보면 유 씨에게는 그것을 인정한 것으로 간주할 수밖에 없다는 점이다. 또 씨는 야스퍼스의 극한의식을 씨류(氏流)대로 적용시킨 뒤 소개해 놓고 그것을 말로와 카뮈에게 또한 씨류대로 적용시킨 뒤, 추 씨의 경우에는 그런 식의 적용도 안 되는 논법으로 나왔다. 그러나 그것은 너무나 기계주의(機械主義)다. (만약 지면이 허여(許與)된다면 씨의 그러한 적용에도 이와 유사한 거리는 있다는 점을 지적하고 싶지만 일단 여기서는 나의 결론만 기록해 두기로 한다.) 야스퍼스와 말로 사이에 말로와 카뮈 사이에 극한의식의 차이가 있는 것처럼, 그보다 좀 더 추식 씨와의 사이엔 차이가 있어 마땅하다. 「부랑아」의 따라지 소년들이나 「인간 제대」의 막다른 골목(나)은 씨의 말대로 직업이나 식량으로 우선 해결될는지 모르나 그러한 극한적인 끝끝(따라지와 막다른 골목)에서 인생을 대결하는 추 씨의 내적 체험 속에 한국적인(유 씨의 경우 비슷하게) 그리고 추 씨적인 극한의식이 도사리고 있는 것이다.

끝으로 한마디 부탁하고 싶은 것은 나는 씨가 말을 요란스럽게 해서 중인(衆人)의 갈채를 얻으려는 방향보다 씨의 재능과 패기가 자기 자신을 가꾸는 쪽으로 더 많이 쓰여지기를 바란다. 돌에 뿌리를 박은 나무가 되지는 말아야 한다.

1959년 2월 18일~19일 〈경향신문〉

사라지지 않는 것들

작품●「밀다원 시대」

6·25를 치르고 난 작가들은 누구나 다 그 지긋지긋한 전쟁 경험을 작품으로 쓰고 싶었을 것이다. 그리하여 누구나 다 그렇게 했을 것으로 믿는다.

내가 환도한 것은 53년 늦은 봄쯤으로 기억한다. 거의 빈손으로 서울을 떠났던 대부분의 문인들은 역시 그렇게 빈손으로 돌아왔다. 불타고, 무너지고, 부서진 폐도 서울의 잿더미 속으로 돌아왔던 것이다.

나는 그해 가을부터 서라벌 예술대학교(초급대학-지금의 전문대)에 나갔고, 한 달에 쌀 한가마 값에 해당하는 강의료를 받게는 되었지만, 요컨대 그것은 쌀값에 지나지 않았고 반찬값, 연료비, 전기세, 수도세 그리고 교통비 정도는 더 있어야 궁

색한 생활이나마 유지할 수 있는 형편이었다.

나는 매일 다방에 나가 앉아 있었지만 맘속으로는 언제나 생활비 마련을 위해 고민하고 있었던 것이다. 이것은 물론 나뿐이 아니고 대부분의 문인들이 다 비슷한 형편이던 것으로 믿는다.

그러자니까 어디서 무슨 글을 써 달라는 부탁이 오거나 책을 내자는 교섭이 있거나 하면 기다렸다는 듯이 승낙을 하고 (사실은 환영이었다) 협조를 서두르고 할 수밖에 없었다. 그때만 해도 옛날이니까 문인 수도 지금의 약 이십 분의 일밖에 안 되었지만, 출판사나 잡지사 따위는 지금의 오십 분의 일쯤 되었을까. 모두가 입주할 집 수리에 급급했으니까, 출판이고 잡지고 하는 따위, 먹고 입기보다 덜 급한 방면에는 관심이 멀 수밖에 없었던 것이다.

그러다가 55년도에 접어들면서부터는 문화예술 쪽으로도 조금씩 관심이 되살아나기 시작하는 모양이었다. 출판사 같은 것도 더러 생겨났고, 문단관계 행사도 —주로 출판기념회 따위였지만— 여기저기서 벌어지곤 하였다. 그 가운데서도 55년 1월에 창간호를 낸 《현대문학》지의 출현은 진실로 고무적인 사건이 아닐 수 없었다. 더구나 발행인으로 되어 있는 김기오 씨가 나에게는 전쟁 전부터 연고가 있던 분이요 거기다 주간이 조연현 씨요, 편집장이 오영수 씨고 보니 나로서는 자기 일같이 반갑고 대견할 수밖에 없었다.

창간호에 소설 청탁이 왔기에 기꺼이 「흥남철수」를 썼고, 석

달 뒤 다시 소설 청탁이 있어 이 「밀다원 시대」를 썼던 것이다.

이 두 작품은 다 6·25 전쟁에서 소재를 취한 작품이었다. 위에서도 말했지만 당시의 작가들은 누구나 가슴속에 그 '6·25전쟁'으로 꽉 차 있었고, 따라서 그것을 작품화시킬 의욕들도 치열했던 것이다.

그러나 6·25전쟁뿐 아니라 모든 전쟁이 소설 기타 문학작품의 소재로서는 으레 단편보다 장편이 어울린다는 것은 말할 나위도 없는 상식이다. 등장인물의 수효가 많을 수밖에 없고, 벌어지는 공간이 넓어야 하고, 소요되는 시간이 또한 단시일 일 수 없기 때문이다. 따라서 나도 물론 장편으로 계획을 하고 있었지만 《현대문학》지에서 주문이 오니까 우선 이것을 두고 다른 소재를 생각할 수 없었던 것이다. 그래 처음은 전방 이야기로 「흥남철수」를 썼고, 다음엔 또 전방(전선의)이 아닌 후방을 쓰기로 했던 것이다.

물론 후방이라고 해서 밀다원 사건뿐 일 리는 없었다. 그러나 맨 먼저 머리에 떠오르는 것이 밀다원 사건이었으므로 당장 이것부터 쓰기로 결심을 했던 것이다.

내가 이 작품을 쓰려고 했을 때 제일 많이 생각한 것은 경험사실을 창작화시키는 데 따르는 문제점이었다. 다시 말해서, 사실로서의 이야기와 상상의 산물로서의 이야기 사이에 빚어지는 실화성과 예술성의 문제인 것이다. 사실 또는 실화 그 자체가 아무리 소설적인 내용으로 되어 있더라도 거기 의존하여 서술(나레이티브)의 차원이 상상에서 실화 쪽으로 기울면 예술성을 상실하게 된다는 소설미학의 문제였다. 현실세계의 인구는 40억이요, 작중 인물은 네 사람이라 할 때 이 네 사람은 40억의 10억 분의 1에 지나지 않는다. 소설 속에 소요되는 시간과 공간도 역시 그렇다. 그럼에도 불구하고 소설 작품도 한 개의 세계 내지 우주를 형성하는 것이라고 소설미학은 보는 것이다. 따라서 소설 작품의 세계성은 현실의 그것보다 다분히 상징성을 띨 수밖에 없다.

그럼에도 불구하고 작가가 사실(소재)을 소설화시키는 경우, 이 10억 분의 1이라는 비율을 어떻게 요리할 것인가 하는 문제는 참으로 어렵고, 다분히 위험성을 내포한 문제가 아닐 수 없다. 따라서 내가 가장 고심한 문제도 이것이었다. 철두철미 내가 경험한 사실을 소설화시키되, 작품세계는 현실세계의 10억 분의 1로 형성된다는 예술적 원리를 엄숙히 지킨다는 그것이었다.

「밀다원 시대」에 나오는 시대성과 사회성은 거의 현실 그대로를 취했다. 다시 말해서 상황성을 거의 그대로 현실에서 취했던 것이다. 다만 지극히 제한된 시간과 공간을 취했고, 인물도 그랬다. 시간과 공간이 현실의 한 토막을 그대로 썼던 것처럼 작중 인물도 대부분이 실제인물을 모델로 취했던 것이다. 다만 시간과 공간을 현실에서 취했어도 그 길이 그 넓이, 그 선후를 맘대로 요리했던 것처럼, 작중 인물의 경우도 그랬다.

나는 일단 나의 경험사실을 내 자신과 혼돈시키지 않게 하기 위하여 시기점(point of view)을 삼인칭으로 설정했던 것이다. 주인공 이중구와 소설가 이봉구 씨는 이름이 비슷하기 때문에 바로 그를 모델로 한 것이 아니냐 하는 문의를 더러 받지만 실제에 있어서는 전혀 별개라고 해도 좋다. 작품 속의 이중구의 가족관계는 소설가 이봉구 씨와 상관없는 다른 사람들의 것을 여기 갖다 붙였으며, 그의 행동과 심경은 전적으로 작자인 내 자신이 겪은 바를 가감해서 거기다 붙였던 것이다. 조현식이 조연현 씨를, 허윤이 허윤석 씨를, 오정수는 오영수 씨를 각각 어느 정도 모델로 했던 것은 사실이다.

그리고 다방에서 자살한 시인 박운삼의 모델이 누구냐 하는 것은 당시의 사람들로서는 아무도 의심하지 않고 모씨라고 생각했던 것 같다. 바로 밀다원에서 그 사건이 있었고, 그 길로 다방은 문을 닫아 버렸기 때문이었다. 그러나 나는 실제로 자살한 시인을 모델로 삼기가 싫었다. 그렇게 하기엔 왠지 내 마음이 아팠기 때문이었다. 그는 죽고 나는 살아 있다는 사실을 그렇게 여유 있게 이야기하고 싶지 않았던 것이다. 그는 내가 주간으로 있었던 《문예》지에서 추천을 거쳐 데뷔한 시인이었지만 우리는 특별히 친한 친구 사이도 아니었다. 그렇다고 생소한 사이도 아니었다. 다만 그의 죽음이란 것이 여느 때 여느 곳의 그것과 달랐던 것이다. 우리는 모두가 너무나 같은 상황 속에 있었던 것이다. 따라서 그는 죽은 사람이요, 우리는 산 사람이라고 생각하기도 끔찍했던 것이다. 그런 만큼, 그때는 이미 몇 해나 지난 뒤였긴 하지만, 인제, 그를 소재로 소설이나 쓰고 있다고 생각하기가 싫었던 것이다. 그래서 나는 그의 성과 이름을 전적으로 바꾸었을 뿐 아니라 작품 속에 나오는 그의 행동도 전적으로 내가 만들어 넣기로 했던 것이다.

작중의 길선주 여사는 김말봉 여사를 모델로 삼았던 것이 사실이다. 그리고 작중에 나오는 사건과 대화도 거의 그대로 옮겼던 것이다.

송화백과 안정호 음악가는 완전히 가공인물이다.

이 작품에서 나는 대화를 마크(대화표)만 붙여서 지문 속에 묶기로 했다. 그리고 가급적으로 주인공의 리리컬(lyrical)한 심정으로 작품의 분위기를 통일시키려 했다. 그것은 소재를 너무나 생경한 현실에서 취했기 때문에 예술적인 창조성에 조금이라도 틈이 나서는 안 된다고 헤아려졌기 때문이었다.

현실 속의 밀다원 시대에서 약 20년이 지난 뒤, 그러니까 지금으로부터 10여 년 전에 《신동아》든가, 《여성동아》에서 〈명작의 현장〉이던가 하는 타이틀로 나는 그쪽 기자와 함께 부산까지 다녀온 일이 있었다. 밀다원은 물론 금강 다방이고, 스타 다방이고 하나도 남아 있는 것이 없었다. 나는 다만 그 거리에 서서 사진 몇 장을 찍고 돌아왔을 뿐이다.

모두가 지나가고 있다. 그러나 지나가는 것은 모두 사라지는 것이라고 볼 수도 없다. 이 우주 속의 어느 큰 영사기와 녹음기에 모두가 담겨져 남을 것이라고 믿고 싶다. 나의 이 작품도 그 〈어느 큰 영사기와 녹음기〉의 10억 분의 1쯤 담당하게 될는지.

후기

『문학과 인간』(2013년 김동리 문학 전집 33) 출간에 붙여

『문학과 인간』은 1948년 첫 간행 이후, 1952년 출판사 청춘사(青春社)에서 재간행 후, 1997년 『김동리문학전집 7』(민음사)에 이어 『김동리 문학전집 33』(계간문예)을 재출간하기에 이르렀다.

작가론의 대상에 되도록 작고한 이를 택하여 한 것은 이를 관망할 만한 시간적 거리를 가지고자 한 것이 그 첫째 이유요, 정파 의식과 정실 관계로 그들의 인간이나 예술에 포폄(褒貶)과 잡음을 가하지 않으려 한 것이 각각 그 둘째, 셋째 이유들이다. 이런 의미에 있어 「삼가시인론」은 우선 그 〈노트〉에 지나지 않는 것으로 앞으로는 각명 따로 논급할 기회를 가질 것이다. 라고 『문학과 인간』 평론집 첫 출간 시 서문에 밝혀 놓았는데. 그 후 많은 평론을 쓰셨음에도 평론집 재출간 때 내용을 보완하지 않은 점이 아쉬워 이번 탄생 100주년 기념 김동리 문학전집 33권 출간을 기회로, 연보에 기록되어 있는 평론들 가운데 몇 편을 찾아 더 실었다.

편집부

김동리 연보

1913년　음력 11월 24일, 경상북도 경주시 성건동 186번지에서 아버지 김임수(金壬守)와 어머니 허임순(許任順)의 5남매 중 막내로 태어나다.
　　　　아명(兒名) 창봉(昌鳳), 호적명 창귀(昌貴), 자(字) 시종(始鍾). 장형(長兄)은 한학자 김기봉(金基鳳 · 凡夫先生).
1920년　경주제일교회 소속의 계남소학교 입학.
1926년　대구 계성중학교 입학. 아버지 별세.
1928년　서울 경신중학교 3학년에 편입학.
1929년　경신중학교 중퇴. 《매일신보》와 《중외일보》에 시 「고독」 「방랑의 우수」 등 발표.
1933년　전 5막 극시(劇詩) 「연당(蓮塘)」을 탈고했으나 발표하지 못하고 원고도 분실되다.
1934년　《조선일보》 신춘문예에 시 「백로」 입선.
　　　　《가톨릭 청년》에 시 「망월(望月)」 등을 발표.
1935년　《조선중앙일보》 신춘문예에 소설 「화랑의 후예」 당선.
　　　　시 「폐도시인(廢都詩人)」 「생식(生食)」 발표. 사천으로 이사하다.
1936년　《동아일보》 신춘문예에 「산화(山火)」 당선.
　　　　단편소설 「바위」 「무녀도」 「산제」 「허덜풀네」 등 발표.
1937년　〈시인부락-서정주, 김달진 등〉 동인으로 활동.
　　　　시 「행로」 「내 홀로 무어라 중얼거리며 가느뇨」 등과
　　　　단편소설 「어머니」 「솔거」 발표.
　　　　해인사의 말사(末寺)였던 다솔사 부설 광명학원에서 교편을

잡음.
1938년 단편소설 「생일」 「잉여설」 발표.
1939년 단편소설 「황토기(黃土記)」 「찔레꽃」 「두꺼비」, 평론 「순수이의(純粹異議)」 발표.
1940년 단편소설 「동구 앞길」 「혼구(昏衢)」 「다음 항구」 등 발표.
〈문인보국회〉 등 일제 어용 문학단체에의 가입을 거부하다.
단편소설 「소녀」가 총독부에 의해 전문 삭제당하다.
1941년 단편소설 「소년」 발표.
1942년 광명학원이 폐쇄되고, 맏형 범부 선생이 구속되다.
이후 8·15까지 절필.
1943년 징용을 피해 사천의 한 양곡배급소 서기로 취직.
1945년 사천 청년회장으로 피선되다.
1946년 〈청년 문학가협회〉 결성, 초대 회장에 피선.
단편소설 「윤회설」 「지연기(紙鳶記)」 「미수(未遂)」, 평론 「조선 문학의 지표」 「순수문학의 진의(眞意)」 발표.
1947년 공산 계급주의 민족문학론에 대항하여 인간주의 민족문학론을 제창.
〈본격문학〉이란 용어를 최초로 사용, 《경향신문》 문화부장에 취임.
단편소설 「혈거부족」 「달」, 평론 「순수문학과 제 3세계관」 「민족문학과 경향문학」 등 발표.
제1창작집 『무녀도』 발간.
1948년 《민국일보》 편집국장에 취임.
단편소설 「역마」 「어머니와 그 아들들」, 평론 「문학하는 것에 대한 사고(私考)」 「문학적 사상의 주체와 그 환경」 「민족문학론」 등 발표.

첫 평론집 『문학과 인간』 발간.
1949년 〈한국문학가협회〉 결성, 소설분과회장에 피선되다.
순수문학지 《문예》 주간에 취임.
서울대학교와 고려대학교 국문과 강사로 출강.
단편소설 「형제」 「심정」 등 발표.
《동아일보》에 장편소설 『해방』을 연재.
제2창작집 『황토기』 발간.
1950년 문교부 예술위원과 서울시 문화위원에 피촉.
단편소설 「인간동의」 「하내 마을의 전설」 등 발표.
6·25가 발발하자 미처 피난을 떠나지 못하고 서울에 남게 되어 숨어 지내다.
1951년 한국 문총 사무국장에 피선, 문총 구구대 부대장 역임.
단편소설 「상면」 「귀환 장정」 등과 평론 「우연성의 연구」 발표.
피난지 부산에서 제 3창작집 『귀환 장정』 출판.
1952년 한국문학가협회 부위원장에 피선.
평론 「전쟁적 사실과 문학적 비판」 발표.
『문학개론』 출간.
1953년 환도 후 서라벌예술대학 문예창작과에 출강.
중편소설 「풍우기」 연재.
1954년 예술원 회원 피선, 한국유네스코 위원 피촉.
시 「해바라기」 「젊은 미국의 깃발」, 단편소설 「살벌한 황혼」 「마리아의 회태」 발표.
1955년 단편소설 「흥남 철수」 「밀다원 시대」 「실존무(實存舞)」 발표
장편소설 『사반의 십자가』 《현대문학》에 연재.
자유문학상 수상.
제 4창작집 『실존무(實存舞)』 출간.

1956년 제3회 아시아 자유문학상 수상.

단편소설 「악성」 「원왕생가(願往生家)」 발표.

《평화신문》에 장편소설 『춘추』 연재.

1957년 「꽃」 등 시와 단편소설 「아가(雅歌)」 「목공 요셉」 「여수」 「남포의 계절」 발표.

장편소설 『사반의 십자가』 완결, 단행본으로 출간.

1958년 『사반의 십자가』로 예술원 문학부문 작품상 수상.

장편소설 『춘추』 단행본으로 출간.

단편소설 「강유기」 「고우(故友)」 「자매」 발표.

1959년 장편소설 『자유의 기수』 《자유신문》에 연재.

단편소설 「달」을 영화 시나리오용으로 개작하여 제목도 「달이와 낭이」로 바뀌다.

중편소설 「애정의 윤리」 발표.

1960년 장편소설 『이곳에 던져지다』 《한국일보》에 연재.

단편소설 「어떤 고백」 발표.

1961년 한국문인협회가 전체 문단의 통합단체로 발족, 한국문협 부이사장에 피선.

중편소설 「비오는 동산」 완결.

단편소설 「등신불」 「어떤 남」 발표.

1962년 단편 「부활」 발표.

1963년 장편소설 『해풍』 《국제신문》에 연재.

시조 「분국(盆菊)」 발표.

제5창작집 『등신불』 출간.

1964년 단편소설 「천사」 「늪」 「심장에 비 맞다」 「유혼설(遊魂說)」 발표.

1965년 민족문화중앙협의회 부이사장, 민족문화추진위원회 이사 피선.

시 「연(蓮)」, 단편소설 「꽃」 「허덜풀네」를 개작한 「성문거리」 발표.

1966년　한국예술문화윤리위원회 상임위원에 임명되다.
단편소설 「송추에서」 「윤사월」 「백설가」 「까치소리」 발표.
수필집 『자연과 인생』 출간.

1967년　「까치소리」로 3·1문화상 예술부문 본상 수상.
단편소설 「석노인」 「감람수풀」 발표.
『김동리 문학전집』 전 5권 출간.

1968년　국민훈장 동백장 수여.
문예지 《월간문학》 창간.
단편소설 「꽃피는 아침」 발표.
중편소설 「극락조」 《중앙일보》에 연재.

1969년　단편소설 「눈 내리는 저녁 때」 발표.

1970년　한국문인협회 이사장에 피선.
서울시 문화상 문학부문 본상 수상, 국민훈장 모란장 수상.

1971년　장편소설 『아도』 《지성》에 연재.

1972년　서라벌 예술대학장 취임, 한일 문화교류협회장 피선.
《서울신문》에 장편소설 『삼국기』 연재.

1973년　중앙대학교 예술대학장 취임, 명예문학박사학위 수여.
문예지 《한국문학》 창간.
제 6창작집 『까치소리』, 수필집 『사색과 인생』, 시집 『바위』 동시에 출간.

1974년　『삼국기』 후편 『대왕암』 연재 시작.
장편소설 『이곳에 던져지다』 출간.

1975년　장편소설 『대왕암』 연재 완료.

1976년　단편소설 「선도산」 「꽃이 지는 이야기」 발표.

1977년　단편소설「이별이 있는 풍경」「저승새」 발표.
　　　　소설집『김동리 역사소설』, 수필집『고독과 인생』 출간.
1978년　장편소설『을화』를 《문학사상》에 전재 후, 단행본으로 출간.
　　　　단편소설「참외」 발표.
　　　　작품집『꽃이 지는 이야기』, 수필집『취미와 인생』 출간.
1979년　한국소설가협회장 피선.
　　　　소년소녀 소설집『꿈같은 여름』 출간.
　　　　중앙대학교 정년 퇴임.
　　　　장편소설『을화』 영역판 출간.
　　　　단편소설「우물 속의 얼굴」「만자동경(蔓字銅鏡)」 발표.
1980년　대한민국 예술원 부회장 피선.
1981년　대한민국 예술원 회장 피선.
1982년　장편소설『을화』 일어 번역본 출간.
1983년　5·16민족문학상 수상.
　　　　한국문인협회 이사장 피선, 대한민국 예술원 원로회원 추대.
　　　　시집『패랭이꽃』 및 장편소설『사반의 십자가』 불어 번역본 출간.
1985년　수필집『생각이 흐르는 강물』 출간.
1987년　장편소설『자유의 기수』를『자유의 역사』로 제목을 바꿔 출간.
1988년　수필집『사랑의 샘은 곳마다 솟고』 출간.
1989년　한국문인협회 명예회장 추대.
1990년　7월 30일 뇌졸중으로 쓰러진 이래 투병 시작.
1995년　6월 17일 23시 23분 영면(永眠)

김동리 작품 연보

작품명	구분	발표지	발표일	비고
화랑의 후예	단편	조선중앙일보	1935.1.1~10	
산화	단편	동아일보	1936.1.4~18	
바위	단편	신동아	1936.5	
무녀도	단편	중앙	1936.5	
술	단편	조광	1936.8	「젊은 초상」으로 개제(改題)
산제	단편	중앙	1936.9	「먼산바라기」로 개제
팥죽	단편	조선문학 (속간호)	1936.11	
허덜풀네	단편	풍림	1936.12	「성문거리」로 개제
어머니	단편	조광	1937.8	
솔거	단편	조광	1937.8	「불화」로 개제
생일	단편	조광	1938.12	
잉여설	단편	조선일보	1938.12.8~24	「정원」으로 개제
황토기	단편	문장	1939.5	
찔레꽃	단편	문장 (임시증간호)	1939.7	
두꺼비	단편	조광	1939.8	소설집 『꽃이 지는 이야기』(1978)에 수록
회계	단편	삼천리	1939.10	『현대문학』(1999. 5 수록)
완미설	단편	문장	1939.11	

동구 앞길	단편	문장	1940.2	
혼구	단편	인문평론	1940.2	
소녀	단편	인문평론	1940.7	전문 삭제
오누이	단편	여성	1940.8	
다음 항구	단편	문장	1940.9	
소년	단편	문장	1941.2	「물오리」 개제
윤회설	단편	서울신문	1946.6.6~26	
지연기	단편	동아일보	1946.12.1~19	
미수	단편	백민	1946.12	
혈거 부족	단편	백민	1947.3	
달	단편	문화	1947.4	「달이와 낭이」로 개작 원발표지 미확보
산이야기	단편	민주경찰	1947.9	「산제」 개작, 현대문학(2000.6)
이맛살	단편	문화	1947.10	
상철이	단편	백민	1947.11	
역마	단편	백민	1948.1	
어머니와 그 아들들	단편	삼천리	1948.8	「아들 삼형제」로 개제
절 한번	단편	평화신문	1948.8	원 발표지 미확보
개를 위하여	단편	백민	1948.10	
형제	단편	백민	1949.3	「광풍 속에서」로 개제
심정	단편	학풍	1949.3	「근친기(覲親記)」로 개제
유 서방	단편	대조	1949.3.4	
급류	단편	조선교육	1949.4~	원발표지 미확보

검군	단편	연합신문	1949.5.15~28	원발표지 미확보
해방	장편	동아일보	1949.9.1~ 50.2.16	
급류	단편	혜성	1950.2~5	
인간 동의	단편	문예	1950.5	
한내 마을의 전설	단편	농민소설선집	1950	
귀환 장정	단편	신조	1951.6	『김동리 대표선집 1』 삼성출판사 1967. 『김동리선집 2』, 민음사
상면	단편		1951	『사병문고 2』 「어떤 상봉」으로『꽃이 지는 이야기』에 수록
남로행(남으로 가는 길)	단편		1951	소재 불명
스딸린의 노쇠	단편	영남일보	1951.6.7~1	작가 사정으로 8회 연재로 중단
피난기	단편	체신문화 52	1952	「亂中記」로 확인 《현대문학》 2013. 3 게재
순정기	단편	서울신문	1952.1.6~14	
풍우기	장편	문화세계	1953.7~54.2	잡지 휴간으로 연재 중단
풍우 속의 인정	단편	해병과 상륙1	1953.3	
살벌한 황혼	단편	원발표지 미확인	1954	
마리아의 회태	단편	청춘 별책	1955.2	《문학사상》 2001.3
흥남 철수	단편	현대문학	1955.1	
청자	단편	신태양	1955.2	

밀다원 시대	단편	현대문학	1955.4	
용	단편	새벽	1955.5	
실존무	단편	문학과예술	1955.6	
진달래	단편	원발표지 미확인	1955	「실존무」에 수록
사반의 십자가	장편	현대문학	1955.11~57.4	
춘추	장편	평화신문	1956.4~57.2	
악성	단편	원발표지 미확인	1956	「우륵」으로 개제
원왕생가	단편	원발표지 미확인	1956	
수로 부인	단편	원발표지 미확인	1956	
아가	단편	신태양	1957.4	
목공 요셉	단편	사상계	1957.7	
남포의 계절	장편	현대	1957.11~58.4	미완:58.~67.1(55) 중간
여수	단편	원발표지 미확인	1957	「최치원」으로 개제
강유기	단편	사조	1958.10	
고우	단편	신태양	1958.10	
자매	단편	자유공론	1958.12	
당고개 무당	단편	원발표지 미확인	1958	
달이와 낭이	단편	씨나리오문예	1959.1	「달」의 개작

자유의 기수	장편	자유신문	1959.7~60.4	『자유의 역사』로 개작
아호랑기	중편	야담	1958.1.	《현대문학》 2013. 3 제목 「아리랑기」로
애정의 윤리	중편	원발표지 미확인	1959	삼성출판사 『김동리 대표작 선집』 1967
이곳에 던져지다	장편	한국일보 연재	1960.10.1~61.5.23	
어떤 고백	단편	원발표지 미확인	1960	『등신불』에 수록
비 오는 동산	장편	여원 연재	1961.1~12	
등신불	단편	사상계	1961.11	
어떤 남	단편	원발표지 미확인	1961	
부활	단편	사상계	1962.11	
해풍	장편	국제신문	1963~	
천사	단편	현대문학	1964.4	
늪	단편	문학춘추	1964.9	
심장 비 맞다	단편	신동아	1964.9	
유혼설	단편	사상계	1964.11	
꽃	단편	원발표지 미확인	1965	
성문 거리	단편	사상계	1965.6	
젊은 초상	단편	예술원보	1965.12	
송추에서	단편	현대문학	1966.1	
상정	단편	자유공론	1966.4	

윤사월	단편	문학	1966.7	
백설가	단편	신동아	1966.7	
까치 소리	단편	현대문학	1966.10	
바람아 대추야	단편	원발표지 미확인	1966	『까치소리』 수록(1973)
염주	단편	원발표지 미확인	1966	『꽃이 지는 이야기』에 수록 (1978)
석 노인	단편	현대문학	1967.5	
감람 수풀	단편	신동아	1967.9	
꽃 피는 아침	단편	월간중앙	1968.4	
극락조	장편	중앙일보 연재	1968.3.9~6.17	
눈 오는 오후	단편	월간중앙	1969.4	
아도	장편	지성	1971.12~ 72.6 미완	잡지 폐간
삼국기	장편	서울신문	1972.1.1~ 73.9.30	총 541회 연재
대왕암	장편	대구매일신문	1974.2.1~ 75.11.1	『삼국기』 후편
선도산	단편	한국문학	1976.10	
꽃이 지는 이야기	단편	문학사상	1976.10	
이별 있는 풍경	단편	문학사상	1976.10	
저승새	단편	한국문학	1977.12	
을화	장편	문학사상	1978.4	

참외	단편	문학사상	1978.10	
우물 속의 얼굴	단편	한국문학	1976.6	
만자동경	단편	문학사상	1979.10	
튀김떡 장수	꽁트	광장	1982.3	
서글픈 이야기	단편	이하 원 발표지 연도 미확인		『등신불』에 수록
마음	단편			『등신불』에 수록
추격자	단편			『등신불』에 수록
조그만 풍경	단편			『등신불』에 수록
회소곡	단편			『김동리 역사소설』에 수록 (1977, 지소림)
기파랑	단편			『김동리 역사소설』에 수록 (1977, 지소림)
김양	단편			『김동리 역사소설』에 수록 (1977, 지소림)
왕거인	단편			『김동리 역사소설』에 수록 (1977, 지소림)
강수 선생	단편			『김동리 역사소설』에 수록 (1977, 지소림)
눌기 왕자	단편			『김동리 역사소설』에 수록 (1977, 지소림)
미륵랑	단편			『김동리 역사소설』에 수록 (1977, 지소림)
장보고	단편			『김동리 역사소설』에 수록 (1977, 지소림)
양화	단편			『김동리 역사소설』에 수록 (1977, 지소림)

석탈해	단편			『김동리 역사소설』에 수록 (1977, 지소림)
호원사기	단편			『김동리 역사소설』에 수록 (1977, 지소림)
일분간	단편			『꽃이 지는 이야기』에 수록 (1978, 태창)
숙의 편지	단편			『꽃이 지는 이야기』에 수록 (1978, 태창)
제야	단편			『꽃이 지는 이야기』에 수록 (1978, 태창)
농구화	동화			『꿈같은 여름』에 수록
매미	동화			『꿈같은 여름』에 수록
일요일	동화			『꿈같은 여름』에 수록
꿈같은 여름	동화			『꿈같은 여름』에 수록
아버지의 초상화	동화			『꿈같은 여름』에 수록
실근이와 순근이	동화			『꿈같은 여름』에 수록
고양이	동화			『꿈같은 여름』에 수록
새벽의 잔치	동화			『꿈같은 여름』에 수록
우물과 고양이와	동화			『꿈같은 여름』에 수록
감나무가 있는 집		《공군순보》 17~18호	1952.6	『꿈같은 여름』에 수록

〈번역 작품집〉

The Flowers	Korea Journal	1967.1	「꽃」의 영역
A Mother and Her Son	Korea Journal	1969.9	「어머니와 그 아들들」의 영역
Father and Son	Korea Journal	1972.7	「상정(常情)」의 영역

〈작품집〉

『무녀도』, 을유문화사, 1947

『황토기』, 수선사, 1949

『귀환장정』, 수도문화사, 1951

『실존무』, 인간사, 1958

『등신불』, 정음사, 1963

『김동리대표작선집 1』, 삼성출판사, 1967

『까치소리』, 일지사, 1973

『김동리 역사소설』, 지소림, 1977

『꽃이 지는 이야기』, 태창문화사, 1978

『꿈같은 여름』— 김동리 소년소녀 소설집, 1979

『을화(乙火), 김동리 무속문학』 소설집 1986, 문학사상

 － (을화 영역본 「ULHWA the Shaman」 안정효 역) 수록

〈장편소설〉

『사반의 십자가』, 일신사, 1958

『김동리 대표작 선집 2(사반의 십자가, 애정의 윤리)』, 삼성출판사, 1967

『김동리 대표작 선집 3(해풍, 비오는 동산)』, 삼성출판사, 1967

『김동리 대표작 선집 4(자유의 역사)』, 삼성출판사, 1967

『김동리 대표작 선집 5(춘추)』, 삼성출판사, 1967

『이곳에 던져지다』, 선일문화사, 1974

『을화』 문학사상사, 1978

『사반의 십자가』(개정판), 홍성사, 1982

〈수필집〉

『녹음 아래서』 범우사, 1958

『자연과 인생』 1966

『사색과 인생』 1973

『고독과 인생』 1977

『취미와 인생』 1978

『운명과 사귄다』 휘문출판사, 1978

『명상의 늪가에서』 1980

『밥과 사랑과 그리고 영원』 사조사 1985

『생각이 흐르는 강물』 1985

『사랑의 샘은 곳마다 솟고』 1988

〈시집〉

『바위』 일지사, 1973

『패랭이꽃』 현대문학사, 1983

『김동리가 남긴 시』(유고시집) 1998, 문학사상

〈평론집〉

『문학과 인간』 1948, 첫 간행, 1952년 재 간행, 청춘사(靑春社).
   1997 김동리문학전집, 민음사.

〈문학개론〉

『문학이란 무엇인가』 1952년 첫 간행. 재간행 1957, 정음사.

　　　　　개편 재간행 1984, 대현출판사

김동리 문학전집 출간 1997. 6, 민음사

탄생 100주년 기념 김동리 문학전집(단편·중편·장편·역사장편·수필·문학개론·평론 전 33권) 출간, 2013. 11, 계간문예

탄생 100주년 기념 김동리 문학전집 ㉜
평론
문학과 인간

초판인쇄 2013년 12월 13일
초판발행 2013년 12월 16일

저　　자　김동리
발 행 인　서정환
편 집 인　백시종
주　　간　채문수
편 집 장　김정례
편집차장　박명숙
편　　집　권은경 · 김미림
펴 낸 곳　김동리기념사업회 · 도서출판 계간문예

출판등록　2005년 3월 9일 제300-2005-34호
주　　소　서울시 종로구 익선동 30-6
　　　　　운현신화타워 305호
E-mail　qmyes@naver.com
전　　화　☎ 02) 712-1006, 3675-5633

국립중앙도서관 출판시도서목록(CIP)

문학과 인간 : 평론 / 저자: 김동리. -- 서울 : 김동리기
념사업회 : 계간문예, 2013
　　p. ;　　cm. -- (탄생 100주년 기념 김동리 문학전집
; 32)

ISBN 978-89-6554-106-6 04810 : ￦12000
ISBN 978-89-6554-063-2(세트) 04810

한국 문학 평론[韓國文學評論]

810.9061-KDC5
895.709-DDC21　　　　　　　　　　　　　CIP2013027604

ⓒ 김동리 2013. Printed in Korea

파본은 본사나 구입한 서점에서 바꾸어 드립니다.
내용의 재사용은 저작권자의 동의를 받아야 합니다.